全国高职高专院校
电子商务专业"十二五"规划教材

电子商务理论与实务

◎ 胡令 盛希林 主编 ◎ 毛宁 陈莎 刘瑛 林雯 副主编

人民邮电出版社

北 京

图书在版编目（CIP）数据

电子商务理论与实务 / 胡令，盛希林主编. -- 北京
：人民邮电出版社，2013.7
全国高职高专院校电子商务专业"十二五"规划教材
ISBN 978-7-115-32216-6

Ⅰ．①电… Ⅱ．①胡… ②盛… Ⅲ．①电子商务－高
等职业教育－教材 Ⅳ．①F713.36

中国版本图书馆CIP数据核字(2013)第160265号

内 容 提 要

本书以培养学生对电子商务的初步认识与电子商务初步技能为核心，以工作过程为导向，以电子商务相关基础知识为主、配合电子商务初步技能的操作，详细介绍了电子商务的发展与应用、电子商务模式、电子商务技术基础、电子支付与结算、电子商务物流、网络营销、网络客户服务、电子商务法律法规等内容。

本书以工作过程为导向，采用项目教学的方式组织内容，书中项目均来源于企业的典型案例。本书主要内容包括 8 个项目，每个项目都由项目情境引入、项目任务书、具体任务和项目总结 4 部分组成，每个项目下面的每个任务都由任务描述、相关知识、任务实施、任务评价、知识拓展和同步拓展 6 部分组成。通过知识学习和任务操作，学生不仅能够掌握电子商务理论知识，而且能够掌握初步电子商务操作的方法，为进一步学习电子商务专业课程奠定了基础。

本书可作为中、高等职业技术学院电子商务、市场营销、国际贸易和工商管理等经管类与其他大类的电子商务课程的教学用书，也可供相关专业从业人员和有兴趣的人员自学参考、培训之用。

◆ 主　编　胡　令　盛希林
　　副主编　毛　宁　陈　莎　刘　瑛　林　雯
　　责任编辑　刘　琦
　　执行编辑　喻文丹
　　责任印制　沈　蓉　焦志炜

◆ 人民邮电出版社出版发行　北京市崇文区夕照寺街 14 号
　　邮编　100061　　电子邮件　315@ptpress.com.cn
　　网址　http://www.ptpress.com.cn
　　北京鑫正大印刷有限公司印刷

◆ 开本：787×1092　1/16
　　印张：14.25　　　　　　　　2013 年 7 月第 1 版
　　字数：364 千字　　　　　　2013 年 7 月北京第 1 次印刷

定价：32.00 元
读者服务热线：(010)67170985　印装质量热线：(010)67129223
反盗版热线：(010)67171154
广告经营许可证：京崇工商广字第 0021 号

前　言

电子商务作为网络化、信息化的新型经济活动，正以前所未有的速度迅猛发展，已经成为国民经济的重要组成部分。互联网下的电子商务模式让我们的生活和工作变得更加方便快捷、灵活自如：要么电子商务，要么无商可务。因此，作为21世纪新时代的年轻人，我们有必要对电子商务领域的有关知识和基础技能进行一个全面的了解。

本书按照项目情境引入、项目任务书、任务描述、相关知识、任务实施、任务评价、知识拓展、同步拓展和项目总结的体系结构编写，分别从电子商务的初步认识与应用、电子商务模式分析、电子商务技术基础、电子支付与网上银行、网络营销、网络客户服务和电子商务法律8个方向进行阐述，在遵循一般电子商务交易流程的基础上略有变通。通过知识学习和任务操作，学生不仅能够掌握电子商务理论知识，而且能够掌握初步电子商务操作的方法，为进一步学习电子商务专业课程奠定了基础。

本书的编写具有以下特色。

1. 突出"理实一体"的教学理念。本书主要作为高职电子商务教材，密切配合高职院校人才培养模式的要求，以及高职学生重视技能操作的学习特点，拓宽电子商务专业知识面，及时增加最新内容，体现科技发展需求和时代特征，突出"理实一体"的教学理念和学生创新精神、实践能力和综合能力的培养。

2. 增强实用性。在本书的编写过程中力图做到理论联系实际，学以致用，注重保持教材概念清楚、内容精炼、易教易学的特色，强调基本内容，突出基本分析及应用方法，使教材更趋完善，以适应教学改革的要求，同时，每个项目均列出应掌握的技能要求。体现易教易学性，教材力求语言通顺、文字流畅、图文并茂、可读性强，书中步骤清晰，着重分析和应用，便于学生学习、提高。

3. 缩短教学时间，增加学生操作时间。教材内容繁多，而教学课时有限，因此本书在保证清晰介绍基本概念、基本原理和基本分析方法的前提下，力求精选内容以满足上述条件。根据高职学生知识层次的需要，本书简化理论分析，注重知识拓展与应用，每部分均增加了任务实施与评价，以便于学生的学习与操作。

4. 增加知识拓展与同步拓展。每个项目均附有"知识拓展"、"同步拓展"和"项目总结"，一方面可以拓宽学生的知识面，对开拓学生的眼界与思维具有引导作用；另一方面用于整理每个项目的知识点以帮助学生学习总结，同时对学生学完各个项目后应掌握的理论知识与实践技能提出明确要求，每个项目对学生学习起到一定的指导意义。

5. 增加网络客服的内容。从管理的高度，体现客户服务对电子商务的重要性，这在电子商务教材中尚属首例。

本书的参考学时为 60~84 学时，建议采用理论实践一体化教学模式，各项目的参考学时见下面的学时分配表。

学时分配表

项　目	课程内容	学　时
项目一	电子商务的初步认识与应用	6~8
项目二	电子商务模式分析	8~10
项目三	电子商务技术基础	8~10
项目四	电子支付与网上银行	8~8
项目五	电子商务与物流	6~8
项目六	网络营销	10~12
项目七	网络客户服务与管理	8~8
项目八	电子商务法律	6~8
课时总计		60~72

本书由胡令、盛希林任主编，毛宁、陈莎、刘瑛、林雯任副主编。胡令编写了项目一、项目二和项目七，盛希林编写了项目四和项目六，王逸群和刘瑛编写了项目三，陈莎和林雯编写了项目五，毛宁编写了项目八。本书在编写过程中得到了湖南信息科学职业学院彭金池主任的指导，以及湖南思洋信息技术有限公司尹小兰、刘方的帮助，在此表示感谢。

由于编者学识和经验有限，书中难免有所疏漏，恳请读者批评指正。

编　者
2013 年 6 月

目　录

电子商务的初步认识与应用

项目情境引入

　　阿里巴巴的交易总额突破 1 万亿元，"淘宝"交易总额抵一个 5 强大省的生产总值，如图 1-1 所示。

　　2012 年 12 月 4 日，阿里巴巴集团宣布，截至 2012 年 11 月 30 日晚上 9 点 50 分，阿里旗下的淘宝网和天猫的前 11 个月总交易额已经突破 1 万亿元，相当于全国社会消费品零售总额的 5%。根据国家统计局的数据，中国 2011 年 GDP 总额为 47.2 万亿，与此相比，淘宝加天猫的交易额约为 GDP 总额的 2%。2011 年全国消费品零售总额为 18.39 万亿，淘宝+天猫 1 万亿元

图 1-1　交易总额

的交易额相当于其总量的 5.4%。这一交易额仅次于广东、山东、江苏和浙江的消费品零售额，甚至超过了排名最靠后的云南、贵州、甘肃、新疆、海南、宁夏和青海的消费品零售额总和。因此，马云被网友们冠以"马省长"的称呼。

　　电子商务是干什么的？阿里巴巴旗下的淘宝和天猫的交易额都来自哪里？

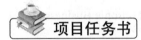

项目任务书

　　项目任务书如表 1-1 所示。

表 1-1　　　　　　　　　　　　项目一任务书

任务编号	分项任务	职业能力目标	知识要求	参考课时
任务一	初识电子商务	能利用互联网进行初步购物体验	1.电子商务的含义、特点与分类； 2.电子商务的功能； 3.电子商务与传统商务的区别	3 课时
任务二	电子商务的发展与应用	能利用网络调研等正确认识电子商务行业、企业发展的现状与影响及电子商务人物的经典案例	1.了解电子商务的发展历程与现状； 2.明确电子商务专业的发展方向与可涉范围	3 课时
职业素养目标	1.利用互联网不断学习新知识、新技术，有一定创新意识； 2.具有电子商务行业敏感度，善于捕捉相关电子商务行业、企业的最新信息； 3.有一定的团队合作精神，初步树立电子商务创业意识			

任务一 初识电子商务

一、任务描述

小李是某大学电子商务专业大一新生，准备利用国庆节 7 天的假期和同学一起出去旅游调研，以便为将来的电子商务创业实践打下基础。在出发前，小李就在网上买好了随身要携带的用品，定好了 7 天的行程、往返的车票、目的地的住宿和餐饮、公园场馆的门票，找好了当地的向导，选择好了要实地调查的对象……由于功课做得足，小李他们一行出去后劳逸结合，满载而归。

请分析，小李利用网络做了哪些准备？你还可以利用电子商务做些什么？

二、相关知识

1. 电子商务的含义

电子商务的主要成分是"商务"，是在"电子"基础上的商务。电子商务的前提是商务信息化，电子商务的核心是人，电子商务的出发点和归宿是商务，商务的中心是人或人的集合。电子工具的系统化应用只能靠人，电子工具必然是现代化的，其具有技术成熟、先进、高效、低成本、安全、可靠和方便操作的优点。电子商务中对象的变化是至关重要的。以往的商务活动主要是针对实物商品，而电子商务则首先要将实体的商品虚拟化，形成信息化（数字化、多媒体化）的虚拟商品，然后对虚拟商品进行整理、储存及加工传输。

电子商务的英文名为 Electronic Commerce（EC）表示，有的也用 Electronic Business（EB）表示。

广义上的电子商务（EB）是指交易当事人或参与人利用计算机和网络等现代信息技术所进行的各类商务活动，包括货物贸易、服务贸易和知识产权贸易。各行各业，包括政府机构、企业和事业单位各种业务的电子化、网络化，也可称作电子业务。

狭义的电子商务（EC）是指人们利用电子化手段进行以商品交换为中心的各种商务活动，也可称作电子交易。

在考虑电子商务概念时，仅仅局限于利用互联网这一载体来进行商务活动是远远不够的，未来的电子商务必将采用比互联网这一目前覆盖最广的载体还要先进得多的其他网络载体。

电子商务的基本概念由交易主体、电子市场、交易事务、物资流、资金流和信息流等基本要素构成。交易主体是指能够从事电子商务活动的客观对象；电子市场是 EC 实体从事商品和服务交换的场所；交易事务是 EC 实体之间所从事的具体的商务活动的内容；物资流是指商品和服务的配送和传输渠道。资金流是资金的转移过程，包括付款、转账、兑换等过程；信息流是既包括商品信息的提供、促销营销、技术支持和售后服务等内容，也包括诸如询价单、报价单、付款通知单和转账通知单等商业贸易单证，还包括交易方的支付能力、支付信誉和中介信誉等。

2. 电子商务的特点

电子商务是综合运用信息技术，以提高贸易伙伴间商业运作效率为目标，将一次交易全过程中的数据和资料用电子方式实现，在商业的整个运作过程中实现交易的直接化、无纸化。电子商务可以使贸易环节中各个商家和厂家更加紧密地联系起来，更快地满足客户需求，在全球范围内选择贸易合作伙伴，以最小的投入获得最大的回报。

与传统的商务活动方式相比，电子商务具有以下几个特点。

（1）成本低

企业和个人通过电子商务进行交易，其成本大大降低，具体表现在以下几个方面。

① 电子商务实行无纸贸易，可减少90%的文件处理费用，降低管理成本。

② 无需地面店铺，只要一台联网的计算机即可完成交易，大大降低经营成本。

③ 互联网使买卖双方即时沟通供需信息，使无库存生产和无库存销售成为可能，从而使库存成本核算尽可能为零。

④ 距离越远，网络上进行信息传递的成本核算相对于信件、电话、传真而言就越低。此外，电子商务还可以缩短信息传递的时间，减少数据重复录入，降低信息成本。

⑤ 买卖双方通过网络进行商务活动，无需中介参与，减少了交易的环节和流通的成本。

⑥ 卖方可通过互联网进行产品介绍、宣传，节省了在传统方式下的广告制作及印刷制品等的费用，降低了宣传成本。

⑦ 企业利用内部网（Intranet）可实现"无纸办公"，提高了内部信息的传递效率，节省了时间，同时降低了管理成本，通过互联网把公司总部、代理商以及分布在世界各地的子公司、分公司联系在一起，及时对各地市场情况做出反应，及时生产、及时销售、降低库存、快捷配送，从而降低产品成本。

（2）效率高

由于互联网将贸易中的商业报文标准化，使商业报文在世界各地的传递能在瞬间完成。计算机自动处理数据，使原料采购、产品生产、需求与销售、银行汇兑、保险、货物托运及申报等过程无须专人干预，就能在最短的时间内完成。电子商务克服了传统贸易方式的费用高、易出错、处理速度慢等缺点，极大地缩短了交易时间，使整个交易快捷与方便。

（3）交易虚拟化

通过互联网进行的贸易活动，贸易双方从贸易磋商、签订合同到支付等整个交易过程，无须当面进行，均可通过计算机在网络这个虚拟化的环境中进行。对卖方来说，可以到网络管理机构申请域名，制作自己的主页，组织产品信息上网。虚拟现实的网上聊天等新技术的发展使买方能够根据自己的需求选择卖方，并将信息反馈给卖方，通过信息的交互传递，买卖双方签订电子合同，完成交易并进行电子支付，从而实现交易的虚拟化。

（4）交易透明化

电子商务买卖双方从交易的洽谈、签约到付款、交货通知等都在网络上进行，通畅、快捷的信息传输可以保证各种信息之间自动实时的相互核对，从而防止出现信息伪造的情况。例如，在典型的许可证EDI系统中加强了发证单位和验证单位的通信、核对，假的许可证就不易漏网。此外，海关的EDI也帮助其杜绝了边境的假出口、骗退税等问题。

（5）交易全球化

电子商务使得世界各地的人们都可以及时了解到国际上的供需信息，加速了信息沟通和交流，促进了国际商务活动的开展。在互联网和经济全球化的背景下，电子商务交易全球化越来越简易与频繁。

3. 电子商务的分类

电子商务有多种分类方式，按照不同的标准，可划分为不同的类型。

（1）按交易对象分类

① 企业与企业之间的电子商务。企业与企业之间的电子商务即 B2B（Business to Business），包括非特定企业间的电子商务和特定企业间的电子商务，是指采购商与供应商通过互联网进行谈判、订货、签约、付款以及索赔处理、商品发送和运输跟踪等所有活动。

② 企业与消费者之间的电子商务。企业与消费者之间的电子商务即 B2C（Business to Customer），是利用计算机网络使消费者直接参与经济活动的高级形式。目前，在互联网上遍布各种类型的商业中心，提供从日用品、书籍到计算机、汽车等各种消费商品和服务。

③ 企业与政府之间的电子商务。企业与政府之间的电子商务即 B2G（Business to Government），其覆盖企业与政府组织间的各项事务，包括政府采购、税收、商检和管理条例发布等。一方面，政府作为消费者，可以通过互联网发布自己的采购清单，公开、透明、高效、廉洁地完成所需物品的采购；另一方面，政府对企业宏观调控、指导规范、监督管理的职能通过网络以电子商务方式更能充分、及时地发挥。借助于网络及其他信息技术，政府职能部门能更及时、全面地获取所需信息，做出正确决策，做到快速反应，能迅速、直接地将政策法规及调控信息传达于企业，起到管理与服务的作用。例如，美国政府采购清单通过互联网发布，公司可以以电子化方式回应。同样，在公司税的征收上，政府也可以采用电子交换方式进行。

④ 消费者与消费者之间的电子商务。消费者与消费者之间的电子商务即 C2C（Customer to Customer），是消费者与消费者之间的交易。互联网为个人经商提供了便利，任何人都可以"过把瘾"，各种个人拍卖网站层出不穷，形式类似于"跳蚤市场"。C2C 电子商务的典型形式是网上拍卖。在 C2C 电子商务中，最早成立的是美国的 eBay 公司创办于 1995 年，国内易趣网创办于 1999 年 8 月。2003 年 5 月由全国最大的 B2B 公司阿里巴巴投资 4.5 亿元人民币创办的淘宝网，以及腾讯公司于 2005 年 9 月 12 日上线发布，2006 年 3 月 13 日宣布正式运营的拍拍网，都是属于典型的 C2C 电子商务交易平台。

（2）按使用网络类型分类

根据网络类型不同，电子商务可以分为如下 3 种形式。

① EDI（Electronic Data Interchange，电子数据交换）。EDI 是按照一个公认的标准和协议，将商务活动中涉及的文件标准化和格式化，通过计算机网络，在贸易伙伴的计算机网络系统之间进行数据交换和自动处理。

② Internet（因特网）。Internet 是指利用连通全球的网络开展的电子商务活动。

③ Intranet（内联网）。Intranet 是指在一个大型企业的内部或一个行业内开展的电子商务活动，通过这种形式形成一个商务活动链，这样可以大大提高工作效率和降低业务的成本。

（3）按交易的商品内容分类

如果按照电子商务交易的商品内容分类，电子商务主要包括 2 类商业活动，如下所述。

① 有形产品（或称间接）电子商务。有形商品指的是实物商品，这种商品的交付不能通过计算机网络实现。有形商品的电子商务模式指的是这种商品在互联网上进行成交，而实际交付仍然要通过传统的方式。

② 无形产品（或称直接）电子商务。网络本身既有信息传递的功能，又有信息处理的功能，

因此，无形产品，如信息、计算机软件、视听娱乐产品等，可以通过网络直接向消费者提供。

（4）按交易过程分类

按照不同的电子商务交易过程，电子商务可以划分为交易前、交易中和交易后3类电子商务。

（5）按电子商务用户使用的终端分类

按照电子商务用户使用的终端的特点，电子商务可以分为传统电子商务与移动电子商务两种类型。移动电子商务是电子商务的扩展与延伸，是电子商务未来的发展趋势。

① 传统电子商务是指以电脑（台式计算机、笔记本电脑）为终端，依托互联网开展的电子商务。这是目前普遍采用而且日益成熟的电子商务方式。

② 移动电子商务是指通过手机、PDA（个人数字助理）等小型、可移动的"口袋式"终端而开展的 B2B、B2C、C2C 的电子商务。移动终端既是一个移动通信工具，又是一个移动 POS 机、一个移动的银行 ATM 机。移动电子商务将互联网、移动通信技术、短距离通信技术及其他信息处理技术完美结合，使用户可在任何时间、任何地点开展电子商务，如交易、订票、支付、购物、娱乐和无线医疗等。

据市场研究机构 Juniper Research 公布的一项最新研究预测，受近场通信技术促动，2015 年的移动商务市场交易将达到 740 亿美元，这一数字是 2011 年该市场的估计价值 3 倍以上。近场通信技术正越来越多地被用于商店货物和各种交通票支付。

人们越来越多地使用移动设备替代信用卡和纸币进行付款，使得移动电子商务市场成为电子商务增长速度最快的一个领域。

随着电子商务的日新月异，电子商务模式也在不断创新和发展。不同的商务模式，没有好坏之分，只有适合与不适合。只要能够降低成本、提高效益，确实能带来更多的社会价值和商业价值，就是好的商业模式，也是有生命力的商业模式。

4. 电子商务的功能

电子商务可提供网上交易和管理等全过程的服务，因此它具有广告宣传、咨询洽谈、网上订购、网上支付、电子账户、服务传递、意见征询、交易管理等功能。

（1）广告宣传

电子商务可凭借企业的 Web 服务器和客户的浏览，在互联网上发布各类商业信息。客户可借助网上的检索工具（Search）迅速地找到所需商品信息，而商家可利用网上主页（HomePage）和电子邮件（E-mail）在全球范围内进行产品的宣传。与以往的各类广告相比，网上的广告成本最为低廉，而给顾客的信息量却最为丰富。

（2）咨询洽谈

电子商务可借助非实时的电子邮件（E-mail）、新闻组（NewsGroup）和实时的讨论组（Chat）来了解市场和商品信息，洽谈交易事务，如有进一步的需求，还可用网上的白板会议（Whiteboard Conference）来交流即时的图形信息。网上的咨询和洽谈能超越人们面对面洽谈的限制，提供多种方便的异地交谈形式。

（3）网上订购

电子商务可借助 Web 中的邮件交互传送实现网上订购。网上订购通常都是在产品介绍的页面上提供十分友好的订购提示信息和订购交互格式框，当客户填完订购单后，系统通常会回复确认信息单来保证订购信息的收悉。订购信息也可采用加密的方式使客户和商家的商业信息不会泄露。

（4）网上支付

电子商务要成为一个完整的过程，网上支付是重要的环节。客户和商家之间可采用信用卡账号进行支付。在网上直接采用电子支付手段可节省大量的人力资源，但其需要更为可靠的信息传输安全性控制，以防止欺骗、窃听和冒用等非法行为。

（5）电子账户

网上支付必须要有电子金融的支持，即银行或信用卡公司及保险公司等金融单位要为金融服务提供网上操作的服务，而电子账户管理是其基本的组成部分。

（6）服务传递

对于已付款的客户应将其订购的货物尽快地传递到他们的手中。对于有些货物在本地、有些货物在异地的情况，电子邮件能在网络中进行物流调配。最适合在网上直接传递的货物是信息产品。

（7）意见征询

电子商务能十分方便地采用网页上的"选择"、"填空"等格式文件来收集用户对销售服务的反馈意见，这样可以使企业的市场运营形成一个封闭的回路。客户的反馈意见不仅能提高售后服务的水平，而且能使企业获得改进产品、发现市场的商业机会。

（8）交易管理

整个交易的管理涉及人、财、物多个层面，包括企业和企业、企业和客户及企业内部等各方面的协调和管理。因此，交易管理是涉及商务活动全过程的管理。

三、任务实施

步骤一：回顾以前旅游购物的经历，分析传统旅游的程序及传统购物时卖主与买主的业务流程。查阅相关网站资料，画出活动中买主与卖主的业务流程图，完成表1-2。

表1-2　　　　　　　　　　　　业务流程图

流程	1	2	3	4	5
传统旅游买方					
传统旅游卖方					
传统购物买方					
传统购物卖方					
评价					

步骤二：查阅网站或相关资料，分析旅游、零售业电子商务与传统商务运作过程，按照交易前准备、交易磋商、合同签订、货物交付、支付与清算5个环节进行分析，完成表1-3。

表1-3　　　　　　　　　　　　运作过程分析

项目	交易前准备	交易磋商	合同签订	货物交付	支付与清算
旅游电子商务					
零售业电子商务					
传统商务					
结论					

步骤三：参观当地一家零售企业，确定其消费群体、消费群体的特点以及有哪些个性化需求。根据参观与网站资料的查阅，分析旅游或零售业开展电子商务的优势和劣势在哪里？机会

是什么？电子商务环境下的增值服务表现在哪里？通过什么技术可以实现？是否充分展示了互联网的优势？

步骤四：列表比较电子商务与传统商务的区别，分析电子商务能代替传统商务吗？请分别给出你的建议，完成表1-4。

表1-4 　　　　　　　　　　传统商务与电子商务对比

项目	流程	特点	优势	劣势	提升建议
传统商务					
电子商务					
结论					

四、任务评价

任务评价表如表1-5所示。

表1-5 　　　　　　　　　　　　评价表

项目	学习态度（20%）	团队合作情况（20%）	步骤完成情况（50%）	其他表现（10%）	小计（100%）	综合评价
小组评分（30%）						
个人评分（30%）						
老师评分（40%）						
综合得分（100%）						

五、知识拓展

阅读材料1

中国电子商务的领袖——阿里巴巴

阿里巴巴是由马云在1999年一手创立的企业对企业的网上贸易市场平台。2003年5月，阿里巴巴投资4.5亿元建立淘宝网。2004年10月，阿里巴巴投资成立支付宝公司，面向中国电子商务市场推出基于中介的安全交易服务。2012年2月，阿里巴巴宣布，向旗下子公司上市公司提出私有化要约，回购价格为13.5港元。2012年5月21日，阿里巴巴与雅虎就股权回购一事签署最终协议，阿里巴巴用71亿美元回购20%股权。2012年7月23日，阿里巴巴宣布调整淘宝、一淘、天猫、聚划算、阿里国际业务、阿里小企业业务和阿里云为其旗下七大事业群，组成集团CBBS大市场。

阿里巴巴是全球B2B电子商务的著名品牌，是目前全球最大的商务交流社区和网上交易市场。它曾两次被哈佛大学商学院选为MBA案例，在美国学术界掀起研究热潮；两次被美国权威财经杂志《福布斯》选为全球最佳B2B站点之一，多次被相关机构评为全球最受欢迎的B2B网站、中国商务类优秀网站、中国百家优秀网站、中国最佳贸易网，被国内外媒体、硅谷和国外风险投资家誉为与 Yahoo、Amazon、eBay 和 AOL 比肩的五大互联网商务流派代表之一。其创始人、首席执行官马云也被著名的"世界经济论坛"选为"未来领袖"，被美国亚洲商业协会选为"商业领袖"，并曾多次应邀到全球著名高等学府麻省理工学院、沃顿商学院和哈佛大学讲学，是 50 年来第一位成为《福布斯》封面人物的中国企业家。

请尝试对阿里巴巴企业的情况进行进一步了解分析。

阅读材料 2

2012 年中国移动支付市场交易规模达 1 511.4 亿元

根据艾瑞咨询《2012—2013 年中国移动支付市场研究报告》数据显示，2012 年中国移动支付市场交易规模达 1 511.4 亿元，同比增长 89.2%；移动远程支付正进入高速成长期，远程运营企业取得突破性发展，但整体市场仍处于初级阶段，竞争格局仍未确定。

市场放量

2012 年中国移动支付市场交易规模达 1 511.4 亿元，同比增长 89.2%；预计 2016 年中国移动支付市场交易规模将突破万亿交易规模，达到 13 583.4 亿元。

艾瑞咨询认为，2012 年是中国移动支付市场取得快速增长的原因主要有以下几个方面。第一，支付标准等相关政策的出台，为产业发展营造起良性的竞争环境，从而保证行业的健康发展；第二，移动智能终端快速普及——2012 年中国手机和智能手机用户规模分别达到 11.04 亿元和 3.24 亿元；第三，移动互联网特别是移动电子商务的快速发展带动移动支付需求的快速增长，2012 年中国移动互联网和移动电子商务交易规模分别达 549.7 亿元和 550.4 亿元，同比增长 96.4% 和 380.3%；第四，在政策和市场的强力驱动下，移动支付产业各方加速了在国内的移动支付应用试点和市场拓展，推出多样化解决方案。

格局未定，远程先行

从交易规模企业份额来看，2012 年在移动互联网市场整体爆发的情况下，移动远程支付正进入高速成长期，短信、移动互联网、客户端等远程支付产品运营企业市场表现较好。

其中，传统互联网支付企业支付宝在移动支付市场整体和移动互联网支付领域的市场份额分别达 31.5% 和 57.9%，均占据市场第一位；联动优势、上海捷银、钱袋宝等开展移动支付业务较早的运营企业，凭借其市场先发优势亦在整体市场中占据一定位置，三者市场份额依次为 27.8%、10%、2.6%，分列第 2、3、7 位；中国银联借助其在传统金融体系中的领导地位和在支付领域的积极布局，亦取得较好的成绩，在移动支付市场整体和移动互联网支付领域的市场份额分别为 11.9% 和 6.8%，分别排第 2 位和第 4 位；而电信运营商受限于金融业务许可、商户拓展、资金账户以及近场支付发展缓慢等因素，移动支付发展相对靠后。

艾瑞咨询分析认为，由于移动支付结合了移动通信技术、互联网技术、电子商务技术和金融行业相关技术等，具有明显的跨行业的技术特点，因此目前行业发展处于起步阶段，尚未形成稳定的市场竞争环境。以支付宝、财付通为代表的拥有自有电商平台的在线支付企业在移动互联网的趋势下，逐步将在线支付的优势、产品形态以及用户平移至移动端，由于技术成熟且不需要改造终端，因此短期内即可产生联动效应，获取先发优势。但长期来看，移动互联网支付排他性较弱，支付企业还需更好地结合线上与线下市场，不断创新商业模式才能取得长足发展，如表 1-6 所示。

表 1-6　　　　　　2012 年中国第三方移动支付市场交易规模市场份额

排名	第三方移动支付		移动互联网支付	
1	支付宝	31.5%	支付宝	57.9%
2	联动优势	27.8%	中国银联	11.9%
3	上海捷银	10.0%	财付通	9.5%
4	中国银联	6.8%	中国移动	5.3%
5	中国移动	5.5%	钱袋宝	5.1%
6	财付通	4.9%	联动优势	2.6%
7	钱袋宝	2.6%	其他	7.8%
8	其他	10.8%		

行业或将迎来三波浪潮——远程、O2O、近端

　　艾瑞咨询认为，未来几年将是移动支付产业取得突破式发展的关键时期，整体市场会迎来 3 个浪潮，一是移动互联网远程支付，即基于移动互联网把 PC 端照搬过来的模式；二是 O2O 电子商务支付，目前互联网支付巨头纷纷针对这一领域推出一些创新支付形态，如二维码，在经历一段市场调研之后，将会出现一些适合满足用户需求的产品形态，从而为移动支付产业带来一个短期的高速增长态势；三是非接近端支付，随着近场行业标准、受理环境、应用场景、应用内容等基础条件的逐步成熟，将会迎来市场的爆发式放量，如图 1-2 所示。

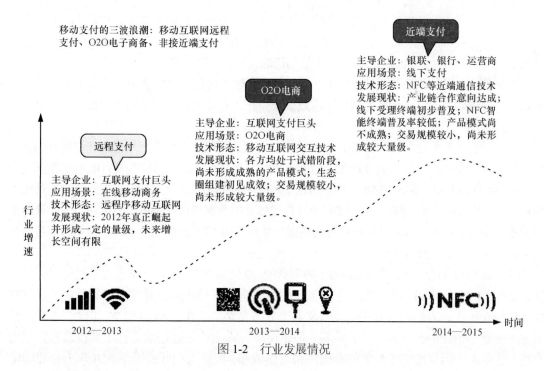

图 1-2　行业发展情况

六、同步拓展

　　1. 进入大学后主要是自主学习，请利用网络购物平台为自己或班上同学购买 1～2 本电子商务专业方面的参考书，并记录购书名称、网站和流程。

2. 电子商务平台实验。请登录淘宝商城（www.taobao.com）、易趣（www.eachnet.com.cn）、阿里巴巴（www.alibaba.com.cn）、雅宝（www.yabuy.com.cn）、当当网（www.dangdang.com）和腾讯拍拍（www.paipai.com），分析以下两个问题。

（1）网站内容和页面特点。

（2）思考并分组讨论：网站满足了人们哪些方面的需求？该类商务网站如何盈利？

任务二　电子商务的发展与应用

一、任务描述

小李作为电子商务专业的学生，对专业充满憧憬，经过多次实地调研和亲身体验，在感受到电子商务带来的便利后，更加坚定了毕业后利用专业知识进行创业的想法，他希望通过自己的工作能为人们带来更多的便利。现在，小李需要对电子商务的起源与发展做更多的了解。

二、相关知识

1. 电子商务的起源与发展

近年来，随着计算机的日益普及和网络（特别是互联网）的迅速发展，在发达国家形成了一种新的企业经营方式，他们把所有的商业活动和贸易往来电子化，利用发达的网络环境进行快速有效的商业活动，这就是最近世界上最热门的话题——电子商务。

当贸易信息以莫尔斯码点和线的形式在电线中传输的时候，就标志着运用电子手段进行商务活动的时代到来了。人们开始利用电子数据交换作为企业间电子商务的应用技术，这就是电子商务的雏形。

其实，电子商务这个概念起源于 20 世纪 70 年代，那时，一些大公司通过建立自己的计算机网络实现各个机构之间、商业伙伴之间的信息共享与交换，这就是广为流行的电子数据交换（Electronic Data Interchange，EDI）。电子数据交换是一种为满足企业需要而发展起来的先进技术手段，必须遵照统一的国际标准。EDI 通过传递标准的数据流可以避免人为失误，大大地降低了成本，提高了效率。EDI 是电子商务的基础，并且 EDI 技术已经摆脱了以前旧式的昂贵的公司独立网络，而融入到互联网中，因此，电子商务逐渐成为主流的商务活动方式。

（1）基于 EDI 的电子商务（20 世纪 60 年代至 20 世纪 90 年代）

从技术的角度来看，人类利用电子通讯的方式进行贸易活动已有几十年的历史了。早在 20 世纪 60 年代，人们就开始用电报报文发送商务文件的工作；20 世纪 70 年代，人们又普遍采用方便、快捷的传真机来替代电报，但是由于传真文件是通过纸面打印来传递和管理信息的，过多人为因素影响了数据的准确性和工作效率，因此人们开始采用 EDI 作为企业间电子商务的应用技术，将业务文件按一个公认的标准从一台计算机传输到另一台计算机，使得单证和文件处理的劳动强度、出错率及费用大为降低，效率大为提高，极大地推动了国际贸易的发展。由于 EDI 大大减少了纸张票据，因此，人们形象地称之为"无纸贸易"或"无纸交易"。

从技术上讲，EDI 包括硬件与软件两大部分，硬件主要是计算机网络，软件包括计算机软件和 EDI 标准。

从硬件方面讲，20 世纪 90 年代之前的大多数 EDI 都不通过互联网，而是通过租用的电脑线在专用网络上实现，这类专用的网络被称为增值网（Value Added Network，VAN），这样做的目的主要是考虑到安全问题。但随着互联网安全性的日益提高，作为一个费用更低、覆盖面更广、服务更好的系统，已表现出替代 VAN 而成为硬件载体的趋势，因此有人把通过互联网实现的 EDI 直接称为 Internet EDI。

从软件方面看，EDI 所需要的软件主要是将用户数据库系统中的信息翻译成 EDI 的标准格式以供传输交换。由于不同行业的企业是根据自己的业务特点来规定数据库的信息格式的，因此，当需要发送 EDI 文件时，必须把从企业专有数据库中提取的信息翻译成 EDI 的标准格式才能进行传输，这时就需要相关的 EDI 软件来帮忙了。

（2）基于互联网的电子商务

由于使用 VAN 的费用很高，仅大型企业才会使用，因此限制了基于 EDI 的电子商务应用范围的扩大。20 世纪 90 年代中期以后，互联网（Internet）迅速普及化，逐步地从大学、科研机构走向企业和百姓家庭，其功能也已从信息共享演变为一种大众化的信息传播工具。从 1991 年起，一直排斥在互联网之外的商业贸易活动正式进入到这个王国，使得电子商务成为互联网应用的最大热点。以直接面对消费者的网络直销模式而闻名的美国戴尔（Dell）公司 1998 年 5 月的在线销售额高达 500 万美元，到 2011 年该公司财年度总收入上升为 615 亿美元。另一个网络新贵亚马逊（Amazon.com）网上书店的营业收入从 1996 年的 1 580 万美元猛增到 1998 年的 4 亿美元，2004 年的纯利润则为 3 亿多美元。1995 年开办的 eBay 公司是互联网上最大的个人对个人的拍卖网站，这个跳蚤市场 2007 年的年营业额达到 76.7 亿美元。

根据联合国贸易和发展会议的统计，全球电子商务交易总额 1994 年达到 12 亿美元，2000 年增加到 3 000 亿美元，2006 年竟然达到 12.8 万亿美元，占全球商品销售的 18%，2011 年全球电子商务交易达到 40.6 万亿美元，绝大部分的国际贸易额以网络贸易形式实现。

互联网已成为全球最大的互联网络，覆盖 150 多个国家和地区。最初主要是利用互联网的电子邮件功能进行日常的商务通信，后来发展到利用互联网进行信息发布，出现电子商务的各自交易模式。互联网的迅速发展使电子商务市场成为继传统市场之后的又一个巨大市场，这一市场突破了国界与疆域，正在地球上形成一个新的大陆，即"第七洲"——虚拟洲。企业或商家可以在这个"虚拟洲"上构筑覆盖全球的商业营销网。

2. 我国电子商务的趋势

我国电子商务经历了 5 个阶段。1990 年到 1993 年开展 EDI 应用起步阶段，1993 年到 1997 年开展"三金工程"阶段，1998 年到 2000 年进入了互联网电子商务的发展探索阶段，2001 年到 2004 年进入了理性务实发展阶段，2005 年后进入到健康快速发展阶段。

中国互联网络信息中心（CNNIC）第 31 次《中国互联网络发展状况统计报告》显示，截至 2012 年 12 月底，我国网民规模达到 5.64 亿元，互联网普及率为 42.1%，较 2011 年底提升 3.8%。截至 2012 年 12 月，我国网络购物用户规模达到 2.42 亿元，网络购物使用率提升至 42.9%。与 2011 年相比，网购用户增长 4 807 万人，增长率为 24.8%。在网民增速逐步放缓的背景下，网络购物应用依然呈现快速的增长势头。团购领域数据显示，我国团购用户数为 8 327 万，使用率提升 2.2%，达到 14.8%，团购用户全年增长 28.8%，继续保持相对较高的用户增长率。2012 年，中国电子商务市场交易规模实际达 8.1 万亿元，从市场结构来看，网络购物突破万亿元大关，较 2011 年提升 27.9%。据预测，中国电子商务市场交易规模在 2016 年将达 18.2 万亿元。2012 年中国电子商务细分行业构成如图 1-3 所示。

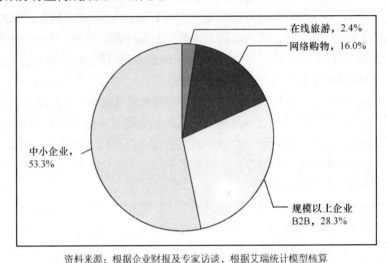

资料来源：根据企业财报及专家访谈，根据艾瑞统计模型核算

图 1-3　2012 年中国电子商务市场交易规模细分行业构成

展望我国电子商务未来的发展，纵深化、专业化、国际化、区域化、融合化和移动化将成为其发展的趋势。

（1）纵深化趋势

目前受限于技术创新和应用水平，企业发展电子商务仍处于起步阶段。随着技术创新和应用水平的提高以及其他相关技术的发展，电子商务将向纵深挺进，新一代的电子商务将浮出水面，取代目前简单地依托"网站＋电子邮件"的方式。电子商务企业将从网上商店和门户的初级形态，过渡到将企业的核心业务流程和客户关系管理等都延伸到互联网上，使产品和服务更贴近用户需求。互动、实时成为企业信息交流的共同特点，网络成为企业资源计划、客户关系管理及供应链管理的中枢神经。企业将创建、形成新的价值链，把新老上下游利益相关者联合起来，形成更高效的战略联盟，共同谋求更大的利益。

（2）专业化趋势

网络本身就包含时尚和前卫因素，若干年后，我国上网人口仍将以中高收入水平的人群为主，他们购买力强，受教育程度较高，消费个性化要求比较强烈，个性化信息需求和个性化商品需求将成为发展方向，消费者将把个人的偏好渗透到商品的设计和制造过程中。各年龄段需求的不同、各种消费习惯的差异会催生更多细分的市场，所以，提供"一条龙"服务的垂直性网站及某一类产品和服务的专业网站发展潜力更大。

（3）国际化趋势

依托于互联网的电子商务能够超越时间、空间的限制，有效地打破国家和地区之间各种有形、无形的壁垒，刺激国家和地区的对外贸易发展。随着国际电子商务环境的规范和完善，我国电子商务企业必然走向世界，这是适应经济全球化，提升我国企业国际竞争力的需要。电子商务对我国的中小企业开拓国际市场、利用国外各种资源是十分有益的。借助电子商务，中小企业传统市场的竞争力可以得到加强，并有更多机会将产品销售到全球各个国家和地区。

（4）区域化趋势

电子商务的区域化趋势是就我国独特的国情而言的。我国是一个人口众多、幅员辽阔的大国，社会群体在收入、观念、文化水平等方面都有不同的特点，但我国总体仍然是一个人均收入较低的发展中国家，而且城乡经济的不平衡性、东西部经济发展的阶梯性、地区收入结构的层次性都十分明显。目前，上网人群主要集中在大城市，今后相当长时间内，上网人口仍将以大城市、中等城市和沿海经济发达地区为主。B2C 电子商务模式的区域性特征非常明显，因此，以 B2C 模式为主的电子商务企业在资源规划、配送体系建设、市场推广等方面都必须充分考虑这一现实，采取有重点的区域化战略，才能最有效地扩大网上营销的规模和效益。

（5）移动化趋势

当前，我国网民数量已经处于高位，网民增长和普及率进入了相对平稳的时期，而智能手机等终端设备的普及以及无线网络升级等因素，则进一步促进了手机网民数量的快速提升。数据显示，2012 年我国手机网民数量为 4.2 亿，年增长率达 18.1%，远超网民整体增幅。此外，网民中使用手机上网的比例也继续提升，由 2011 年的 69.3%上升至 74.5%。智能手机作为第一大上网终端的地位更加稳固。

网络经济快速发展的同时，手机端电子商务类应用也在迅速扩张。2012 年，网民使用手机进行网络购物相比 2011 年增长了 6.6%，用户量是 2011 年的 2.36 倍；此外，手机团购、手机在线支付和手机网上银行 3 类用户在手机网民中的比例均有所提升，这 3 类移动应用的用户规模增速均超过了 80%，电子商务移动化的趋势势不可挡。

另外，互联网数据中心联合业界各方在北京发布了《Forecast 2013：中国电子商务蓝皮书》。蓝皮书显示：中国电子商务正在走向临界点，部分电子商务企业必然逐步赢利、进入发展"奇点"，但是具体的时间、方式、要素、规律等需要业者共同探寻。蓝皮书对电子商务 2013 年及此后的发展趋向做出了 9 点研判，具体如下。

① 微信活跃用户数 2013 将达 3.8 亿，远超新浪微博，腾讯 O2O 侧击淘宝电商。

② 淘宝系 2013 年营收 450 亿元，力压百度，2015 年或超腾讯成互联网第一。

③ 京东 2013 年营收 1 100 亿元，单季现赢利上市可期，电商业临界点显现。

④ 互联网广告营销过千亿元，超电视，电商 2014 年成第一金主。

⑤ 传统零售近零增长，苏宁门店利跌成本增，左右互搏 2014 年现亏损。

⑥ 优土逾 50 亿元营收超新浪，跨域多屏品效营销，数据营销云、DSP（Digital Signal Processing，数字信号处理）等放量。

⑦ 移动电商占电子商务总额的比重超 10%，移动互联用户超 PC，移动成电商未来十年最大红利。

⑧ 网购额超 14 000 亿元，在社会消费占比超 5%，价格战弱化，竞合常态化。

⑨ 电商三足鼎立，淘宝-京东-腾讯成平台三极，决胜成本效率。

3. 电子商务的应用

近年来，随着现代计算机、网络和通信技术的发展和广泛运用，电子商务正逐渐改变人们的学习、生活和工作方式，其应用渗透到各行各业。提到电子商务的应用，马上就会联想到亚马逊、卓越等网站。其实，不止这些，企业电子商务也是电子商务应用中很重要的一部分。另外，像"政府采购"、"网上纳税"算不算是电子商务应用也被人争论。现在，主要介绍以下几个方面的电子商务应用。

（1）市场电子商务应用

面向市场的以市场交易为中心的商务活动即市场电子商务。市场电子商务包括促成交易实现的各种商务活动，如网上展示、网上公关和网上洽谈等活动，其中，网络营销是最重要的网上商务活动；另外，还包括实现交易的电子贸易活动。市场电子商务主要是利用 EDI、互联网实现交易前的信息沟通、交易中的网上支付和交易后的售后服务等。

在现阶段的营销活动中，常用的网络营销工具包括企业网站、搜索引擎、电子邮件、网络实名/通用网址、即时信息、浏览工具条等客户端专用软件、电子书、博客等。借助这些手段，可以实现营销信息的发布、传递与用户间的交互，以及为实现销售营造有力的环境。

举例来说，湖南思洋集团建立的特色湖南电子商务购物网站——特色湖南（http://www.nongone.com/）设置了"湖南特产地方小吃"、"湖南特产山里干货"、"湖南特产特色茗茶"、"湖南特产名烟名酒"、"湖南特产工艺礼品"、"时尚品牌"、"原产地特供"等专区，图文并茂，与人们生活直接相关，网上每年销售利润可观，其网站如图 1-4 所示。

图 1-4　特色湖南淘宝商城官方网站

市场电子商务的代表就是电子商店。电子商店是利用互联网技术从事商品零售业务的企业，其建立网络世界中的虚拟商品，在互联网上就是一个站点，摆放商品的目录和各种商品影像的介绍，可以让人们足不出户就能达到亲临商场的效果。

举例来说，一个购买固定品牌西服的客户不喜欢现有西服的色彩、款式及大小搭配，他不必像往常一样必须选择别的品牌或者找人另做，只需要按照自己的爱好将自己喜欢的色彩、款式和尺寸通过电子邮件发给商家，就可以在很短的时间内得到满足自己要求的西服。网上购物彻底改变了传统的购物方式，如面对面交易、一手交钱一手交货及面谈等，它是一种崭新有效而又安全可靠的电子购物方式。购物的客户可以通过输入电子订货单说明自己要购买的物品，然后调出自己的电子钱包和电子信用卡，只要电子信用卡合法，即可完成购物并得到电子收据。从整个购物过程可以看出，这是一种与传统购物方式不同的现代高新技术购物方式。

（2）企业电子商务应用

企业电子商务的应用是运用互联网重组企业内部经营管理活动，与企业开展的电子商贸活动保持一致，即企业电子商务。最典型的企业电子商务应用是供应链管理，从市场需求出发，利用网络将企业的销、产、供、研等活动串在一起，实现企业网络化、数字化管理，最大限度地适应网络时代市场需求的变化，这就是企业内部的电子商务。

电子商务的具体应用落实到企业就需要其站在全局的角度，根据市场需求，对企业业务进行系统化规范，并重新设计业务流程和基本构架，以适应网络知识经济时代的数字化管理和数字化经营。

例如，网上银行就是以互联网为基础所提供的各式各样金融服务的银行，其功能一般包括银行业务项目、商务服务以及信息发布。银行业务项目主要包括个人银行、对公业务（企业银行）、信用卡业务、多种付款方式、国际业务、信贷及特色服务等功能。商务服务包括投资理财、资本市场、政府服务等功能。信息发布包括国际市场外汇行情、对公汇率、储蓄利率、汇率、国际金融信息、证券行情、银行信息等功能。目前，网上银行实现的功能主要是信用卡、个人银行、对公业务等客户与银行间关系较密切的部分，我国各大商业银行几乎都开始了网上银行的业务。随着网上银行业务的扩展，特别是人们对网上支付的认同，相信会极大地促进网上商店的交易。

（3）移动电子商务应用

移动电子商务就是利用手机、PDA 及掌上电脑等无限终端进行的 B2B、B2C 或 C2C 的电子商务。它将互联网、移动通信技术、短距离通信技术及其他技术完美结合，使人们在任何时间、任何地点都能进行各种商贸活动，实现随时随地在线上线下购物与交易、在线电子支付以及各种交易活动、商务活动、金融活动和相关的综合服务活动等。

进入 20 世纪 90 年代，移动通信发展迅猛，现有的 GSM 和 CDMA 业务持续发展，备受关注的第三代、第四代移动通信（3G、4G）系统则开始在大规模进入市场前进行各方面的准备工作。

随着时代与技术的进步，人们对移动性和信息的需求急速上升，移动互联网已经渗透到人们生活、工作的各个领域。随着 3G 时代的到来，移动电子商务成为各个产业链竞相争抢的"大蛋糕"。因其可以为用户随时随地提供所需的服务、应用、信息和娱乐，同时满足用户及商家从众、安全、社交及自我实现的需求，而深受用户的欢迎。

另据中国电子商务研究中心监测数据显示，移动电子商务用户规模逐年递增。2009 年我国移动电子商务用户规模达 3 600 万元，2010 年这一数字攀升到 7 700 万元。2011 年移动电子商务用户规模达到 1.5 亿人，同比增长 94.8%。2012 年移动电子商务用户规模达 25 050 万人，同比增长 67%。预计到 2013 年年底，这个数字将增长到 37 250 万人。

（4）社会电子商务应用

社会电子商务应用是整个社会经济活动都以互联网为基础，利用信息和通信技术，在大众公用计算机网络上有效实现行政、服务及内部管理等功能，在政府、社会和公众之间建立有机服务系统的集合。"网上政府"所实现的也就是人们常常提到的电子政务。在电子政务中，最显著的两个应用就是政府网上采购，如图 1-5 所示，和网上税收管理。电子政务是政府活动的电子化，包括政府通过互联网处理政府事务，利用互联网进行招投标实现政府采购等，利用互联网收缴税费等。

对于政府网上采购和网上税收管理是否属于电子商务的应用，人们一直有着争议。我们认为，政府网上采购和网上税收管理也是信息化建设的项目，既是电子政务的应用，同样也是电子商务的应用。根据采购公开程度，可以将采购分为公开招标采购、邀请招标采购、竞争性谈判采购等方式，目前最常用的方式是公开招标。

图 1-5   湖南省政府采购网

三、任务实施

步骤一：利用网络及相关资料进行分析，找出世界排名靠前的 5 家电子商务公司，比较其平台、网站、经营范围和市场规模等情况，完成表 1-7。

表 1-7   世界排名靠前的 5 家电子商务公司情况比较

排名	公司名称	网站	成立时间	经营范围	企业规模	年交易额	主要成功原因
1							
2							
3							
4							
5							
结论							

步骤二：利用网络及相关资料进行分析，找出世界成立最早的 5 家电子商务公司，比较其平台、网站、经营范围和市场规模等情况，完成表 1-8。

表 1-8   世界成立最早的 5 家电子商务公司比较

排名	公司名称	网站	成立时间	经营范围	企业规模	年交易额	目前动向
1							
2							
3							
4							
5							
结论							

步骤三：利用网络及相关资料进行分析，找出我国排名靠前的 5 家电子商务公司，比较其平台、网站、经营范围及市场规模与世界领先企业的差距等情况，完成表 1-9。

表1-9　　　　　　　　　　　我国排名靠前的5家电子商务公司比较

排名	公司名称	网站	成立时间	经营范围	企业规模	年交易额	世界排名
1							
2							
3							
4							
5							
结论							

四、任务评价

任务评价表如表1-10所示。

表1-10　　　　　　　　　　　　　　　　评价表

项目	学习态度（20%）	团队合作情况（20%）	步骤完成情况（50%）	其他表现（10%）	小计（100%）	综合评价
小组评分（30%）						
个人评分（30%）						
老师评分（40%）						
综合得分（100%）						

五、知识拓展

阅读材料

2012年，那些活跃在电商界的风云人物

2012年的电子商务市场在动荡和发展中进行着市场洗牌和秩序重建，一方面是哀声不绝于耳，另一方面却是欣欣向荣。万国商业网宣告倒闭，24券网提前出局，京东商城在围追堵截中交易额依然翻倍，中国网库异军突起，此时，让我们回顾一下那些活跃在2012年的电商风云人物。

NO.1　刘强东　京东商城董事局主席兼首席执行官（CEO）

14岁的京东商城成为2012年中国电子商务行业的最佳样本，而个性张扬的刘强东则俨然是2012年电商界的男1号。

2012年初，由当当网CEO李国庆首先"炮轰"京东商城无故涨价，两家业界大佬你来我往掀起了2012年电商行业的第一轮口水战。2012年5月底，当当网率先打出"裸奔48小时"、"浴血征东"的促销活动，京东在店庆当天遭遇当当、天猫、库巴等竞争者围追堵截。即便是围追堵截，2012的京东商城依旧强势，从"618"到"815"，刘强东扬起了史无前例的价格战旗。2012年10月再获融资，2012年11月荣登胡润少壮派富豪榜，名列《财富》榜第26位。

"刘强东把中国的电子商务带到了一个令人目眩的高度。"目前，京东商城规模仅次于阿里

巴巴的在线商城，排在中国的第二位！

NO.2 马云 阿里巴巴集团前主席和首席执行官

2012 年是阿里巴巴的一个新的转折点。从 2012 年 1 月淘宝商城更名天猫，到 2012 年 6 月阿里巴巴退市，从一个公司到"7 剑"再到 25 个事业部。从淘宝天猫"双十一"191 亿元，到阿里巴巴网上交易突破 1 万亿元大关。马云由此被扣以"万亿侯"的称号，毫无悬念地当选 2012 中国经济年度人物，荣登《财富》中国最具影响力 50 位商界领袖排行榜。马云可谓风光无限，名利双收。

NO.3 张近东 苏宁总裁

作为进军电商的传统企业，张近东行事雷厉风行，敢想敢干，他将个人股权抵押，完成苏宁历史上最大规模的一次增资——47 亿元人民币，苏宁全面向电商转型。苏宁和京东打响了电商史上最著名的价格战；收购红孩子，发力母婴市场，0 元购抢占人口红利。在张近东的心中，苏宁将来要做的是"沃尔玛+亚马逊"的构想，并高喊：苏宁从来都不惧价格战。如果苏宁连京东都打不过，还做什么沃尔玛、亚马逊？

2010 年，300 人组成的苏宁电商事业部，一年含税销售额就做到了 20 亿元。调研公司易观认为，2011 年年中的时候，苏宁易购已经超越了当当网，位居全国第四。2011 年年底时，易购的市场份额超越亚马逊中国。2012 年，苏宁叫板京东，后来居上，进入电商行业前三竞争者行列。

NO.4 马化腾 腾讯董事会主席兼首席执行官

2012 年，小马哥荣誉依旧，2012 年中国福布斯慈善榜深圳首善、中国最佳 CEO 名列第二、《福布斯》中国富豪榜单第四。

腾讯大力整合团购、发力易迅电商、强化布局移动电商，下一个阿里帝国呼之欲出。10 亿元投资分成，画饼 2 000 亿电商。QQ 商城接入第三方支付工具支付宝、与当当网达成战略合作、启动开放平台等一系列的举措，都证明腾讯有意利用其强大的流量攻下电商这座城池，与京东等电商平台展开角逐和较量。微信用户数破亿，是不是小马胜券在握的筹码呢？让我们拭目以待。

NO.5 沈亚 唯品会 CEO

唯品会成功登陆美国纽交所，CEO 沈亚的身价过亿，达到 1.056 亿美元，营收和毛利大幅度提升，运营支出和亏损大幅减少，净亏损率已经收窄至 4.3%，唯品会稳步迈向赢利点。唯品会获得"2012 年红鲱鱼亚洲创新 100 强"最具创新和潜力的高科技企业。

2012 年，唯品会的营业额从 0 做到 50 个亿，注册会员人数达到 2 000 万，日均订单量突破 6 万单，月销售额突破 5 亿。成立 3 年即上市，上市半年即在垂直 B2C 电商中率先盈利，唯品会用短短 3 年多的时间实现盈利，成为让人瞩目的行业黑马，沈亚功不可没。

NO.6 陈年 凡客诚品创始人 CEO

2012 年初，凡客数位高管离职，陈年高喊"有春天，无所畏"，带领凡客自身造血找到凡客的发展之道。从砍类目、删品类，到做品牌、去平台，陈年大刀阔斧改革，给企业做手术。到 2012 年 11 月，凡客前三季度销售额同比增长 30%。

2007 年，陈年创办凡客诚品（VANCL）。目前，凡客诚品已成为中国最具规模的互联网快时尚品牌。通过凡客诚品的经营摸索，陈年为互联网应用与中国服装产业结合做出了新的尝试和贡献，得到了社会各界的广泛肯定与赞誉。

NO.7　王兴　美团网 CEO

经历短期的资本热，中国团购网站发展不到一年就进入衰退期。2012 年 9 月，中国团购网站数量已由 2011 年年底的 6 000 多家缩减到了 2 919 家。美团网一支独秀，频传捷报。

美团网入围团购 2 亿元俱乐部，居首，销售过 3 亿元，消费者满意度最高。美团网服务质量综合得分全行业第一，荣获团购行业 "最佳综合类网站奖"。美团网推出随时退服务，美团券未消费可随时退款。2012 年 12 月，美团网销售额突破 8 亿元，2012 年全年销售额超过 55 亿元，并实现了全面盈利。

在团购的冬天中生活如此滋润，乃至成为行业老大，全面盈利，王兴功不可没。

NO.8　王海波　中国网库创始人、董事长

2012 年，B2B 电商低调而沉稳地前行。坚守 B2B 电商 13 年的中国网库，凭借专注单品的品类网模式，把握电商基地发展契机，一跃成为行业新贵，引领 B2B 行业细分发展。

2012 年 2 月 10 日，中国网库内部宣布王海波卸任 CEO 及总裁一职。王海波认为今后只担任中国网库董事长职务，他将专注于扮演更重要的角色，更好地处理在业务层面和战略层面的关键问题。这一年，王海波带领中国网库以 "电商谷" 项目为载体，品类网为依托，积极地与各地政府及开发区共同构建区域性电子商务产业园，推动了各地方特色产业的单品电子商务应用，所承载的正能量倍受瞩目，并由此获得 IT 时代周刊第八届 CEO 年会年度 IT 时代骑士奖。

NO.9　李国庆　当当网创始人、联合总裁

面对京东的膨胀、淘宝天猫的迅速崛起、苏宁国美的侵入，从李国庆在微博上挑起口水战开始，让大家就对当当的 2012 年抱以期待。

2012 年 4 月，当当网推出自有家居品牌 "当当优品"；2012 年 8 月，加入京东价格战让当当再次成为焦点；2012 年 10 月底，天猫和当当联合宣布，当当正式入驻天猫，当当全部自营类目中的 80 万图书全部在天猫上线。昨天是对手，今天可能是合作伙伴，李国庆走的每一步似乎都想告诉我们这个道理。

六、同步拓展

1. 请登录中国音像信息中心网站（www.cnnav.com），分析网站销售的哪些产品满足人们哪些方面的需求，该网站建立得如何？

2. 利用互联网搜索 5 个以上世界电子商务风云人物，了解他们的创业经历、所在企业的发展历程、经营业务范围、各自特色以及可供学习之处。

【项目总结】

本项目主要介绍了电子商务的入门，电子商务的定义、分类和构成要素，电子商务的发展历程，电子商务的应用。随着互联网技术的日益发展和成熟，电子商务运用到各个领域，将带来一场史无前例的革命，将人类真正带入信息社会。掌握电子商务的基础知识，熟悉电子商务的发展历程和运用，是学习和运用电子商务的基础和前提。

电子商务模式分析

 项目情境引入

　　闻名遐迩的义乌"中国小商品城"始建于 1982 年，经过近 20 年的精心培育和建设，"中国小商品城"已初步形成了一个以小商品市场为龙头，农贸城、物资市场、室内用品市场、文化市场等 10 多个专业市场和 30 多条专业街为依托，运输、产权、金融、技术、劳动力等要素市场为支撑，国外、市外分市场相呼应的市场体系，使义乌逐步成为国际上有一定知名度的小商品都会。特别是中国义乌小商品网（www.ywbb.com）于 2002 年的成立（如图 2-1 所示），更加拓宽了小商品城的发展空间。义乌小商品市场汇集了 1502 个大类、32 万种商品，年成交额连续 13 年居全国批发市场之首，通达全国 200 多个城市，出口到全世界五大洲的 160 多个国家和地区。中国义乌小商品网是典型的 C2C 商务模式，它是义乌访问量最高的商业网站，日访问量达 10 万以上，也是国内规模最大的小商品网，Google 搜索，义乌排名第一。现在，小商品网上已有部分 B2C、B2B 交易模式崭露头角，访问客商来自 30 多个国家，每天都有大量的国内外的商家在这里询盘交易。请问，中国义乌小商品网为什么是典型的 C2C 商务模式？你能区分 C2C、B2C、B2B 模式吗？你知道他们各自的特点吗？你还听说过什么电子商务模式呢？

图 2-1　中国义乌小商品网

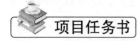 项目任务书

　　项目任务书如表 2-1 所示。

任务编号	分项任务	职业能力目标	知识要求	参考课时
任务一	B2B 交易模式分析	能快速识别 B2B 网站运作模式、盈利模式	1.理解电子商务模式的基本含义； 2.了解 B2B 电子商务模式的主要内容； 3.掌握 B2B 电子商务模式的基本流程	2 课时
任务二	C2C 交易模式分析	能熟练使用淘宝等电子商务平台开展商务活动、快速识别 C2C 网站，分析他们的盈利模式	1.理解 C2C 商务； 2.模式的含义和参与者的角色； 3.理解 C2C 商务流程	4 课时
任务三	B2C 交易模式分析	熟练应用 B2C 电子商务模式从事网上购物	1.理解 B2C 商务模式的含义和类型； 2.了解其盈利模式	2 课时
任务四	其他电子商务模式	新型电子商务模式 O2O 等的体验与应用	1.理解 O2O 等电子商务模式的含义与使用范围	2 课时
职业素养目标		1.利用互联网不断学习新知识、新技术，有一定创新意识； 2.具有电子商务行业敏感度，善于捕捉相关电商行业、企业的最新信息； 3.有一定的团队合作精神，初步树立电子商务创业意识		

表 2-1　　　　　　　　　　　项目二任务书

项目一明确了电子商务的分类，按照交易双方对象的不同，电子商务可划分为几种典型模式，即企业间的电子商务（B2B 模式）、个人间的电子商务（C2C 模式）、企业对个人的电子商务（B2C 模式）、政府对企业的电子商务（G2B 模式）和政府对消费者的电子商务（G2C 模式）等。其中，B2B、C2C、B2C 这 3 种电子商务交易模式占领了绝对的市场份额，是电子商务的主要类型，因此，本项目将着重对此 3 种模式进行分析，以加强读者对电子商务发展现状的认识和发展趋势的把握。

任务一　B2B 交易模式分析

一、任务描述

小周父亲的公司承包了一个近 2 万平方米的地下商业城，准备将其打造成长沙市最专业的大型婴童产品批销市场。除了一半招租给品牌商外，剩下的都自己经营。到底经营哪些产品、哪些产品更好卖、从哪里进货、价格如何、货源有没有保证等，小周的父亲迟迟拿不定主意。因为小周是学电子商务专业的，所以父亲委托小周先利用电子商务的相关知识进行了解。你觉得小周是直接找百度呢，还是可以找些更专业的网站进行直观的对比比较好？

二、相关知识

（一）B2B 交易模式概述

B2B 电子商务模式，全称为 Business to Business，是企业对企业的电子商务，具体是指互联网企业以提供互联网展示推广平台的方式，为跨行业的各类企业的国际、国内贸易和即时沟通提供便利，同时也在线下为企业提供市场推广服务，特别是在交易会等场合的市场推广活动。

近年来，我国 B2B 电子商务的发展十分迅猛。2012 年，中国电子商务市场交易规模达 7.85 万亿元，同比增长 30.83%，其中，B2B 交易额达 6.25 万亿元，同比增长 27%。2012 年，我国 B2B 电子商务服务企业达 11 350 家，同比增长 8%。工信部发布了《电子商务"十二五"规划》，预计到 2015 年，电子商务交易额将突破 18 万亿元，其中，B2B 交易规模超 15 万亿元，占总交易额的 83.3%。

2012 年，中国 B2B 电子商务市场规模达 6.25 万亿元，同比增长 27%，B2B 电子商务服务商的营收累计达到 160 亿元，相比 2011 年同期营收规模有明显的增长，如图 2-2 所示。在 2012 年 B2B 服务商营收份额中，阿里巴巴继续排名首位，市场份额为 45%，而环球资源、上海钢联/我的钢铁网、慧聪网、焦点科技/中国制造网、环球市场集团、网盛生意宝分别位列第 2 位~第 7 位。

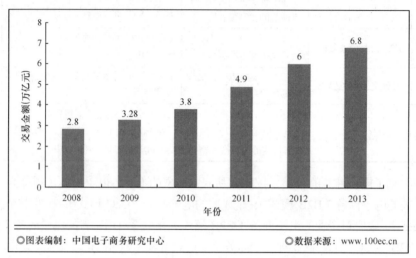

图 2-2   2008—2013 年 B2B 市场交易规模

B2B 不仅是建立了一个网上买卖者群体，它也为企业之间的战略合作提供了基础。单打独斗的时代已经过去，其逐渐为企业间的合作联盟所代替，"小门户+联盟"的模式成为我国 B2B 电子商务发展的新趋势。市场认为，由于 B2B 具有比 B2C 更模式、更现实的盈利前景，商务网站由 B2C 向 B2B 转型已成为一种全球化趋势。因此，B2B 交易模式会在近一段时期内代表电子商务发展的重点和方向。

（二）B2B 交易模式的类型

随着 B2B 电子商务的发展与人们对这种模式的认识的角度不同，对于 B2B 交易的类型也有不同的说法。以往，习惯性地把 B2B 电子商务分为 4 类，即综合 B2B 模式、垂直 B2B 模式、自建 B2B 模式以及关联行业 B2B 模式。

1. 综合 B2B 模式

综合 B2B 模式在网站上聚集了分布于各个行业中的大量客户群，供求信息来源广泛，通过这种模式供求信息可以得到较高的匹配。但综合 B2B 模式缺乏对各行业的深入理解和对各行业资源的深层次整合，导致供求信息的精准度不够，进而影响买卖双方供求关系的长期确立。典型代表是阿里巴巴网站。

2. 垂直 B2B 模式

垂直 B2B 模式着力整合、细分行业资源，以专业化的平台打造符合各行业特点的 e 化服务，提高供求信息的精准度。垂直 B2B 模式明确了供求关系，但供求信息的广泛性不足。网盛科技是这种模式的典型代表。

3. 自建 B2B 模式

自建 B2B 模式是大型行业龙头企业基于自身的信息化建设程度，搭建以自身产品供应链为核心的行业化电子商务平台。行业龙头企业通过自身的电子商务平台，串联起行业整条产业链，供应链上下游企业通过该平台实现资讯、沟通和交易。但此类电子商务平台过于封闭，缺少产业链的深度整合。中国石油、中国石化就是这种模式。

4. 关联行业 B2B 模式

关联行业 B2B 模式是相关行业为了提升目前电子商务交易平台信息的广泛程度和准确性，整合综合 B2B 模式和垂直 B2B 模式而建立起来的跨行业电子商务平台。

然而，中国电子商务研究中心的最新报告将国内数千 B2B 网站按其商业模式分为"四大门派"，即综合 B2B 模式、行业 B2B 模式、小门户+联盟模式、仓单模式，如表 2-2 所示。

表 2-2 国内 B2B 网站"四大门派"

模式	主要特征	行业应用
综合 B2B 模式	品牌知名度广，行业覆盖面广，大而全，服务泛而不精	阿里巴巴、慧聪网、中国制造网、环球资源网
行业 B2B 模式	专注于某一行业，"会员+广告"的盈利模式，内容与服务专业化程度高，但未打通上下游产业链	以中国化工网、中国服装网为代表的 3 000 余家专业 B2B 网站
小门户+联盟模式	用联盟方式进行整合，从而提供"既综合、又专业"的 B2B 服务	生意宝、中搜行业中国
仓单模式	提供在线交易、在线支付结算和物流配送服务，交易商资金由银行第三方监管	金银岛、广东塑料交易所、浙江塑料城网上交易市场

近来，据亿邦动力网研究，B2B 按其业务面可将 B2B 交易模式分为以下几种主流模式：垂直 B2B、区域 B2B、外贸信息撮合服务平台、小额外贸交易服务平台、外贸进出口代理服务平台，其各自特点与代表企业，如表 2-3 所示。

表 2-3 目前 B2B 主流模式与代表企业对比

类型	特点	代表企业	优势	劣势
垂直 B2B	面向制造业或面向商业的垂直 B2B（行业 B2B）。垂直 B2B 可以分为两个方向，即上游和下游。生产商或商业零售商可以与上游的供应商之间形成供货关系。生产商与下游的经销商可以形成销货关系	中国化工网	垂直 B2B 成本相对要低很多	因为垂直 B2B 面对的多是某一个行业内的从业者，所以，他们的客户相对比较集中而且有限
区域 B2B	面向中间交易市场的 B2B（区域性 B2B）。这种交易模式是水平 B2B，它是将各个行业中相近的交易过程集中到一个场所，为企业的采购方和供应方提供了一个交易的机会	阿里巴巴、慧聪网、中国制造网、环球资源网等	整个各个行业的优势资源，客户面广	成本相对较高
外贸信息撮合服务平台	为外贸企业寻找海外订单 盈利模式：会员费+竞价排序+广告 服务对象：中小外贸企业	中国供应商、环球资源、中国制造	这类属于传统的外贸 B2B 服务平台，偏重"电子黄页"，及在线展会，平台不介入交易服务，"流量"大是其突出的优势	综合费用较高，订单数较低，由于技术门槛不高，易受到搜索引擎及行业网站冲击

类型	特点	代表企业	优势	劣势
小额外贸交易服务平台	为小企业寻找海外小额订单，参与小额支付并提供速递物流 盈利模式：收取交易佣金+竞价排序+广告 服务对象：小外贸企业及个人	敦煌网、全球速卖通、ebay.cn	入驻门槛低（无需缴年费），借助海外小额交易平台直接向海外消费者推广，能代客户安排速递及收取货款	单量分散、交易佣金及物流费用高，企业无法正常收汇、办理核销、退税及做账。存在一定的法律风险
外贸进出口代理服务平台	为中小企业提供专业进出口服务，全程代理客户完成：通关、物流（海、陆、空）、金融（外汇结算、核销、退税、保险）服务，提供免抵押、担保的贸易融资。提供免费商品展示及第三方通关认证 盈利模式：固定代理费（最高1000/次）+第三方服务商返利 服务对象：符合中国海关、商检、税务及知识产权规则产品的任何制造、商贸企业及个人	一达通	无需缴纳会费及交易佣金，按进出口次数收取远低于企业自营进出口的代理服务费，其本质是倡导进出口服务外包，做广大外贸企业公共的进出口服务部。直接为外贸企业降低服务成本、提高服务效率。其中免抵押、担保的小额贸易融资（单笔100万内），是平台与商业银行联合开发的创新产品	虽然提供免费商品展示，但平台流量不大，寻找订单效果不佳

（三）B2B 电子商务网站的盈利模式

据《中国行业电子商务网站调查报告》显示，国内行业电子商务网站数量持续高速增长，每年平均增速超过 15%，90%以上的企业网站均实现了盈利。网站盈利模式主要包括会员费、广告费、竞价排名和增值服务费，如图 2-3 所示。

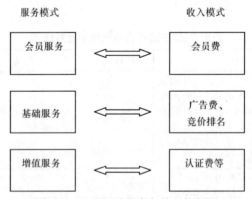

图 2-3　B2B 网站服务与收入解剖图

1. 会员费

企业通过第三方电子商务平台参与电子商务交易，必须注册为 B2B 网站的会员，每年要交纳一定的会员费才能享受网站提供的各种服务，目前，会员费已成为我国 B2B 网站最主要的收入来源。比如，阿里巴巴网站收取中国供应商、诚信通两种会员费，中国供应商会员费分为每年 4 万元和 6 万元两种，诚信通的会员费每年 2 800 元；中国化工网每个会员第一年的费用为12 000 元，以后每年综合服务费用为 6 000 元。

2．广告费

网络广告是门户网站的主要盈利来源，同时也是 B2B 电子商务网站的主要收入来源。阿里巴巴网站的广告根据其在首页位置及广告类型来收费。中国化工网有弹出广告、漂浮广告、BANNER 广告和文字广告等多种表现形式可供用户选择。

3．竞价排名

企业为了促进产品的销售，都希望在 B2B 网站的信息搜索中将自己的排名靠前，而网站在确保信息准确的基础上，根据会员交费的不同对排名顺序作相应的调整。阿里巴巴的竞价排名是诚信通会员专享的搜索排名服务，当买家在阿里巴巴搜索供应信息时，竞价企业的信息将排在搜索结果的前三位，被买家第一时间找到。中国化工网的化工搜索是建立在全球最大的化工网站（ChemNet.Com）上的化工专业搜索平台，对全球近 20 万个化工及化工相关网站进行搜索，搜录的网页总数达 5 000 万，同时采用搜索竞价排名方式确定企业排名顺序。

4．增值服务费

B2B 网站通过增值服务来扩大收入，如提供企业建站服务、产品行情资讯服务、企业认证、在线支付结算、会展、培训等。如中企动力"一大把"网站为了迎合中小企业的需求，它不但提供贸易信息，而且将行业资讯、管理咨询、网络营销方案乃至社区的思想等集成在一起为中小企业服务。自从 2000 年 Oracle 发布了全球首款电子商务套件之后，IBM、微软等 IT 巨头也纷纷推出电子商务应用解决方案，电子商务将是中小企业信息化的有效切入点。随着我国 B2B 行业总体趋于平台网络化发展，铭万网、阿里巴巴推出的集企业电子商务管理及应用于一体的商务软件已经成为国内 B2B 的第二大盈利模式。铭万网和阿里巴巴进入应用软件领域，正是开启了 B2B 网站依靠会员服务和软件服务的双赢利模式的阶段。

三、任务实施

步骤一：找到并浏览国内排名靠前的 5 家 B2B 电子商务网站，了解其网站特点、经营范围、面向对象、交易流程与收入来源等，对 B2B 电子商务网站形成感性认识，完成表 2-4。

表 2-4　　　　　　　　　　B2B 电子商务网站对比

序号	网站名称	域名	特点	经营范围	面向对象	交易流程	收入来源	备注
1								
2								
3								
4								
5								
结论								

步骤二：找到并浏览有婴童产品经营项目的 5 家 B2B 电子商务网站，了解其网站特点、具体经营范围、商品来源、发货要求、现有市场规模、客户评价等，学会对同类型 B2B 电子商务网站进行比较，完成表 2-5。

表2-5   婴童电子商务网站对比

序号	网站名称与域名	特点	具体经营范围	商品来源	发货要求	现有市场规模	客户评价	备注
1								
2								
3								
4								
5								
结论								

步骤三：对比前面几家网站，分别找出想要经营的合适产品，与网站进行交易，完成表2-6。

表2-6   产品对比

序号	产品类别与品牌	产品特点	来源于哪个网站	客户评价	价位与起批数量	目标客户类型	目前市场容量	预期销量	备注
1									
2									
3									
4									
5									
结论									

四、任务评价

任务评价表如表2-7所示。

表2-7   评价表

项目	学习态度（20%）	团队合作情况（20%）	步骤完成情况（50%）	其他表现（10%）	小计（100%）	综合评价
小组评分（30%）						
个人评分（30%）						
老师评分（40%）						
综合得分（100%）						

五、知识拓展

阅读材料1

影响B2B网站优化的4个典型问题

B2B电子商务网站优化已经成为B2B网站网络营销策略中最基本的内容，一个整体优化状况不好的B2B电子商务平台，不仅用户发布的供求信息难为潜在用户提供足够的购买决策信息，而且这些信息甚至很难被潜在用户通过网站内部分类目录、站内检索，以及公共搜索引擎检索到，也就意味着网站优化状况不良的 B2B 电子商务平台/行业信息网站可以为用户带来的商业价值是很小的。所以这也就不难理解为什么 B2B 电子商务领域首先成为网站优化需求最迫切的行业。根据新竞争力网络营销管理顾问为国内外多家大中型 B2B 网站提供网站优化方案和网站优化实施过程指导的经验，除了一般网站所具有的网站栏目结构和导航系统不清晰，网页布局不合理，以及网页标题和 META 标签设计不专业等基本问题之外，B2B 电子商务网站优化中还有一些特殊问题，如网站栏目和产品分类设置问题；新发布的信息无法被搜索引擎收录；动态网页的制约；网页标题设计及网页内容的相关性问题等。

① 网站栏目和产品分类设置不合理的综合问题。B2B 网站结构看起来简单，无非是供应信息、求购信息、产品库、企业库等主要栏目，以及每个栏目下对不同行业、不同产品类别的分类，将相应的信息发布到相应的分类中。但实际上，B2B 网站分类方法对于网站的整体优化状况是至关重要的，分类目录不合理将造成用户难以获取网站信息，搜索引擎忽略二级栏目及二级栏目中的信息，以及网站 PR 值低等综合问题。根据新竞争力对 B2B 网站优化研究的体会，B2B 网站的栏目和分类目录设置中的问题比较突出。

② 大量新发布的信息无法被搜索引擎收录。随着供求信息发布量的增加，大量新发布的信息在不断滚动更新，但很多新的信息还未等到搜索引擎收录就已经滚动到多层次目录之下，而由于网站结构层次设计不合理的原因，即使全部网页都转化为静态网页仍有可能造成信息无法被搜索引擎收录。

③ 动态网页的制约因素。领先的网站早已经过网站优化改造实现了全部信息的静态化处理，但 B2B 网站发展到今天仍然有大量网站采用全动态网页技术，甚至主栏目和二级栏目都是动态生成，这样的动态网站已经无法在搜索引擎自然检索结果中获得任何优势，即使网页被搜索引擎收录，也难以比其他同类内容的静态网页有任何优势，其结果是，通过搜索引擎自然检索带来的访问量越来越少。

④ 网页标题设计及网页内容的相关性问题。在一般由网站维护人员编辑内容的网站中，网页标题的设计以及网页标题与网页内容的相关性问题可以得到比较好的控制，但在用户自行发布信息的 B2B 行业网站，网页标题设计不专业以及与网页内容相关性不高的问题比较突出，其后果是不仅供求信息内容网页在搜索引擎中没有竞争优势，甚至可能影响整个网站的表现。而网页标题设计的问题，则需要在提高 B2B 网站维护人员自身专业水平的同时对用户发布信息进行引导。

B2B 电子商务网站优化中还有很多形形色色的问题，除了网站优化中没有考虑到的网站基本要素外，还有的是 B2B 网站技术人员自己在摸索着进行网站搜索引擎优化的过程中因为不当的操作所造成的种种问题，很多问题日积月累已经成了疑难杂症，不仅没有达到网站优化的目的，反而让网站出现更多的问题。

阅读材料 2

B2B 网站是中国制造商供应商首选

"后制造时代"来临，"中国制造"低价优势渐失，生产及劳动力成本上涨、价格竞争及欧盟市场订单乏力是中国供应商 2013 年所面临的三大出口挑战。面对挑战，企业应该如何谋求生存与发展？如何让订单有利可图？答案是找对买家。

2013 年 5 月 15 日，环球资源 2013 年"智·胜未来出口系列论坛"在杭州隆重拉开帷幕。本次论坛共计吸引了 200 多名来自杭州以及周边地区的中国制造业及出口企业主、高级经理人到场参加，与会者就"后制造时代，中国企业的发展方向"这一主题进行了深入的探讨。

调研显示，中国出口商对于 2013 年海外订单的增长满怀信心，其中 51% 的受访出口商预期今年出口将有所增长，36% 的受访企业则预计出口将持平。另外，欧美市场依然是中国供应商2013 年的主要出口市场，展会将成为后制造时代中国销售价值的主要渠道之一。

"中国制造"面临三大挑战

74% 买家开始着眼"定制化"产品

环球资源企业事务总裁兼《世界经理人》杂志出版人裴克为先生在会上表示，"海关数据显示，2013 年第一季度，中国出口达 3.2 万亿元人民币，同比增长 18.4%。虽然今年的外贸数据比去年稍微好一些，然而，'中国制造'的绝对价格优势已经一去不复返。"

人民币升值、原材料涨价、劳动力紧缺和低成本国家的崛起，这是中国低价优势不再的"第一大挑战"；欧洲经济复苏缓慢，美国面临"财政悬崖"前景不明，欧美制造业回迁，这是消费市场前景不明的"第二大挑战"。

"因为产品生命周期的缩短，零售环节的竞争加剧以及资金周转的压力，这些因素导致了买家采购行为由批量采购向小量订单转变。"裴克为说，"在受访的买家中 74% 的人在寻找可以提供'定制化'产品的供应商。买家现在更看重供应商的能力，而不是仅仅'看图'采购了。"

据此前环球资源进行的一项有关 2013 年出口展望供应商调研显示：53% 的受访者要求供应商可以提供成品以及定制化产品，21% 的买家要求可以提供定制化的产品，另外只有 26% 的买家要求提供成品。裴克为说："标准化产品易产生价格战，为了寻找长期合作的伙伴，越来越多的买家倾向于寻找可以提供定制化产品的供应商。"

展会及 B2B 外贸网站是中国供应商开拓市场首选

报告显示，尽管 2013 年的出口环境依然有诸多挑战，但挑战中蕴藏着机遇，超过半数的受访供应商对 2013 年的买家询盘数量以及订单保持乐观态度。调查结果显示，买家的采购活动更为积极，其中 54% 的受访供应商表示与三年前相比，买家的询盘总量有所增加，同时，77% 的受访供应商表示买家二次回复率也有所提高或持平。

在供应商开拓市场的几个重要领域中，包括获取销售线索、争取订单、打造品牌以及获取重要客户，参加展会都成为供应商的首选，紧随其后的是 B2B 外贸网站。裴克为表示，"57%的受访者表示将在 2013 年增加市场推广预算，这表明中国供应商已然认识到市场推广的重要性。而选择投入渠道，展会、B2B 外贸网站及贸易杂志广告已成为供应商 2013 年的三大选择。"

此外，裴克为表示在调研中发现，B2C 外贸网站近年来虽然发展迅猛，但是仍未占主导地位，只有 34% 的受访者表示曾使用 B2C 外贸网站向海外销售产品，其中 81% 的供应商在此项上的投入占其年度总投入的 25% 及以下。

金华一家轮毂制造外贸公司的王经理告诉记者，他们一年会参加 2 次到 3 次国内的展会，2年参加一次国外的展会。"展会的话，客户会比较直观看到我们的产品，尤其是可以进行面对面的交流，接到新客户的机会很大，如果说有了新客户，那么订单也就接踵而至了。"

杭州天鹿纺织外贸公司销售部的张经理认为，作为国际商贸活动的一种重要形式，"展会不仅可以扩大商务接触面，而且面对面的接触便于寻求客户和商贸机会，还可以直接订货，免去寻求海外客户与市场的中间环节，时效性比较高。"

出口市场多元化

欧美仍是主要目标

此外，调查显示中国供应商已经积极实行出口市场多元化的战略，以分散风险、积极争取更多订单。纵使来自欧盟及美国地区的订单仍然偏软，中国出口商在 2013 年依然将这两个市场作为目标出口市场，58%的受访者视欧盟为其主要出口市场，紧随其后的分别为北美洲（47%）、亚洲其他地区（44%）、东南亚（43%）、东欧（包括俄罗斯）（34%）、拉丁美洲（23%）、非洲（20%）等。

生产及劳动力成本上涨、价格竞争及欧盟市场订单乏力是中国供应商 2013 年所面临的三大出口挑战。供应商应积极采取多种营销策略来提升出口业务，包括通过多种推广渠道接触买家、提高网站搜索结果的排名、增加 B2B 外贸网站的使用、开发新兴市场、参加更多展会、加强品牌建设等。

在目前的后制造时代，从"价格销售"转移到"价值销售"是制胜未来的不二法宝。中国供应商必须增强核心竞争力、不断提高抗风险能力。"中国的供应商必须谨慎选买家并确立目标市场，再加上量身定制的出口推广组合。另外，选对买家将是中国外贸企业致胜的关键。"裴克为解释说，"好的买家是有诚意的、有实力的、关注品质和创新、与卖家平等互利合作关系。"

六、同步拓展

选取一个 B2B 网站，观察其运行模式并进行记录。

任务二 C2C 交易模式分析

一、任务描述

实例 1：都市白领一族小刘发现，最近身边的朋友都在讨论网上购物，快递员几乎天天送货上门，同事们在网上购买了五花八门的商品，包括化妆品、服装、饰品和数码商品，应有尽有。这天，同事小李买的一个数码相机在办公室引起了不小的轰动，精致的外形、大气的中国红让小刘眼前一亮，这不正是自己垂涎的新款数码相机吗？原来，小刘在市场上观望了一阵，但是苦于它的高价格，打算等待合适时机入手，没想到被同事小李抢先拥有了，更让小刘没想到的是，小李只花了商场标价的三分之二就把这款人见人爱的相机收入囊中了。请你以电子商务购物专家的身份帮助小刘完成 C2C 模式的网上购物操作。

实例 2：小胡到某公司做兼职工作，茶叶是这家公司的主要产品。老板要求小胡在淘宝网上卖茶叶，他们的茶叶都是湖南各地的地方名茶，其中有代表性的是目前市场上热销的安化黑茶。公司产品已在市场上有一定的基础，品种也多，货源充足，价格适中，非常有竞争优势，但是小胡从来没有卖过茶叶，于是，他想到了淘宝网。小胡想自己在网上买一次茶叶，先看看流程，顺便学习人家是怎么做的。

二、相关知识

（一）C2C 交易模式概述

1. C2C 电子商务发展情况

1995 年，以 eBay 成立为标志，C2C 电子商务模式在美国诞生。1999 年，C2C 电子商务模式传到中国，邵亦波在上海创立易趣网，开创了中国国内 C2C 电子商务网站的先河。此后，2003 年 5 月，阿里巴巴投资 4.5 亿元成立 C2C 网站——淘宝网；紧接着 2005 年 9 月，腾讯公司推出拍拍网；2007 年 10 月，搜索引擎老大百度公司宣布进军电子商务，筹建了 C2C 电子商务网站"有啊"，并于 2008 年正式上线。自此，各种 C2C 电子商务网站不断涌现，中国 C2C 电子商务网站迅速进入蓬勃发展期。

2. C2C 电子商务模式的含义

C2C 电子商务模式，全称为 Customer to Customer，是指消费者与消费者之间通过分类广告在电子商务在线交易平台上进行的个人商品拍卖，C2C 的特点就是大众化交易。

随着网络消费观念的普及，加上支持网上购物的各种条件日益成熟，网购这一新型消费观念正逐渐被消费者所接受。近年来 C2C 电子商务模式高速发展，国内 C2C 市场的份额和交易量也在快速提高。据中国电子商务研究中心监测数据显示，截至 2012 年 12 月，中国网络零售市场交易规模达 13 205 亿元，同比增长 64.7%；中国网购的用户规模达 2.47 亿人，同比增长 21.7%，C2C 在网购市场领头羊的地位更加稳固。2008—2013 年中国网络购物用户规模增长如图 2-4 所示。据中国电子商务研究中心监测数据显示，淘宝集市地位依旧稳固，截至 2012 年 12 月，淘宝集市占全部的 96.40%，拍拍网占 3.40%，易趣网占 0.20%，如图 2-5 所示。

图 2-4　2008—2013 年中国网络购物用户规模增长图

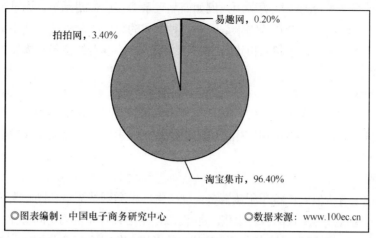

图 2-5 2012 年中国 C2C 平台网络购物交易市场份额占比

当然，C2C 模式的发展也存在着各种问题，比如信用问题、安全问题等，并非一帆风顺。但是，由于 C2C 电子商务模式具有足够的盈利潜力，能够为买卖双方和电子交易平台提供商带来实实在在的实惠和利润，因此，在我国将有广阔的发展前景。

（二）C2C 电子商务网站的盈利模式

1. 盈利模式的概念

关于盈利模式的概念，仁者见仁，智者见智，学术界尚无统一界定。有的认为"盈利模式是指企业如何能够用相对较少的费用达到较多的销售收入与盈利的特定运营方法"，有的认为"盈利模式是指如何组织和利用资源，通过哪些途径，提供什么样的服务来创造利润"，还有的认为"盈利模式是基于战略层面的以客户和利润为导向的企业资源运营方式"。综上所述，本书认为盈利模式就是对企业如何盈利这一问题的简明扼要的概括和揭示。

2. C2C 网站的盈利模式

随着 C2C 电子商务各项条件的不断完善和人们购物观念的逐渐转变，我国 C2C 模式的电子商务发展速度十分惊人。但现阶段国内的电子商务网站还没有清晰的盈利模式，而盈利模式的确定是网站更好经营的动力，也是 C2C 更快发展的源泉。C2C 网站的盈利模式大致可以包括商品登录费、店铺费用、交易服务费、广告费、搜索费用和其他服务收费等，如表 2-8 所示。

表 2-8 C2C 电子商务网站盈利模式

盈利模式	收入的具体形式
商品登录费	产品图片发布费、橱窗展示费
店铺费用	年租费/月租费
交易服务费	按交易金额提成一定比例
广告费	推荐位费用、竞价排名
搜索费用	关键字搜索
其他服务收费	特色服务费、支付交易费、物流服务收费

（1）会员费

会员费也就是会员制服务收费，是指 C2C 网站为会员提供网上店铺出租、公司认证、产品信息推荐等多种服务组合而收取的费用，例如商品登录费、店铺费用等。由于提供的是多种服务的有效组合，比较能适应会员的需求，因此这种模式的收费比较稳定。费用第一年交纳，第二年到期时需要客户续费，续费后再进行下一年的服务，不续费的会员将恢复为免费会员，不再享受多种服务。

（2）交易提成

交易提成不论什么时候都是 C2C 网站的主要利润来源。因为 C2C 网站是一个交易平台，它为交易双方提供机会，就相当于现实生活中的交易所、大卖场，从交易中收取提成是其市场本性的体现。

（3）广告费

企业将网站上有价值的位置用于放置各类型广告，根据网站流量和网站人群精度标定广告位价格，然后再通过各种形式向客户出售。如果 C2C 网站具有充足的访问量和用户粘度，则广告业务会非常大。但是 C2C 网站出于对用户体验的考虑，均没有完全开放此业务，只有个别广告位不定期开放。

（4）搜索费用

C2C 网站商品的丰富性决定了购买者搜索行为的频繁性。搜索的大量应用就决定了商品信息在搜索结果中排名的重要性，由此便引出了根据搜索关键字竞价的业务。用户可以为某关键字提出自己认为合适的价格，最终由出价最高者竞得，在有效时间内该用户的商品可获得竞得的排位。只有卖家认识到竞价为他们带来的潜在收益，他们才愿意花钱使用。

（5）其他服务收费

其他服务收费包括特色服务费、支付交易费和物流服务费等。特色服务费主要是收取特色商品的展示费用。支付问题一向就是制约电子商务发展的瓶颈，直到阿里巴巴推出了支付宝才在一定程度上促进了网上在线支付业务的开展。买家可以先把预付款通过网上银行打到支付公司的个人专用账户，待收到卖家发出的货物后，再通知支付公司把货款打入到卖家账户，这样买家不用担心收不到货还要付款，卖家也不用担心发了货而收不到款，而支付公司就按成交额的一定比例收取手续费。物流服务费通过货物的配送而收取佣金。

（三）C2C 模式的交易流程

C2C 模式的交易流程由卖方系统和买方系统共同完成，具体如下所述。

卖方进入 C2C 网站，添加商品，选择分类、发布商品，装饰店铺，制定价格，设定时间，处理订单，发送货物，交易成功之后售后评价服务。买方登录 C2C 网站，搜索商品，选择商品，直接拍下或以竞价方式购买满意商品，再通过支付中介支付货款，待收到货物查看验收，确认付款并进行购后评价。这一完整的过程如图 2-6 所示。

针对本任务描述中的实例一，下面以淘宝网购物操作流程来说明 C2C 模式中消费者交易的一般步骤。

步骤一：网站注册

不论是什么类型的购物网站，首先都要注册用户名，然后用户填写基本的联系资料。用户名可以使用字母或汉字注册，或者用邮箱地址注册，以便于记忆。

目前注册淘宝账户的方法有两种，具体如下所述。

方法一：使用"手机号码注册"（该方法暂不支持港、澳、台用户）

第一步：打开淘宝网，单击"免费注册"按钮，如图 2-7 所示。

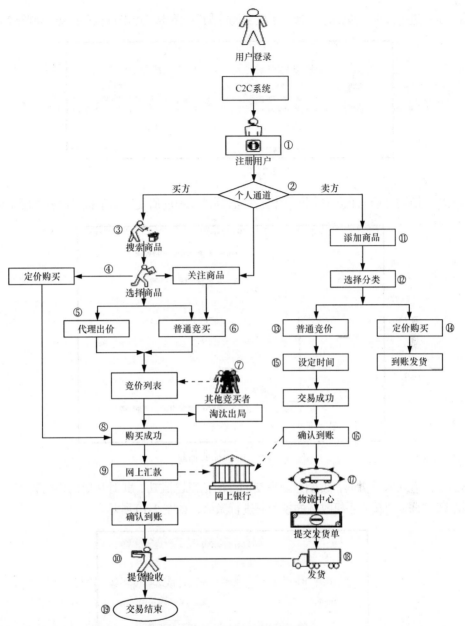

图 2-6 C2C 电子商务交易流程

图 2-7 淘宝网首页

第二步：进入注册页面后，选择"手机号码注册"，单击"点击进入"按钮，如图2-8所示。

图2-8　手机号码注册页

第三步：填写注册信息，使用的手机号码必须是未被注册使用的手机号码，如图2-9所示。

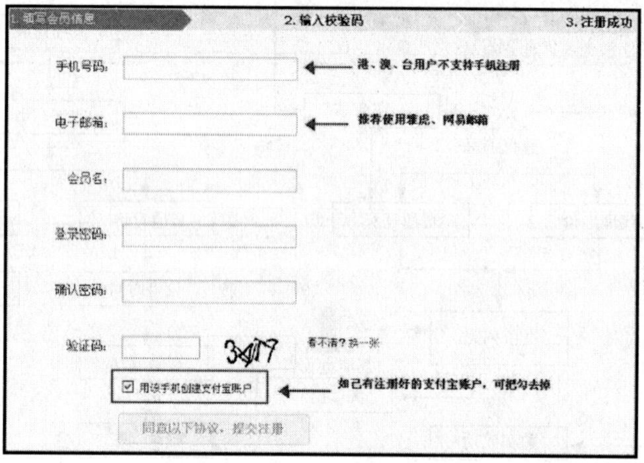

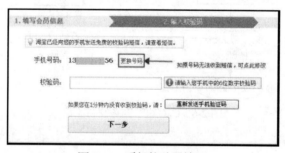

图2-9　填写注册信息

第四步：进入以下页面，说明之前提交的注册信息已成功，此时注册用户已有了一个未激活的淘宝账户，需要输入手机收到的校验码进行激活，如图2-10所示。

图2-10　手机校验码填写

校验成功后，淘宝账户即注册成功，如图2-11所示。

图2-11　注册成功页

方法二：使用"邮箱注册"（目前各个网站普遍采用的注册方式）

第一步：打开淘宝网，单击"免费注册"按钮，如图 2-12 所示。

图 2-12　淘宝网首页

第二步：进入注册页面后，选择"邮箱注册"，单击"点击进入"按钮，如图 2-13 所示。

图 2-13　邮箱注册页

第三步：填写注册信息。和手机注册一样，填写的注册邮箱必须是未被注册使用的电子邮箱，如图 2-14 所示。

图 2-14　邮箱注册信息填写

第四步：登录邮箱激活账号，如图 2-15 所示。

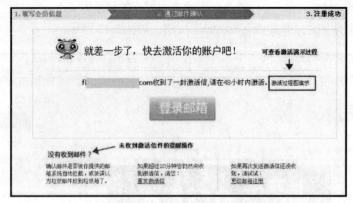

图 2-15　激活邮箱页面

第五步：激活账号。单击"完成注册"按钮即注册成功，如图 2-16 所示。

图 2-16　注册成功页面

第六步：若填写注册信息时，未选择使用该邮箱创建支付宝账户，可进入"我的淘宝"首页绑定支付宝账户，如图 2-17 所示。

图 2-17　绑定支付宝账户

步骤二：挑选商品和商家

作为网购消费者，如何从大量的信息当中挑选自己合意的商品是关键的步骤，几乎每个购物网站都具备强大的搜索功能，无论是商品的搜索还是某家店铺的搜索，只要填写关键信息，就会变得轻而易举。

1. 搜索商品

用账号登录以后，选择淘宝网首页搜索框上方的"宝贝"标签（如图 2-18 所示），再输入宝贝关键字进行搜索，比如，购买某本书填写书名，购买一件雪纺质地的连衣裙输入"雪纺+连衣裙"。在进行商品搜索时，填写的关键词越多，对搜索商品的限制越多，搜索范围就会越小。

图 2-18　搜索宝贝页面

2．搜索商家

用账号登录以后，选择淘宝网首页搜索框上方的"店铺"标签，再输入店铺名或者掌柜名进行搜索，如图 2-19 所示。

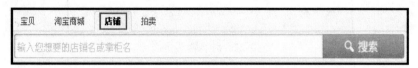

图 2-19　搜索店铺页面

步骤三：下单购买

网络上面交易的商品种类繁多，就像消费者在超市采购一样，看中的商品先放在购物车中，购物车中的商品一起结算，省时省力，大部分购物网站也提供购物车功能，供消费者选择商品。

如果看中了某一件宝贝想购买，操作步骤如下。

第一步：选择购买前，如对商品信息有任何需要咨询的，都可以单击 和我联系 按钮，通过阿里旺旺聊天工具联系卖家进行咨询，确认无误后，单击"立刻购买"按钮，如图 2-20 所示。

图 2-20　购买页面

第二步：确认收货地址、购买数量、运送方式等要素，单击"确认无误，购买"按钮，页面跳转到支付宝，消费者选择自己开通网上支付功能的银行进行付款（详情请参考网上银行与网络支付任务，在此不再赘述），如图 2-21 和图 2-22 所示。

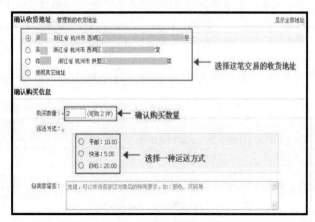

图 2-21　确认信息页面

图 2-22　匿名购买页面

第三步：付款成功后，交易状态显示为"买家已付款"，需要等待卖家发货，如图 2-23 所示。

图 2-23　"买家已付款"页面

第四步：待卖家发货后，交易状态更改为"卖家已发货"，待收到货确认无误后，单击"确认收货"按钮，如图 2-24 所示。

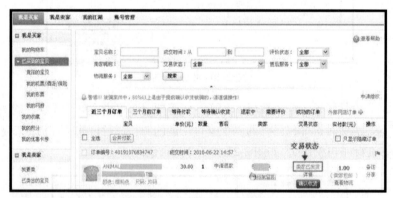

图 2-24　"卖家已发货"页面

第五步：单击"确认收货"按钮后出现以下提示，要求输入支付宝账户支付密码，单击"确定"，如图 2-25 所示。

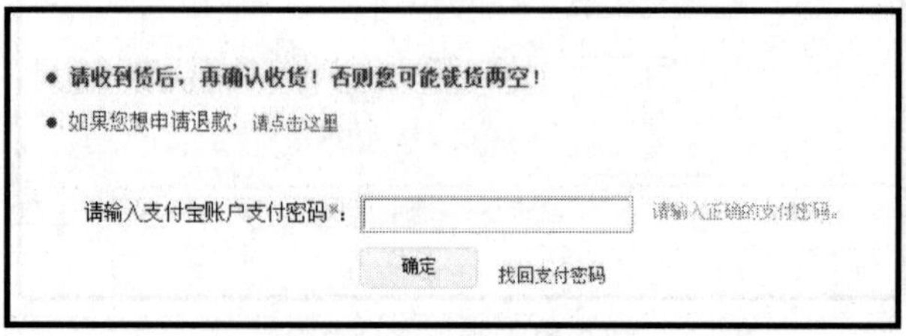

- **请收到货后，再确认收货！否则您可能钱货两空！**
- 如果您想申请退款，请点击这里

请输入支付宝账户支付密码*：[　　　　　　　]　请输入正确的支付密码。

确定　　找回支付密码

图 2-25　输入密码页面

步骤四：对卖家的服务和商品进行评价。

对卖家的服务和商品进行评价，如图2-26所示。

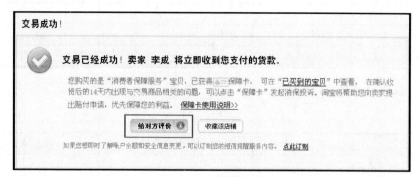

图 2-26　评价页面

三、任务实施

步骤一：通过网络进行搜索，找到两家以上经营茶叶的淘宝网店，分析并比较，用文字流程图的方式描述其 C2C 平台的具体购物流程，如图 2-27 所示。

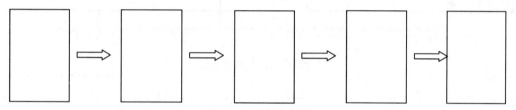

图 2-27　购物流程图

步骤二：登录 C2C 平台，用自己的淘宝用户名登录，选择两个以上卖家，查看对方信用评价，鉴别商品的可靠性，对每个界面进行截图或说明（至少两个截图），如表 2-9 所示。

表 2-9　　　　　　　　　　　　　　买家体验

序号	动作	截图或说明1	截图或说明2
1	进入 C2C 平台		
2	用户名登录		
3	选择卖家		
4	查看卖家信用评价		
5	鉴别商品可靠性		
感想或结论			

步骤三：注册支付宝账户，使用网银向支付宝进行充值，选择一个卖家的产品进行购买，通过支付宝完成支付。对每个界面进行截图或说明，完成表 2-10。

表 2-10　　　　　　　　　　　　　　支付体验

序号	动作	截图或说明1	截图或说明2
1	注册支付宝账户		
2	开通网银		

序号	动作	截图或说明1	截图或说明2
3	支付宝充值		
4	支付宝完成支付		
感想或结论			

步骤四：使用自己的淘宝账号进行卖家注册，尝试发布商品，开通网店，完成表2-11。

表 2-11 卖家体验

序号	动作	截图或说明1	截图或说明2
1	注册卖家身份		
2	商品类别选择		
3	商品信息发布		
4	商品描述		
5	选择品类原因		
6	C2C 网店开设流程		
感想或结论			

步骤五：将网上商店与现实商店进行比较，进一步认识 C2C 模式，完成表2-12。

表 2-12 网上商店与现实商店比较

项 目		网上商店	现实商店
基本组成	商店名称		
	商店地址		
	商店装修		
	商店更新		
	货币结算		
	商品送达用户		
服务特点	营业时间		
	服务对象		
	个性化服务		
	销售成本		

四、任务评价

任务评价表如表 2-13 所示。

表 2-13 评价表

项目	学习态度（20%）	团队合作情况（20%）	步骤完成情况（50%）	其他表现（10%）	小计（100%）	综合评价
小组评分（30%）						

续表

项目	学习态度 （20%）	团队合作情况 （20%）	步骤完成情况 （50%）	其他表现 （10%）	小计（100%）	综合评价
个人评分 （30%）						
老师评分 （40%）						
综合得分 （100%）						

五、知识拓展

阅读材料 1

国内主要的 C2C 网站简介

1. 淘宝网

淘宝网（www.taobao.com），是国内领先的个人交易网上平台，由全球最佳 B2B 公司阿里巴巴公司投资 4.5 亿创办，致力于成就全球最大的个人交易网站。自 2003 年 5 月 10 日成立以来，淘宝网基于诚信为本的准则，从零做起，在短短的半年时间，迅速占领了国内个人交易市场的领先位置，创造了互联网企业的一个发展奇迹，真正成为有志于网上交易的个人的最佳网络创业平台。

淘宝网现在业务跨越 C2C（个人对个人）、B2C（商家对个人）两大部分。截至 2008 年 12 月 31 日，淘宝网注册会员超 9 800 万人，覆盖了中国绝大部分网购人群；2008 年交易额为 999.6 亿元，占中国网购市场 80% 的份额。2007 年，淘宝的交易额实现了 433 亿元，比 2006 年增长 156%。2008 年上半年，淘宝成交额就已达到 413 亿元。

淘宝网倡导诚信、活泼、高效的网络交易文化。在为淘宝会员打造更安全、高效的商品交易平台的同时，也全心营造和倡导了互帮互助、轻松活泼的家庭式文化氛围，让每位在淘宝网进行交易的人，交易更迅速高效，并在交易的同时，交到更多朋友，成为越来越多网民网上创业和以商会友的最先选择。

2. 拍拍网

拍拍网（www.paipai.com）是腾讯旗下的知名拍卖购物网站，中国本土的购物网站之一，于 2005 年 9 月 12 日上线发布，2006 年 3 月 13 日宣布正式运营。依托于腾讯 QQ 超过 7.417 亿的庞大用户群以及 3.002 亿活跃用户的优势资源，拍拍网具备良好的发展基础。根据艾瑞咨询《2008—2009 年中国网络购物行业发展报告》研究显示，2008 年拍拍网交易额增长迅速，份额提升至 9.9%，继续稳居国内第二大电子商务平台。

拍拍网主要有女人、男人、网游、数码、手机、生活、运动、学生、特惠、母婴、玩具、优品、酒店等几大频道，其中的 QQ 特区还包括 QCC、QQ 宠物、QQ 秀、QQ 公仔等腾讯特色产品及服务。拍拍网拥有功能强大的在线支付平台——财付通，为用户提供安全、便捷的在线交易服务。

快乐、时尚、共享，这就是拍拍宗旨。拍拍网一直致力于打造时尚、新潮的品牌文化。2008 年 11 月 11 日，拍拍网正式宣布：网站新的品牌口号定位于"超值购物、值得信赖"，未来拍拍网将着力打造一个"最便捷、最贴心、最值得信赖的"的社区电子商务平台，为用户提供诚信、安全的在线网购新体验。

3. 百度有啊网

百度有啊（www.youa.com）是建立在全球最大的中文搜索引擎百度旗下独有的搜索技术和强大社区资源的基础上的网上个人 C2C 交易平台，致力为 2.21 亿中国网民提供一个"汇人气，聚财富"的高效网络商品交易平台。2008 年 10 月 28 日，百度有啊 beta 版正式上线运营，任何百度 ID 均可登录有啊进行买卖，百度有啊凭借百度在市场上的优势地位，用户群在慢慢扩大，在 2009 年的调研中跻身国内 C2C 市场前三。

秉承百度一贯以来的产品设计理念，百度有啊自设计伊始就始终以用户需求至上为准绳，通过对海量的网络交易分析、调研，在倾听和挖掘了各种交易需求后，对交易流程进行了特别的优化和处理，不仅让卖家入驻、管理和销售更加简易快捷，同时还做到了让买家浏览、比较、购买更加通畅。

"商户赚到钱，会员得实惠"，百度有啊必将会因为影响和改变众多网民的生活、购物习惯而载入史册。

4. 易趣网

易趣网（http://www.eachnet.com）于 1999 年 8 月 18 日在上海成立，由邵亦波及谭海音所创立，主营电子商务。2000 年 2 月，在全国首创 24 小时无间断热线服务。2000 年 3 月至 5 月，与新浪结成战略联盟，并于 2000 年 5 月并购 5291 手机直销网，开展网上手机销售，使该业务成为易趣特色之一。2002 年 3 月，易趣获得美国最大的电子商务公司 eBay 的 3 000 万美元的注资，并同其结成战略合作伙伴关系。2004 年 9 月，eBay 与易趣实现完全对接，统一的模式和统一的界面继续挑战中国 C2C 市场。

在 eBay 易趣的全新标识诞生的同时，一个全世界最大的网上交易市场也全然开启。它是秉承善良、真诚、尊重和团结的信念而缔结的快乐群体。在这个诚实、开放的环境中，人人都能发挥所长，不仅快乐地交易买卖，更能一起享受交友沟通、分享经验、实现梦想的快乐。

易趣为人们带来了全新的体验：寻找的乐趣、发现的惊喜、拥有的满足、交友的感动……也给了顾客真诚的承诺：更多的商品选择，更物超所值，跨国交易的机会，强大的品牌、更具人气的交易平台和更领先的买卖解决方案！

阅读材料 2

网络购物的小技巧

1. 充分熟悉自己身体的各部分尺寸

在网上购买衣服、鞋子等区分大小码的商品的时候，消费者一般都可以看到卖家对商品的详细描述，比如衣服的身长、袖长、胸围等。因为网上购物不像在网下购物这样可以试穿，所以一定要对自己身体各部分的尺寸较熟悉。很多买家看到网上的漂亮衣服都不敢买，就是担心买了穿着不合适，熟悉了自己穿衣服的具体尺寸，这些担心和问题就可以迎刃而解了。

2. 使用第三方支付平台付款

通过第三方支付平台付款的方式，就相当于买家先把款打给第三方支付平台公司，只有等买家确认收到货并且没有疑义之后，第三方支付平台才会把货款打给卖家。通过这样一个过程，可以最大程度地保障买家的利益，杜绝了直接打款给卖家，出现问题之后卖家甩手不管的风险。

3. 学会省钱、讲价的小技巧

当买家在网上一个店面购物达到一定金额的时候，可以和卖家洽谈减免一定的邮费；也可以采用"团购"的方式，多约几个朋友一起购买，增大砍价的筹码。作为消费者也要做好消费预算与计划，一个阶段一个阶段地集中采购，省去每次购物都花费邮费或者快递费的支出。其中有一点，购物的时候最好还是和卖家多沟通一下，即时通讯工具是比较好的沟通方式，比如QQ、阿里旺旺等。

4. 学会使用网站搜索和比较功能，货比三家不吃亏

一般比较知名的购物网站上都有比较健全的搜索工具。以腾讯拍拍网为例，打开主页，很容易找到搜索的选项。写下需要搜索的物品的关键词，就会出现搜索结果的页面，在新的搜索结果页面上，还可以将商品的分类更加细化，比如：从整体结果到女士鞋帽，在鞋帽筛选的商品中再去选择自己想要的款型等。熟练使用搜索功能能够快速地在丰富的网上商品资源里找到自己想要的东西。点击查看过的感兴趣的商品之后，网站会自动保存曾经浏览过的商品，单击"对比"按钮，系统还会针对各项主要的指标进行对比，方便消费者最后作出选择。货比三家是最好的商品挑选方法，多看多逛，记下相同、相近商品的售价来一较高低。网上购物也不例外，这仍然是找到折扣优惠最直接的方法。

5. 充分利用社区资源

一般的购物网站上都有相关的论坛，论坛里面有很多实用的帖子可以作为我们网上购物的参考。比如目前热销商品的排行、怎么区分商品的真假等，站在前人已经总结的经验上再出击，这样也能少走很多弯路。

六、同步拓展

1. 任选两个知名 C2C 网站注册，并进行购物实践。

2. 小张是电子商务专业大一的学生，家里是湖南益阳做竹工艺品生意的，他在学习了网上开店的知识后，准备开一家网上品牌竹工艺品店。如果你是小张，请写出开店的具体流程。

3. 小王是电子商务专业的一名学生，对开网店非常感兴趣，但是一直没有找到很理想的货源，也没有多少资金，网店迟迟没有开起来，请你给他介绍几种寻找货源的方法。

任务三 B2C 交易模式分析

一、任务描述

周末，小王终于可以喘口气休息了，她想为自己买几本自考本科和电子商务创业的书，还想买一件换季的衣服，但她不想上街。于是，她想通过网上进行购物来达到自己的目的。但是，小王又不想随便在网上定购，怕买到盗版书籍。她如何在网上快速找到自己需要的商品呢？你可以给小王推荐几个专业的卖书或卖衣服的网站吗？

二、相关知识

（一）B2C 交易模式概述

B2C 模式，全称为 Business to Customer，是指企业与消费者之间的电子商务模式。该模式

一般以网络零售业为主，企业通过互联网为消费者提供一个新型的购物环境——网上商店（如中国正品网、卓越亚马逊、中国巨蛋、京东商城、当当网等），消费者通过网络在网上购物、在网上支付。

经过这些年的发展，B2C 模式得到了较快发展，被学术界誉为最适合电子商务的模式，甚至有专家预言 B2C 模式最终将替代 C2C 模式。中国电子商务研究中心曾对 100 位 CEO 进行调查，让大家预测未来网购市场的发展趋势，其中 20%的人认为民族电子商务任重而道远，14%的人认为寡头垄断将被多元化所替代，66%的人则认为 B2C 将代替 C2C，成为最主要的发展模式。

据中国电子商务研究中心监测数据显示，截至 2012 年 12 月，中国网络购物市场上，排名第一的依旧是天猫商城，占 52.1%；京东商城名列第二，占据 22.3%；位于第三位的是苏宁易购，达到 3.6%，后续第 4～第 10 位排名依次为：腾讯 B2C（3.3%）、凡客诚品（2.7%）、亚马逊中国（2.3%）、库巴网（1.4%）、当当网（1.2%）、易迅网（0.6%）、新蛋中国（0.3%）。图 2-28 所示为 2012 年中国 B2C 网络购物交易市场份额占比。

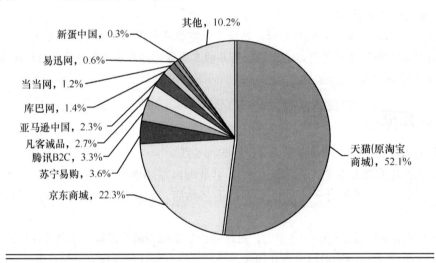

◎图表编制：中国电子商务研究中心　　　　　　◎数据来源：www.100ec.cn

图 2-28　2012 年中国 B2C 网络购物交易市场份额占比

总之，计算机和互联网在全世界的普及给电子商务带来了飞速的发展，B2C 网站是网络深入人们生活的必然趋势。未来是信息和网络高速发展的世界，在世界上任何角落的人，只要拥有一台计算机、互联网连接和信用卡，就能通过网络平台完成各种商品的选购，同时还能享受到完善的服务。可以肯定的是，随着 B2C 电子商务的进一步发展，网上可选购的商品将越来越丰富，网上支付方式将越来越灵活，网络物流配送体系也将越来越完善。

（二）B2C 交易模式的分类

根据不同的标准，B2C 模式可以划分为不同的类型，目前较全面的是把 B2C 模式划分为以下几类，如图 2-29 所示。

1. 综合商城

商城，谓之城，自然城中会有许多店，综合商城就如我们现实生活中的大商城一样。商城一楼可能是一级品牌，然后二楼是女士服饰，三楼是男士服饰，四楼是运动/装饰，五楼是手机数码，六楼特价……将 N 个品牌专卖店装进去。而线上的商城，在人气足够、产品丰富、物流便捷的情况下，其成本优势、时空优势都注定网上综合商城将获得交易市场的一个角色。目前，国内综合商城的典型代表是由杭州阿里巴巴电子商务股份有限公司倾力打造的淘宝天猫商城（tmall.taobao.com），它是我国首个提供中、高档品牌销售业务的网上购物平台，于 2008 年 12 月 16 日正式上线，致力于为企业及商务白领提供综合性一站式的网购服务。安全可靠的交易平台、专业高效的服务团队、以用户体验导向为核心价值观的商务服务理念，助力企业和商务白领，运用电子商务，压缩渠道成本、时间成本，拓展销售市场，强化企业品牌，实现最大化企业的商业目标。

2. 百货商店

商店，谓之店，说明卖家只有一个；而百货，即是满足日常消费需求的丰富产品线。这种商店有自有仓库，会库存系列产品，以备更快的物流配送和客户服务。这种店甚至会有自己的品牌，就如同线下的沃尔玛、屈臣氏、百佳百货等。典型代表有当当、卓越和亚马逊。

3. 垂直商店

这种模式的网站仅销售某一类适合网上销售的商品，产品存在着更多的相似性，要么是满足于某一人群的，要么是满足于某种需要，亦或某种平台的（如电器）。垂直商店的种类取决于市场的细分，一般为市场细分种类的数倍，因为每一个领域总有几家竞争者，也正因为有了良好的竞争格局才促进了服务完善。经营类别有数码家电类、女装内衣类、婴儿用品类、服装饰品类等。典型代表有线上的麦考林、京东，兼有线下的国美、千色店等。

4. 复合品牌店

随着电子商务的成熟，会有越来越多的传统品牌商以抢占新市场、拓展新渠道、优化产品与渠道资源为目标加入电商战场。典型代表有线上线下销售相同产品的佐丹奴、线上线下销售不同产品的百丽。

5. 服务型网店

随着服务业的发展，为了满足人们不同的个性需求，服务型的网店也越来越多。比如，南航的网购机票、亦得全球代购、易美相片冲印、肯德基的在线订餐等。

6. 导购引擎型

导购类型的网站旨在增加购物的趣味性、便捷性。目前，我国诸多购物网站都推出了购物返现，少部分推出了联合购物返现，这些策略都是用来满足大部分消费者的需求。许多消费者已经不单单满足于直接进入 B2C 网站购物了，而是购物前都会通过一些导购网站来寻找相应的 B2C 购物网站。典型代表有网易返现、爱比网等。

7. 在线商品定制型

商品定制是网上的新型产业，很多客户可能只看中了商品的某一点，却不得不花钱去购买整个商品，而商品定制巧妙地解决了这一问题，它让消费者参与到商品的设计中，能够得到自己真正需要和喜欢的商品。自 2006 年以来，国内的个性商品定制产业得到了飞速的发展，深受消费者欢迎，并且获得很多创业者和商家的追捧。典型代表有忆典定制、网易印象等。B2C 交易模式的分类如图 2-29 所示。

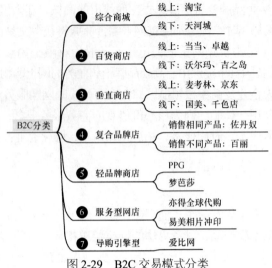

图 2-29　B2C 交易模式分类

（三）B2C 模式的交易流程

B2C 电子商务的交易流程大致可以分为用户注册、选购商品、支付结算和物流配送 4 个过程。首先是新用户的注册，然后用户登录到 B2C 网站，进行商品选购并选择送货方式和支付方式，最后由商家送货，消费者收货后验收，从而完成交易。

1. 用户注册

消费者在开始网络购物前，必须先进行新用户注册。新用户注册时一般要输入登录名、登录密码、验证密码、用户姓名、送货地址、送货电话、电子邮箱等信息。每个电子商务网站的用户注册界面都大同小异，对于不同的网站，有些信息是用户注册时必须要填的，有些信息是可选的。一般来说，上述 7 项信息是用户注册时必须要输入的信息。另外，用户注册时还可能要求输入其他一些信息，比如，证件号、性别、文化程度、出生日期、收入、邮政编码等，这些信息一般允许用户有选择的输入。

2. 选购商品

用户注册好以后就可以开始选购商品。对于购买目标明确的用户，可以利用网站提供的查询功能来选购商品。直接在网上商店的搜索框中输入所需商品的名称，则该网上商店销售的所有此类商品的信息都会被显示出来，这些信息包括商品的产品号、价格、规格等。如果有的消费者觉得网上显示的这些信息还不够直观，还可以单击商品名称查看该商品的具体信息，满意的话再单击购买图标，将该商品放入到购物篮中。对于那些购买目标不明确的用户，他们可以在网站上像平时逛商店一样边浏览边选购，选购完后可以显示所有选购商品的清单，并且可以随时修改每种选购商品的数量，最后确认准确无误后，提交订单后就完成了整个商品选购的过程。

3. 支付结算

当消费者在网上完成商品选购以后，电子商务网站就会显示消费者选购的所有商品的明细，包括商品的编号、名称、规格、单价、数量等，同时网页还会显示本次选购的商品的总价格，这时候消费者点击支付结算按钮就可以进入到网上支付流程。在 B2C 电子商务模式中，消费者可选择的支付方式包括货到付款、汇款、网上银行支付、第三方支付。一般来说，网上电子支付都是通过网上银行来完成的，而由于银行只负责资金的结算，即把货款从买方的账户转移到卖方的账户，而且对买方来说，必须先付款后收货，因此加大了买方风险。为了既能够保证卖家及时收到货款，又能保证买方在确认收到货物后再付出货款，于是出现了除了银行之外的第三方支付工具。买方在网上购物需要支付时，首先将货款支付给第三方的支付平台，待确认收货后，再由第三方的支付平台将货款支付给卖方，比如阿里巴巴的支付宝、中国银联的 Chinapay 和腾讯公司的财付通都是第三方的网上支付工具。

4．物流配送

在 B2C 电子商务模式下，网上商品选购完成后，还必须通过物流配送环节将网上选购的商品送到消费者手上。由于物流配送环节是影响网上商店发展的一个主要的因素，因此电子商务网站在成立之初就应把逐步完善网络物流配送放到重要的位置。一般来说，电子商务网站的物流配送体系包括呼叫中心、中心仓库、分拣中心、网站配送等相互衔接的环节。其中，呼叫中心负责接受客户的电话订购和网上订购，确认配送网点；中心仓库则根据每个时段的商品汇总单进行商品出库，并发送到分拣中心；分拣中心按照每个网站的粗配单进行分拣粗配；网站配送则根据粗配单对商品进行细配，并通过车辆配送由专车、专人将商品送至最终用户。

三、任务实施

步骤一：对 B2C 网站做整体认识。利用搜索引擎，搜索出目前排名靠前的 4 家及本省的两家 B2C 电子商务企业，浏览他们的网站，并进行比较，完成表 2-14。

表 2-14　　　　　　　　　　　　　B2C 网站整体对比

序号	网站名称及域名	服务种类	网站特色	盈利模式	目前市场规模	发展趋势	其他
1							
2							
3							
4							
5							
6							
结论							

步骤二：网上商店与现实商店主要比较，完成表 2-15。

表 2-15　　　　　　　　　　　　网上商店与现实商店对比

项目		网上商店	现实商店
基本组成	商店名称		
	商店装修		
	商店更新		
	货币结算		
	商品送达用户		
服务特点	营业时间		
	服务对象		
	个性化服务		
	销售成本		

步骤三： 查找具体经营书籍或服装的 B2C 平台，并选择相应商品进行购买，完成表 2-16。

表 2-16

序号	网站名称及域名	市场地位	企业规模	平台特色	同类产品名称与数量	选择产品名称与价格	选择该产品原因	其他
1								
2								
3								
4								
5								
6								
结论								

四、任务评价

任务评价表如表 2-17 所示。

表 2-17　　　　　　　　　　　　评价表

项目	学习态度（20%）	团队合作情况（20%）	步骤完成情况（50%）	其他表现（10%）	小计（100%）	综合评价
小组评分（30%）						
个人评分（30%）						
老师评分（40%）						
综合得分（100%）						

五、知识拓展

阅读材料 1

B2C 企业发展的 3 个阶段分析

B2C 企业发展需要经历的 3 个阶段：①拼命打基础的阶段；②疯狂推广阶段；③打造核心竞争力阶段。对于这 3 个阶段需要有一个时限界定。

首先，是拼命打基础的阶段从传统零售业甚至是一家普通公司的发展历程来看，3 年的内部管理完善是非常重要的。像目前的京东商城，其前身已经做传统的 3C 商品达几年之久，在进军电商之后，也经过了近 4 年的积累才开始进入"疯狂推广"的阶段。

第一阶段时限过短就进入第二阶段的反面教材 PPG 就是一个明证，在供应链和内部资源整合没有达到一个密切的程度时，PPG 就如传统互联网公司一样开始进入了疯狂推广阶段，最终的结果就是"饮鸩止渴"造成资金链断裂，而让 VANCL 捡了个市场预热后的大便宜。

毕竟互联网公司仅仅是提供虚拟服务，在商品规划和物流上要求不高，而供应链的管理相对简单。互联网公司打基础的阶段许多时候在于技术的完善和不断提升，所以他们进入第二阶段的时限就短许多，如果作为 B2C 企业也受其影响，将第一阶段的时限大大地缩短，而后进入疯狂推广的第二阶段，将会带来致命的伤害。

那么拼命打基础这个阶段需要多久，建议参考以下 3 个方面。

① 作为 B2C 企业，自身的供应链状况是不是能够匹配到疯狂推广后带来的支持，如供应商发货速度等。

② 公司内部管理水平：其包括员工稳定性、对业务及商品的熟悉程度、应急能力培养程度、工作主动性、各部门链接程度和配合程度等。

③ 技术成熟及稳定程度：毕竟是电子商务企业，无电子就没商可务，所以网站的用户体验是不是做得足够好，SEO 是不是有做并且排名稳定，SEM 和 EDM、短信促销等技术支持是不是到位。网站的各种常用功能如注册、搜索、下订单、用户中心、留言等是不是安全无错，特别是流量激增后多用户同时使用是不是稳定。

第二阶段是"疯狂推广"阶段，对于这个阶段许多企业认为是长期的，而其实则不然。疯狂推广一是建立在 ROI 的核算基础上，二则需要配合企业内部管理和架构完善来有节奏地实施，而不只是在高 ROI 比例核算之后就一味地"疯狂"，那最终的结果就是内部管理开始陷入混乱，有着高业绩、高利润和高知名度，最终却倒在内耗的不归路上。

第三个阶段：打造核心竞争力。这个话题说起来就是八仙过海，各显神通了。不过，价格战仍然是现有 B2C 企业最重要的核心竞争力，毕竟电子商务还是个新兴的低成本运营的行业，如果在这样的条件下仍然不以价格为核心竞争力，那么这家企业的规模性成长则非常有限。这一点从早期发展的零售业也可以看得出来，如沃尔玛最早也是提出"天天低价"来迅速确定自己的行业地位，获得先期的发展优势。

阅读材料 2

淘宝商城启用新名天猫 2011 年交易规模破千亿

2012 年 1 月 11 日，淘宝商城宣布启用新的名称为"天猫"（Tmall.com）。据透露，2011 年淘宝商城交易规模达 1 000 亿元，为 2010 年交易规模的 3.5 倍。

淘宝商城总裁张勇表示，启用新的名称"天猫"，是希望让客户以及网购用户更加明确淘宝商城相较于淘宝网更为明确的定位。

张勇指出，随着 B2C 的发展，淘宝商城用户需要一个全新的、与整个阿里巴巴平台能够挂起钩来的名词，需要一个更为精准的独立品牌。张勇表示，希望经过一段时间的耕耘，淘宝商城最终能够像亚马逊与全球电商网站的关系以及星巴克与咖啡的关系一样，将"天猫"与消费者网购地标的关系联系起来。

不过，启用新的名称"天猫"后，淘宝商城仍会坚持 3 个"不变"：作为开放平台的战略不会改变，核心价值没有改变，对于品质和服务的追求不会改变。

阿里巴巴集团 CMO 王帅表示，阿里巴巴集团会继续在淘宝商城上加大市场推广力度。据悉，2011 年，淘宝商城市场推广经费为 18 亿元；而 2012 年，阿里巴巴集团在淘宝商城的推广经费上更会加大力度。

六、同步拓展

1．学习了 B2C 的有关知识后，谈谈如何使 B2C 网站获得更大的经济效益。

2．通过体验 B2C 网上商城，结合实际，谈谈如何避免网上购物的上当受骗。

3．访问某一 B2C 站点，至少找出 3 个个性化和定制化特色，指出这些特色是否会鼓励消费者从该网站购买更多的商品。列出这些特色，并讨论它们是如何帮助企业增加销售的。并试着在该网站购物，写出对该站点的整体印象（从网上查询信息、购物、网上支付、收到所购物品等环节方面谈）。

任务四　其他电子商务模式

一、任务描述

母亲节快到了，小林想起妈妈一辈子为兄妹俩操心，既要工作又要操劳家务，年纪不大皮肤却越来越粗糙，而且舍不得装点自己，于是想让妈妈放松一下，给她送份惊喜。热衷团购的室友给小林建议："帮你母亲在网上团购个离家近的按摩美容券吧，既能放松身体又能美容，绝对留住青春，而且你花了钱，她肯定会去按摩美容院消费的！"请问：小林在网上团购美容券让母亲去按摩美容院消费是一种什么样的电子商务模式？如果一个不卖具体产品只卖服务的美容院请你扩大宣传与销量，能做电子商务吗？生产美容产品的工厂想不通过经销商直接把东西卖给消费者，又可以选择何种电子商务模式呢？

二、相关知识

（一）B2M 交易模式

B2M（Business to Marketing），指面向市场营销的电子商务模式。B2M 电子商务公司是以客户需求为核心而建立的营销型站点。

相对于拥有站点的简单电子商务模式，B2M 注重的是网络营销市场，注重的是企业网络营销渠道的建立，是针对网络市场营销而建立的电子商务平台，通过接触市场、选择市场、开发市场，不断地扩大对目标市场的影响力，从而实现销售增长、市场占有，为企业通过网络找到新的经济增长点。

B2M 模式的执行方式是以建立引导客户需求为核心的站点为前提，通过线上或线下多种营销渠道对站点进行广泛的推广，并对营销站点进行规范化的导购管理，从而实现电子商务渠道对企业营销任务的作用。

（二）B2G 交易模式

B2G（Business to Government），即企业与政府之间通过网络所进行的交易活动的运作模式，是新近出现的电子商务模式。

B2G 比较典型的例子是网上采购，即政府机构在网上进行产品、服务的招标和采购。供货商可以直接从网上下载招标书，并以电子数据的形式发回投标书。同时，供货商可以得到更多的甚至是世界范围内的投标机会。由于通过网络进行投标，即使是规模较小的公司也能获得投标的机会。B2G 还包括支持虚拟工作间，在这里，商家和代理可以通过共享一个公共的网站来协调已签约工程的工作，协调在线会议，回顾计划并管理进展。B2G 还包括在线应用软件和数据库设计的租赁，尤其为政府机关所使用。因此，B2G 有时也被称为电子政府。

（三）G2C 交易模式

G2C（Government to Citizen），是指政府通过电子网络系统为公民提供各种服务。G2C 电子政务所包含的内容十分广泛，主要的应用包括：公众信息服务、电子身份认证、电子税务、电子社会保障服务、电子民主管理、电子医疗服务、电子就业服务、电子教育、培训服务、电子交通管理等。G2C 电子政务的目的是除了政府给公众提供方便、快捷、高质量的服务外，更重要的是可以开辟公众参政、议政的渠道，畅通公众的利益表达机制，建立政府与公众的良性互动平台。

电子政务是一项新生事物，它的发展必然是一个从低级向高级逐步进行的过程。目前，国内外比较普遍认同的划分法是，将电子政务发展划分为 4 个阶段。第一阶段，信息发布（Posting of Information Online），这是电子政务的起步阶段，即政府仅通过网络发布与政府有关的公共服务的静态信息，如政策法规、办事指南、机构设置、职能介绍、成员名单、联络方式等；第二阶段，单向沟通（One-way Interaction），即政府除了在网上公布公共服务的信息，还向用户提供某种形式的服务，如用户可以从政府网站上下载表格、保税单等；第三阶段，双向互动（Two-way Interaction），这个阶段的政府和用户可以在网上实现双向互动，如用户可以从政府网上下载表格，也可以提交表格，反馈信息和意见等；第四阶段，全方位网上事务处理，即政府与公众、社会、企业实现全面的互动，完成事件的处理。到了此阶段，政府的运作方式必然发生改变，进行政府业务流程的再造，政府公共服务出现全方位的电子化特征。

（四）B2B2C 模式和 B2C2C 模式

B2B2C 是一种电子商务类型的网络购物商业模式，第一个 B 指的是商品或服务的供应商，并不仅仅局限于品牌供应商、影视制作公司和图书出版商，任何的商品供应商或服务供应商都能可以成为第一个 B；第二个 B 指的是电子商务的企业，通过统一的经营管理对商品和服务、消费者终端同时进行整合，是广大供应商和消费者之间的桥梁，为供应商和消费者提供优质的服务，是互联网电子商务服务供应商；C 则是表示消费者。B2B2C 来源于目前的 B2B、B2C 模式的演变和完善，把 B2B 和 C2C 完美地结合起来，通过 B2B2C 模式的电子商务企业构建自己的物流供应链系统，提供统一的服务。

B2C2C（Business to Channel to Customers），译作企业——渠道——客户，为企业提供网络直销渠道，网店老板作为消费者，从平台上进货，顾客（终端消费者）购买后，由企业直接发货。对于网店来说，没有库存，货卖出后再付款，风险几乎为零。对于供货厂家来说，这是一个网上直销的平台，免去了传统供货渠道的繁琐。

（五）O2O 模式与 M2C 模式

近两年有更多的电子商务模式涌现出来，如 O2O（Online to Offline）模式、M2C（Manufacturers to Consumer）模式等。

1. O2O 电子商务模式

O2O 电子商务模式即 Online to Offline，又称离线商务模式，是指线上营销和线上购买带动线下经营和线下消费，也即将线下商务的机会与互联网结合在一起，让互联网成为线下交易的前台，如图 2-30 所示。这样线下服务就可以用线上来揽客，消费者可以用线上来筛选服务，还有成交可以在线结算，很快达到规模。O2O 通过打折、提供信息、服务预订等方式，把线下商店的消息推送给互联网用户，从而将他们转换为自己的线下客户，这就特别适合必须到店消费的商品和服务，比如餐饮、健身、看电影和演出、美容美发等。在 O2O 模式领域，由全球最大的中文网站联盟——盘石近期推出的，盘石网盟广告会员社区便是全球首发的基于 O2O 模式的线上广告营销与线下消费服务的会员社区。

目前 O2O 模式在我国发展迅速，2012 年全国 O2O 市场规模已达到 1 005 亿元，2013 年将突破 2 000 亿元。

其实，O2O 模式早在团购网站兴起时就已经开始出现，只不过消费者更熟知团购的概念。团购商品都是临时性的促销，而在 O2O 网站上，只要网站与商家持续合作，那商家的商品就会一直"促销"下去。O2O 的商家都是具有线下实体店的，而团购模式中的商家则不一定。

对于用户而言，通过 O2O 电子商务模式可以获取更丰富、全面的商家及其服务的内容信息，更加便捷地向商家在线咨询并进行预售，获得相比线下直接消费较为便宜的价格。

对于商家而言，O2O 模式能够让他们获得更多的宣传、展示机会以吸引更多新客户到店消费；推广效果可查、每笔交易可跟踪。掌握用户数据，大大提升对老客户的维护与营销效果；通过用户的沟通、释疑，更好地了解用户心理；通过在线有效预订等方式合理安排经营，节约成本；对拉动新品、新店的消费更加快捷；降低线下实体对黄金地段旺铺的依赖，大大减少租金支出。如图 2-30 所示。

对 O2O 平台本身而言，与用户日常生活息息相关，并能给用户带来便捷、优惠、消费保障等作用，能吸引大量高黏性用户；对

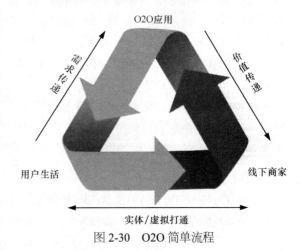

图 2-30　O2O 简单流程

商家有强大的推广作用及其可衡量的推广效果，可吸引大量线下生活服务商家加入；数倍于 C2C、B2C 的现金流；巨大的广告收入空间及形成规模后更多的盈利模式。

虽然 O2O 模式与 B2C、C2C 一样，均是在线支付，但不同的是，通过 B2C、C2C 购买的商品是被装箱快递至消费者手中，而 O2O 则是消费者在 线上购买商品与服务后，需去线下享受服务。这是支付模式和为店主创造客流量的一种结合，对消费者来说，也是一种新的"发现"机制。

阅读材料

红星美凯龙大举进军 O2O 电商平台

在网络团购逐步融入人们日常生活后，家居行业龙头品牌红星美凯龙也开始大举进军 O2O 电商平台，打造"星易家"家居建材电商平台并广泛开展 O2O 团购活动。

据了解，红星美凯龙作为传统家居建材渠道的领军品牌，亦十分看好 O2O 电商平台在该行业的发展，并以实际行动大力推行。目前，其"星易家"O2O 团购事业部已经在全国 73 个城市近 100 个商场开展了"线上召集，线下体验和购买"的 O2O 团购活动。同时，红星美凯龙星易家的其他业务板块，如 B2B 平台、B2C 自营店以及以家装设计为主要发展内容资讯板块也有迅速发展。

发展 O2O 电商平台，红星美凯龙具有诸多资源优势。如拥有家居建材行业最大的供应商系统，

其中核心的战略联盟品牌，基本上都是长期跟随红星美凯龙一起成长起来的国内众多的一线品牌。他们对红星美凯龙星易家的支持，将成为红星美凯龙"星易家"长期稳健发展的坚实基础。同时，红星美凯龙星易家也为众多供应商打造线上线下一体化的经销体系提供了有效平台。

据红星美凯龙星易家人士透露，由于家居建材产品的特点，电商发展采用 O2O 模式已经成为共识。近日，红星美凯龙还发布了 2013 年企业战略纲要，对电商星易家的发展有明确规划，表示将以坚定信心推动电商长远发展。

2. M2C 模式

M2C 模式即生产厂家对消费者（Manufacturers to Consumer），生产厂家直接对消费者提供自己生产的产品或服务的一种商业模式（如图 2-31 所示），特点是流通环节减少至一对一，销售成本降低，从而保障了产品品质和售后服务质量。2012 年 1 月 1 日，汇聚优品 CEO 杨东提出电子商务 M2C 概念，生产厂商直接面对客户，不存在中间商，最大额度让利消费者。M2C 类似于 C2C，但又不完全一样，C2C 是传统的盈利模式，赚取的基本就是商品进出价的差价；M2C 则是生产厂家通过网络平台发布该企业的产品或者服务，消费者通过支付费用获得自己想要的产品或服务。M2C 平台如图 2-31 所示。

图 2-31　M2C 平台川力网

M2C 模式对厂家来说，不仅帮厂家搭建一个产品展示和在线销售的平台，同时由网络店长帮助厂家推广销售产品，真正为企业建立销售渠道。产品商家只需要制订好产品信息、销售价格、消费服务和创业提成，上传并发布供货到创业广场后，所有网络店长均可以选货销售或自助购物，产品商家只需做好发货配送和售后服务即可快速建立产品销售渠道和网络推广平台，节约商业成本，提高经营效益。M2C 商业模式让每一个人均可以免费开店，不用进货发货配送，无风险经营，选货销售可以赚钱，自助购物更省钱，从而实现更多的人帮助商家卖产品，让商家快速建立网络销售渠道,节省销售成本。如电子商务知名品牌麦包包结合 QR 模式和自身特点，创造了一套独有的基于网络订单驱动生产管理所形成的供应链管理模式，即 M2C（工厂至终端）模式，麦包包从采购、生产、仓储到物流配送等各个环节都由网络订单驱动，这种模式不仅加快了各环节的反应速度，也有效降低了库存。目前，麦包包平均每月的库存占比不超过 1%，库存周期也由原来的 12 周缩短到 6 周。麦包包的一款产品从放上网页、客户下单一直到物流，每份订单的处理时间不超过 10 分钟。

三、任务实施

步骤一：进入 2～3 家 O2O 业务网站，分别比较其网站特色、网站规模、市场地位、经营类别等情况，完成表 2-18。

表 2-18　　　　　　　　O2O 业务网站的分析

项目	网站	网站特色	网站规模	市场地位	经营类别	其他
1						
2						
3						
评价						

步骤二：从步骤一比较平台中选择一家网站，分析比较相关具体项目，通过为母亲节选择礼物的具体项目，了解其交易流程，完成表 2-19。

表 2-19　　　　　　　　具体项目分析

项目	O2O 平台	具体产品	选择原因	付款方式	发货方式	消费方式	简单交易流程	其他说明
1								
2								
3								
结论								

步骤三：从步骤一浏览网站中选择或者重新选择网站，为学校附近或家庭附近一家美容院联系 O2O 推广方式，了解不同网站对商家做 O2O 的政策，完成表 2-20。

表 2-20　　　　　　　　不同网站政策

项目	网站	网站规模与盈利模式	网站对商家的支持政策	对商家规模要求	类型要求	缴纳保证金要求	销量要求	其他说明
1								
2								
3								
4								
结论								

步骤四：查找规模较大的 M2C 平台，比较其与原有的 B2C、C2C 平台有何异同，完成表 2-21。

表 2-21　　　　　　　　网站对比

项目	代表 1	代表 2	截图	特点	优势	劣势
M2C 平台						
B2C 平台						
C2C 平台						
评价						

四、任务评价

任务评价表如表 2-22 所示。

表 2-22　　　　　　　　　　　　评价表

项目	学习态度（20%）	团队合作情况（20%）	步骤完成情况（50%）	其他表现（10%）	小计（100%）	综合评价
小组评分（30%）						
个人评分（30%）						
老师评分（40%）						
综合得分（100%）						

五、知识拓展

阅读材料 1

盘点国外六大新颖的电子商务网站模式

1. CarlSays.com：本地商户推广平台

虽然互联网让整个世界变小，但实际距离仍旧存在，基于本地化的互联网服务一直是很多网站突破的重点。当 Foursquare 引领的 LBS 地理定位服务风靡的时候，基于 Foursquare、为本地商户提供聚合服务的网站自然就出现了，这里所介绍的 CarlSays.com 网站所提供的便是集合 Foursquare、Gowalla 等 LBS 网站以及 Google 地图，为本地商户进行推广。

网站名称：CarlSays.com（http://carlsays.com/）

上线时间：2010 年 5 月

网站地点：美国亚利桑那州（Scottsdale，Arizona）

CarlSays 所提供的服务可以简单地理解为：当用户在本地某个商家（餐厅、酒吧、咖啡店、娱乐场所等）进行 Check-in，即可通过 CarlSays 平台获取各类优惠券、参与促销活动，这样有利于用户赢取更多积分、享受更多优惠，也让商家赢得更多生意，而 CarlSays 自然也能从中获利。

CarlSays 作为中间平台服务商，一方面通过各种手段积累更多的用户资源，除了 Foursquare 等 LBS 用户外，该网站还支持 Facebook、Twitter 等用户直接登录，共享各类信息；另一方面则是不断地开拓商家资源，然后将其各类优惠、促销信息推向 Foursquare 用户以及 Facebook 用户等。用户可以通过网络或手机平台查看其他 CarlSays 留下的足迹及点评意见。

其实 Foursquare 更有机会提供这样的服务，只是其目前更专注于为 Mayor 提供服务，以让更多的用户不断地 Check-in，这样很多用户没有机会享受到一些优惠，而 CarlSays 希望通过自己的平台让所有 Check-in 的用户都能享受到优惠，同时，CarlSays 会慎重考虑商家，并且有针对性地为用户推送各类信息，推送平台包括 Twitter、Email、SMS 短信等各种方式，帮助用户发现本地商家不一样的地方。

看到这里，我们就很容易理解为什么大众点评网也会进入 Foursquare 领域了。手握无数商家以及用户对其的点评意见，大众点评网的推送拥有天然的基础，而 CarlSays 要做大的话，随时面临诸如大众点评网模式网站的挑战，所以推送什么样的商家信息、给用户良好的体验非常重要，而且专注于本地、一个个深耕细作，或许 CarlSays 不能做得很大，但养活自己是没问题的。

2. BarTab.WebTab.com：1 美元畅饮

当互联网越来越多地融入我们生活的时候，相信很多人通过网络结识了不少好朋友，即便从未见过面，这种虚拟的网络社交背后是人们真实的情感诉求。今天所介绍的网站 WebTab 是一个专注于社交化礼物（Social Gifting）的平台，其所开发的第一个应用 BarTab 则是让 SNS 用户可以彼此赠送饮料：1 美元即可畅饮与 BarTab 合作商家的特定饮料、咖啡、酒水等。

网站名称：BarTab.WebTab.com（bartab.webtab.com/）

上线时间：2010 年 6 月

网站地点：美国旧金山（San Francisco，CA）

BarTab 本质上是个 iPhone 应用程序，让用户通过手机赠送给自己的 Facebook 好友一份真正的饮料，仅需要花费 1 美元。目前 BarTab 仅支持旧金山地区的酒吧，未来几个月将会扩展到其他城市。

BarTab 是基于 Facebook Connect 进行开发的，通过 BarTab 程序，用户点击 "Send Drinks Now" 按钮，即可支持该项活动的相关酒吧、咖啡店等，然后确认，通过信用卡或网络支付方式进行支付，这时候你的朋友收到相关的通知——仅需花费 1 美元即可喝饮料的 "数字饮料票"。当然，你去酒吧之后，仅仅第一杯酒的花费是 1 美元，其余的酒水仍旧是原价或者折扣价。

此外，要强调的是，BarTab 网站对于浏览器有一定的要求，目前仅支持 Google Chrome、IE8、火狐 2.0 以上，否则，你在 Web 端上无法看到这个好玩的网站。

BarTab 希望通过这样的方式，让 SNS 好友们从虚拟的网络转向真实的现实世界，增进彼此之间的联系。对于 BarTab 而言，其商业模式主要是帮助商家进行营销推广，谁也不知道 1 美元的一杯酒之后会有怎样的消费潜力？而且即便没有实质性消费，就当做品牌广告宣传了一把，毕竟对于商家而言，刚开始时不需要对 BarTab 支付报酬，有实质性消费之后，双方可以进行分成。

3. CherryDeals.com：离线优惠在线购买

无论是与现实世界及店面相关的优惠券，还是网络世界的虚拟物品，我们都已不陌生。这里所就介绍的网站 CherryDeals.com（有趣的中文名：樱桃交易）希望让这二者结合起来，让你在享受优惠券的同时，购买实体商品及虚拟物品。

网站名称：CherryDeals.com（http://www.cherrydeals.com）

上线时间：2010 年 1 月

网站地点：美国亚利桑那州（Scottsdale，Arizona）

CherryDeals 的宗旨如同其域名一样，要让用户享受到所在城市最甜美的交易（the sweetest deals in your city），当然就是物美价廉。这样 CherryDeals 所提供的服务就很容易理解，使优惠券变个形式或者方式，让用户体验网络与现实世界的结合，其相信那些热爱 Facebook 农场游戏（Farmville）的数百万用户一定会很喜欢。

CherryDeals 系统的工作方式是，进入网站点击那个诱人的樱桃 "Cherry Deal of the day"，系统会提醒你选择自己所在的城市（目前仅包括纽约、旧金山、洛杉矶、奥斯丁、芝加哥 5 个城市）。其本质是个第三方应用，可以直接在网上或 Facebook 上使用，然后你会看到自己所在城市有哪些优惠活动信息，包括吃、穿、住、用、行等方方面面，你会看到一个现实物品与虚拟物品的对照，然后结合起来购买，这样就相当于你同时购买了在线或离线的服务及优惠。

或许对于 CherryDeals 这样的服务方式，很多人觉得不可思议，毕竟优惠券网站很多，虚拟物品也可以直接在 Facebook 之类的网站上购买，将不相关的结合起来，只为了卖出很多或者帮更多的公司做广告，会有多少用户愿意使用呢？但是 CherryDeals 相信，随着目前 SNS 社交游戏得到更多人的热爱，这种结合的方式会有很大的空间。对于用户而言，这可是现实与虚拟相结合了。

4. AlikeList：信任清单连接企业和 SNS

网站名称：AlikeList.com

上线时间：2008 年

所在地点：美国硅谷

AlikeList 可以帮助用户通过其朋友们的推荐找到那些值得信赖的本地商户——例如，一家餐馆、一位医生或一位装修工。基于这个出发点，AlikeList 建立了一个社会化的网络，人们可以在上面创建、保存一份属于自己的"信任清单"并和朋友分享，这个"清单"主要是自己推荐的一些本地商户。用户在浏览其他人的清单时，可以通过点击"喜欢"或者"尝试"将商户添加到自己的喜欢清单或者试用清单中。

根据其官方介绍，AlikeList 成立的目的也是为了能在互联网上更快、更简单地找到更为有价值的信息和更值得信赖的本地商户。与目前流行的口碑点评类网站最大的不同在于它专注于本地、只是熟人之间的相互推荐。

正如他们自己的介绍细节所言：相比陌生人的推荐，亲人和朋友的推荐更会受到人们的信赖。有时知道推荐人是谁，和了解他们推荐的商户是什么一样的重要。

成立于 2008 年的 AlikeList 近日获得了第一轮 500 万美元融资，该公司计划将这笔资金用于产品开发、获取用户和扩大管理团队上。

5. Milo：网上搜寻实体店购买

网站名称：Milo.com

上线时间：2008 年 12 月

所在地点：美国

一家名为 milo.com 的公司希望能从成百上千的电子商务网站中脱颖而出。与传统电子商务不同之处，他们是向用户提供来自用户所在地商店货架上的实时商品信息。这一理念也得到了来自风投的第一轮 400 万美元融资。

对于普通用户而言，Milo 提供的价值有 3 个：就近找到商品，比较本地商店中的价格，购买前浏览其他用户评论。

对于最新拿到的融资，milo 公司的首席执行官杰克·亚伯拉罕（Jack Abraham）认为，投资者的反应是由于"这个市场的巨大容量和火热的增长"。虽然互联网上也不乏电子商务网站在提供一些实体商店的商品信息，但 milo 是唯一收集了所有数据提供给购物者查询并方便其立即购买的，亚伯拉罕说，也正是因为这些商店感受到了来自用户的压力，所以也尽可能的在网站上提供最新、最及时的库存信息，这些信息在 milo 上也是最为准确的。

根据其官方数据，从 2008 年 12 月上线以来，milo 已经覆盖了美国 3 万个社区的 4.2 万间商店，网站流量月增长保持在 70% 左右。平均每个月大概添加 18.5 万件商品信息（平均每天大概

6 000 件），目前已经超过了 150 万件。

对于未来的增长机会，亚伯拉罕表示，从 Forrester（知名第三方数据调研机构）的研究来看，跨渠道的销售要比在线零售的实际增长快得多，用户在网上搜索寻找，但最终是在实体商店中完成他们的购物行为。"所以，虽然互联网上的交易增长了，但是实际上这个市场增长却更快，也更庞大"，亚伯拉罕说。

6. DealitLive：电子商务网络电视

在电子商务流行的时代要脱颖而出，则必须有独特的服务、新奇的商业模式，这样才能吸引越发挑剔、服务越发少众的用户。毕竟再做一个类似淘宝、亚马逊、eBay 的网站太难。

今天我们所关注的 DealitLive.com 就非常具有创意，它不仅将视频网站导购与电子商务结合起来，更奇特的在于这些视频都是现场直播的。DealitLive 就犹如一个电子商务网络电视台一样，一个个事先预约好时间，让录制好的视频导购节目陆续上演，然后买卖双方通过实时聊天室，如同在现实中的集市一样购物，很不错的商业模式吧！需要提示的是：目前 DealitLive 处于测试阶段，限定了用户 IP，仅仅允许美国和加拿大用户使用，国内用户无法直接登录查看，需要借助代理服务器。

网站名称：DealitLive.com（www.dealitlive.com/）

上线时间：2009 年 5 月

所在地点：美国新泽西州博根郡

DealitLive 网站于 2009 年 5 月在美国上线，目前处于测试阶段。它是一个电子商务网络电视台，将网络视频、现场直播、聊天室、商品导购等融合到一起，将 DealitLive 打造成一个网络中的集市，买卖双方可以随时在线讨价还价，然后开始电子商务体验历程。

这种现场直播、电子商务网络电视台的概念，显然让 DealitLive 一推出就受到了用户的大力欢迎甚至吹捧。这不，英国知名网站 Examiner 发布了一篇由一位 25 年经验 eBay 所写的文章——通过 2 次在 DealitLive 的现场直播，卖出了 25 项商品，而且其中的转化率高达 98%（就是有 100 人看到 DealitLive 上的网络视频，然后有 98 个人用户买下），用户感叹，DealitLive 现场直播卖商品的速度太快了，是不是很夸张呢？看看下面 DealitLive 是如何操作的吧！作为现场直播的电子商务网络电视台，DealitLive 的运作非常有规矩，具体如下。

① 首先卖家需要进入 DealitLive 注册、填写相关会员资料，然后会出现一个开始出售的按钮（Sell），单击后，DealitLive 会让你首先预约时间，如果时间有重合的话，则根据先来后到的原则。

② 接着 DealitLive 开始现场直播的流程，当你预约的时间到了之后，你就可以开始推介你的视频导购，时间只有 10 分钟，你可以放录制好的视频，也可来个真正的现场展示，介绍你要出售的物品，可以是一件，也可以是很多件，通过商品的相片以及你充满深情的演讲去打动正在观看的用户。DealitLive 专门设置了有记时装置的视频框，每个卖家所展示产品的视频只有 10 分钟，从播放开始倒计时计算时间。

③ 接下来就是如同集市的交易环节了。因为卖家是现场直播和展示商品，所以 DealitLive 专门提供了供买卖双方交易的聊天室。有意向的买家可以即时通过聊天的方式与卖家交流，比如让卖家介绍更具体的商品详情、商品图片等，甚至还可以让卖家通过语音（以后或许可以发展到视频）继续展示和介绍商品……然后买卖双方谈判价钱，怎么优惠啊？怎么砍价啊？都可以谈，就如同面对面交流一样。最后就是成交环节，确定价格和支付方式、运输方式等，DealitLive 会从中提取 5% 作为自己的收入来源。

当然，仅仅 10 分钟的现场直播展示是远远不够的，DealitLive 还提供更多、更全面的服务，它不仅提供现场直播，而且也允许卖家上传录制好的视频进行展示，在这 10 分钟之外的时间用户也同样可以购买这些商品；而买家如果喜欢这些视频，还可以"订阅"卖家的影片，以后如果这个卖家有新商品上架、新的视频，买家可以随时在线观看。

另外，要重点一提的就是现场直播的价值以及为什么设定 10 分钟的限制？这里有个心理因素的作用，当然或许并不适合每个买家。

DealitLive 如同一个电子商务的网络电视台，每个卖家的视频和现场直播就是一个一个的电视栏目，观看的买家们则是观众，他们看着一个一个的视频轮换，看着 DealitLive 特别设置的"计时装置"如同时钟一样在滴答滴答地响，是不是在催促你赶快买下，否则就没机会了呢？尤其是在 DealitLive 叫喊一声——Next 下一个商品的时候，你有没有那种拍案而起的感觉，立马就想和刚刚结束展示的卖家取得联系，来个冲动性购物呢？

DealitLive 现场直播的价值还在于为用户提供了一个完全不同于搜索的、找寻商品的模式。因为每个登录 DealitLive.com 首页的用户都会发现正在现场直播的视频框，那里展示着"正在卖"的商品，也有"重新播放"（Re-Run）的设置，于是用户是不是会有一种看电视的感觉，立即打开这里正在现场直播的导购视频呢？而且现场直播的效果非常具有真实性和煽动性，对于用户是有吸引力的。只要用户愿意观看，购买的机会就增多了，至少潜在的买家已经踏出了购买的第一步。

可见，DealitLive 的商业模式非常具有借鉴意义，当然前提是网速要快、现场转播的视频要流畅，当然出售的商品和价格也要具有吸引力，电子商务的新体验就此开始。

阅读材料 2

2012 年中国 O2O 行业 6 大盘点

据了解，O2O（Online to Offline）的概念自 2010 年年底进入中国以来引起广泛讨论，其广阔的前景为各方所看好，O2O 行业也被普遍认为是下一个亿万元规模的市场。2012 年，中国 O2O 行业呈现以下特点和趋势：整个行业层面，中国互联网投资趋冷，但 O2O 市场的投资热度不减；移动互联网发展速度加快，使得移动端成为 O2O 发展的最重要方向；市场参与者层面，三大互联网巨头大力布局，推动中国 O2O 市场整体发展；典型应用团购市场格局逐渐明朗，O2O 盈利企业初现；线下商户网络意识增强，试水社会化 O2O 营销；未来技术应用的创新和普及将推动餐饮、票务等细分行业的 O2O 进程。

盘点一：中国 O2O 市场前景看好，投资热度不减

中国 O2O 市场广阔，其发展前景被各方看好。以 O2O 典型应用领域生活服务为例，中国统计局的数据显示，仅 2011 年中国餐饮业的市场规模就突破 2 万亿元，其他汽车服务、酒店客栈、家政服务、教育培训、婚庆摄影和票务演出等也都有数百亿以上的市场规模。

和庞大的市场规模相对应，中国大部分的生活服务产业发展较为落后，效率低、服务差是通病。随着互联网对国民经济的渗透进一步加深，加上人民群众对生活服务质量要求的日益提高，用互联网去改造和提升落后的传统服务产业成为市场发展的必然。

尽管受到线下信息化水平低、商户接受程度低等客观因素的影响，但在 O2O 撬动的生活服务、实体零售互联网化的巨大商机面前，2012 年 VC 对中国 O2O 行业的投资热度不减。

从公开披露的信息来看，2012 年 O2O 领域较大的投资案例包括：2012 年 5 月，丁丁网获得风和投资管理等投资机构的 4 000 万美元投资，紧接着 11 月丁丁网获得阿里巴巴和花旗投资；2012 年 8 月，大众点评网获红杉资本等多家机构追加投资，融资 6 000 万美元；2012 年 10 月，重组后的高朋网获腾讯及 Groupon 的 4 000 万美元投资。此外，O2O 概念的街库网和到喜啦在 2012 年 8 月和 9 月分别获得 1 600 万和 1 000 万美元投资。从绝对数量来看，2012 年 O2O 领域的融资比 2011 年要少，但和互联网其他领域相比，O2O 依然称得上是 2012 年的投资热点。2012 年 11 月，O2O 概念企业淘淘谷（TTG）在澳大利亚成功上市，成为中国首家上市的 O2O 企业，这或将进一步增强 VC 对中国 O2O 市场的投资热情。

盘点二：移动端成为 O2O 最重要的发展方向

2012 年，中国移动（微博）互联网的发展速度加快，各项指标显示移动互联网时代到来。从移动用户和 3G 用户的占比来看，截至 2012 年 10 月，中国移动电话用户为 10.95 亿户，其中 3G 用户达到 2.12 亿，占比为 19.3%，和 2012 年 1 月相比增长 6 个百分比，增长趋势明显加快。

与此同时，中国智能手机无论是从出货量还是保有量来看都大幅增长。智能手机和 3G 网络的普及促使中国移动互联网用户规模大幅增长，到 2012 年 6 月底手机网民规模达 3.88 亿，手机超越台式机成为第一大上网终端，这也标志着中国移动互联网时代的真正到来。

移动互联网时代的到来促使移动端成为 O2O 最重要的发展方向。O2O 侧重的生活服务领域天然和位置相关，移动设备的位置属性决定了移动端更加适合 O2O 的发展。同时，手机的便携性也与用户的实时性生活需求正好吻合。"工作在 PC，生活在手机"俨然成为大部分用户的习惯。从实际的情况来看，移动端也已成为各 O2O 企业的业务重点。大众点评网在 2012 年 8 月宣布其移动端用户数即将突破 4 000 万，移动端的浏览量已经超过 PC 端；58 同城 2012 年 10 月份数据显示，其移动端访问量占比超过 40%；而美团网移动端的增速明显快于 PC 端，其移动端的销售占整体销售的比例到目前已接近 20%。除了原先 PC 端的企业大力布局移动端外，以布丁移动、食神摇摇、易到用车等为代表的大量纯移动 O2O 企业发展迅速，成中国 O2O 市场中的重要参与者。

盘点三：互联网巨头纷纷大力布局

2012 年以来，三大互联网巨头加大了对 O2O 市场的重视和投入力度。①腾讯方面，2012 年 6 月，腾讯推出了微信会员卡，大力推动和线下商户的合作；2012 年 11 月，腾讯收购通卡，增强其在 O2O 方面的实力；2012 年 12 月，微信联合高朋网推出微团购，将逐步和财付通打通，形成 O2O 的闭环。②阿里巴巴方面，2012 年 7 月，阿里集团进行了架构调整，聚划算升级为事业群，加大引进独立团购网站的力度；2012 年 10 月，淘宝本地生活推出地图搜，弥补其在地图方面的弱势地位；2012 年 11 月，阿里集团宣布战略投资丁丁网，增强其线下能力。③百度方面，2012 年 3 月，百度联合投资机构创建的爱乐活新版正式上线；2012 年 9 月，百度地图正式向本地生活服务转型；2012 年 10 月，百度宣布分拆地图业务，成立了 LBS 事业部，这表明百度已从战略层面来部署和推进 O2O 业务。

三大互联网巨头的积极布局将推动中国 O2O 市场的整体发展。腾讯、阿里和百度是中国互联网的标杆企业，它们覆盖了绝大多数中国网民，而且拥有强大的技术产品实力，它们的积极进入能为 O2O 市场培育大批用户。

此外，三大巨头也通过组建线下团队或投资相关企业的方式来增强其线下能力，教育线下传统商户"触网"。腾讯凭借微信、阿里凭借支付宝和淘宝本地生活、百度凭借地图，使三大巨头在 O2O 市场竞争中各具优势。中国 O2O 行业市场前景的广阔，和以往的零和游戏不同，三大巨头在推动中国 O2O 市场发展的同时将有可能实现共赢。

盘点四：O2O 盈利企业初现

和 O2O 整体依然受资本青睐不同，属于 O2O 范畴的团购在 2012 年遭到了资本寒冬。中国团购行业受 Groupon 上市以来股价不振的负面影响，加上此前整个行业粗放式增长的后遗症的集中爆发，2012 年大量团购网站倒闭，市场的不确定因素增多，所有这些因素促使资本市场在 2012 年整体看冷团购。

从团购市场的现状来看，部分原先坚持稳健发展的企业逐渐成为市场的胜者，美团网的领先优势较为明显，其 2012 年 11 月宣布当月销售额突破 6 亿；大众点评网的团购业务发展迅速，其官方透露 2012 年其销售额达到 30 亿。具有市场竞争实力的团购企业还包括糯米网、重组后的高朋网以及老牌团购强者窝窝团和拉手网，几大团购网站之间将在资本回暖之际争夺有限的上市门票。

2012 年各大团购网站的发展更为理性，部分企业到目前已接近盈亏平衡。从 O2O 的整体来看，部分企业在 2012 年下半年已经开始盈利，这包括 2012 年 10 月宣布盈利 1 元的满座网和 11 月宣布盈利的爱帮网。尽管这些企业的盈利额度不大，且持续盈利的能力存疑，但这对中国 O2O 市场依然是一个积极信号。

对于中国大部分 O2O 企业来说，涉入线下（Offline）是不得已但必须为之的举措，这将大幅增加运营成本，盈利将变得极为艰难。相比而言，那些技术驱动型或轻资产的 O2O 企业更容易实现盈利。

盘点五：线下商户网络意识增强

2010 年以来，团购的兴起教育了部分本地商户的网络意识，但绝大多数中国传统服务商户的网络意识依然较为淡薄。2012 年以来，随着中国整体经济增速放缓，本地生活服务商户的市场竞争压力增大，在这种条件下，部分线下商户开始主动利用互联网进行营销和推广。

比较典型的企业是万达集团，2012 年其招聘了大量电商人才，预计未来其将重点打造自身的 O2O 平台；此外，部分餐饮连锁企业目前正在筹备，试图通过联合的方式打造跨企业的 O2O 平台。

以微信和微博为代表的社交化媒体和工具对 O2O 市场的发展具有十分重要的影响。2012 年，微信迅速崛起成为最重要的移动社交工具，用户规模突破 2 亿；大量线下商户迅速入驻微信平台，通过社会化营销手段开辟了重要的渠道，部分企业取得了良好效果，典型的企业如汉庭和布丁酒店等。而新浪微博和雅座合作的微美食也吸引了大量线下餐饮商户的参与，通过社交化媒体和工具来进行品牌宣传和客户关系维护成为线下商户的重要选择。随着线下商户社交化营销意识的增强，加上互联网企业的大力推进，中国服务业有望迎来前所未有的发展机遇。

盘点六：O2O 细分领域发展程度不一

受线下各行业信息化水平不同的影响，O2O 市场的发展在各细分行业呈现出一定差异。从实际情况来看，旅游行业的 O2O 市场发展较为成熟，在携程和艺龙等企业的推动下，在线旅游（OTA）市场发展迅速；演出票务行业在 2010 年后受团购的刺激，其线上部分占整体销售的占比大幅提升；餐饮行业由于标准化程度低，信息化水平落后，其 O2O 市场依然处于早期发展阶段。

2012 年，随着移动端技术日益完善，各类创新型技术和应用涌现，在推动中国 O2O 市场的发展方面发挥重要作用。在 O2O 业务开展最为紧密的支付技术方面，2012 年支付宝等各相关企业大力简化支付流程，提高用户体验；特别是在移动支付领域，快捷支付、二维码支付、盒子支付等创新方式开始得到推广。2012 年，支付宝和分众传媒、上品折扣的合作即为 O2O 市场的创新型实践案例。

针对部分传统行业标准化程度和信息化程度较低的问题，大量技术企业通过创新为它们提供相应支持。比如：在餐饮行业，2012 年出现了大量为线下餐饮企业服务的先进 CRM 及其他 IT 系统；部分优惠券企业也积极开发低成本的设备终端，以形成优惠券验证的闭环等。互联网和其他不同类型的技术企业通过反向 O2O，用技术手段改造和提升传统行业，这将为中国 O2O 行业的发展前景打开广阔的想象空间。

六、同步拓展

1. 搜集 B2M、B2G、G2C、B2B2C、B2C2C 模式的电子商务网站各 1 个，观察其特征，并记录其盈利模式。

2. 案例分析：咖啡巨头星巴克的 O2O 实践及启示。

品途咨询近日在研究美国餐饮企业 O2O 化时发现，星巴克（Starbucks）作为一家老牌的咖啡企业不仅在线下拥有极佳的口碑，而且其积极利用互联网打造品牌形象，积累了相当多的成功案例及经验。品途咨询发现，和星巴克线上（Online）高效承担了品牌营销、产品销售及客户关系管理三重作用相比，国内餐饮同行大多还处在 O2O 初级试水阶段。品途咨询通过对星巴克的 O2O 实践进行整理，以期给国内餐饮 O2O 从业者，特别是本土餐饮企业一些有益启示。

（一）星巴克 O2O 实践历程

星巴克成立于 1971 年，通过快速扩张，到 1992 年 6 月在纳斯达克上市时其已经成为世界上最大的咖啡企业之一。星巴克在其 CEO 霍华德·舒尔茨的领导下一方面格外注重客户体验，始终致力于提供最好的咖啡及咖啡消费环境，如图 2-32 所示；另一方面，星巴克也十分注重利用互联网来营造线上（Online）社区为其整体品牌形象服务，以配合和促进线下（Offline）门店的销售。星巴克接受新事物的速度较快，其互联网之路从 1998 年就已经逐步展开。

1. 建立网上社区，使线上为线下服务

品途咨询研究发现，星巴克是最早触网的传统餐饮企业之一，早在 1998 年星巴克就上线了官方网站 Starbucks.com，以方便越来越多的网民通过网站来了解星巴克。星巴克 CEO 霍华德·舒尔茨当年更大的一个想法是把星巴克打造成一家通过网络销售咖啡、厨房用品等产品的互联网公司，由于时机不成熟而最后放弃。2000 年舒尔茨卸任 CEO 后，星巴克的互联网之路进展相对缓慢。到 2008 年舒尔茨重新担任 CEO 时，星巴克面临极大的困境，其中一个困境便是星巴克并没有在年轻的互联网消费者中建立如同线下的品牌优势。为此，星巴克在 2008 年 3 月股东大会（也就是舒尔茨重任 CEO 后的第一次股东大会）上发布了其互动网上社区 MyStarBucksIdea.com，以鼓励消费者通过该网站给星巴克提建议。和很多企业把网站仅仅当做门面不同，星巴克切实重视网民的反馈，到 2013 年 3 月 My Starbucks Idea 5 周年时，星巴克共收到了 15 万条意见和建议，其中有 277 条建议被星巴克实施。品途咨询认为，星巴克通过网上

社区鼓励消费者提出建议，并在线下门店做出相应调整，使得星巴克重新回到了快速发展的轨道，也建立了其在年轻消费者心目中的品牌形象。

图 2-32　星巴克消费环境

2. 门店普及免费网络，吸引线下消费者

星巴克把自己定位为客户除工作场所和家庭外的第三空间，为客户尽可能提供便利以增强客户黏性。品途咨询通过搜集历史资料发现，作为为客户提供便利的一项措施，星巴克早在 2001 年就和微软合作，开始在门店里为消费者提供 Wifi 收费网络服务。为提供更好的 Wifi 服务，星巴克一方面是与更好的运营商合作，从 MobileStar 到 T-Mobile，最后在 2008 年选择有覆盖更好的 AT&T 的无线网络服务；另一方面，星巴克逐步把 Wifi 网络改为免费提供，并且逐步放开了使用时长限制。到 2010 年 7 月，星巴克开始在全美提供无需注册、无时长限制的免费 Wifi。

2010 年 10 月 20 日，星巴克正式启动了 Starbucks Digital Network（星巴克数字网络）服务，使顾客在星巴克门店内可以通过免费的 Wifi 网络，免费阅读华尔街日报、纽约时报、今日美国、经济学人等付费内容。品途咨询研究发现，星巴克提供免费线上服务为线下门店吸引并留住了大量顾客，无论从收益还是品牌角度考虑都相当成功。

3. 利用社交网络，高效进行品牌推广

2004 年 Facebook 上线，2005 年 YouTube 成立，2006 年 Twitter 发布，社交化网络时代的到来给传统企业带来机遇的同时也使它们面临巨大挑战。星巴克顺应潮流，在 2005 年 11 月就注册了 YouTube 账号，并组建专门团队运营其 Facebook、Twitter 和 YouTube 账号。凭借线下良好的品牌声誉和线上妥善的运营，星巴克成为各大社交网络上最受网民喜欢的餐饮品牌之一。截至 2013 年 4 月 17 日，星巴克的 YouTube 账号有 17 587 位订阅用户，其视频被观看次数达 749 万次；星巴克的 Facebook 账号共收到过 3 426 万"喜欢"（Like）；而其 Twitter 账号的粉丝数更是高达 365 万人。

除了以上 3 个社交媒体及社交网络外，星巴克也积极利用 Pinterest、Instagarm 和 Google+ 等后起社交网站为自己服务。截至 2013 年 4 月 17 日，星巴克的 Pinterest 有 81 340 个粉丝，远高于其他餐饮企业（同期麦当劳仅有 2 190 个粉丝，肯德基仅有 1 644 个粉丝）；星巴克的 Instagram 账号有 118 万粉丝；而其 Google+账号也有高达 153 万个粉丝。星巴克社交网络图谱

如图 2-33 所示。

图 2-33　星巴克社交网络图谱

　　和传统媒介相比，以 Facebook 和 Twitter 为代表的社交网络和社交媒体能更高效地进行品牌营销推广。品途咨询发现，由于星巴克的大力重视并积极实践，其已经在主流社交网络及社交媒体上建立起非常好的品牌形象，这对于星巴克把品牌形象渗透到年轻用户，为未来进一步发展打下了良好基础。

4. 移动互联网时代积极进行 O2O 探索

　　互联网的一大趋势是社交化，另外一大趋势是移动化。在移动互联网时代来临之际，星巴克也已经做好相关准备并取得了不少成功经验。2009 年前，星巴克为客户提供短信查询附近门店的服务；根据客户在其网上社区 My Starbucks Idea 的建议，2009 年 9 月星巴克正式上线了第一个客户端 myStarbucks，使用户能更快捷地查询到附近店铺及菜单饮品信息。此后，星巴克发布了多款 IOS 和 Android 版的应用，其中 2011 年 11 月发布的 Starbucks Cup Magic APP 和 2012 年 6 月发布 Early Bird APP 属于创意型应用，通过带有乐趣或鼓励的方式进行营销，取得了非常不错的效果。

　　在对 O2O 至关重要的移动支付领域，星巴克的力度和动作更大。2011 年 1 月，星巴克就发布了移动支付的客户端，在第一年里星巴克移动交易额就超过 2 600 万美元；到 2013 年 1 月，共有超过 700 万顾客使用星巴克的移动支付 APP。星巴克另外一个大动作是在 2012 年 8 月向移动支付企业 Square 投资 2 500 万美元；紧接着 2012 年 11 月 7 日，Starbucks 正式在其门店使用 Square 服务。2013 年 1 月初，星巴克在其美国 7 000 多家门店开售 Square 刷卡器，以 10 美元购买激活即送 10 美元余额的方式来进行促销。品途咨询认为，通过自己的技术开发以及和 Square 进行密切合作，星巴克已经在移动支付领域迈出了重要一步，这将为星巴克 O2O 线上线下融合及进行更高效管理提供坚实保障。

（二）星巴克 O2O 实践成功经验总结

　　星巴克积极探索 O2O 道路取得了巨大成就，品途咨询在 2013 年 4 月 16 日发布的文章《美国餐饮企业 O2O 化排行榜》（星巴克居首）里指出，美国餐饮新闻网（NRN）以美国主流的三大社交媒体及社交网络（Facebook、Twitter 和 YouTube）为衡量指标对各大餐饮企业的社交化程度进行了排名，星巴克以 107.09 的总分高居美国餐饮企业社交化排行榜榜首，如图 2-34 所示。

美国餐饮企业社交化排行榜TOP10
（品途咨询：2013.04）

排名	餐饮企业	Facebook评分	Twitter评分	YouTube评分	社交化总分
1	星巴克（Starbucks）	72.34	22.51	12.24	107.09
2	麦当劳（McDonald's）	67.50	14.30	7.02	88.82
3	赛百味（Subway）	48.48	46.89	7.93	73.29
4	塔可钟（Taco Bell）	28.21	12.40	19.51	60.13
5	橄榄园（Olive Garden）	47.95	2.27	2.45	52.67
6	苹果蜂（Applebee's）	41.35	8.80	2.08	52.23
7	奇波特（Chipotle）	22.70	10.85	17.28	50.83
8	布法罗鸡翅（Buffalo Wings）	35.56	8.95	5.28	49.79
9	冰雪皇后（Dairy Queen）	39.26	3.56	6.60	49.43
10	猫头鹰餐厅（Hooters）	25.02	3.71	19.64	48.36

数据来源：The NRN Social 200, 数据截止日期为2013年4月15日。

图 2-34　美国社交化餐饮企业排行

品途咨询在分析星巴克的 O2O 实践时发现，其成功首先依赖于线下建立好的强大品牌优势，星巴克在 40 多年的发展历程中一直坚持给顾客提供最好的咖啡和最佳的服务，其品牌美誉度受到各方高度肯定。其次，星巴克积极主动尝试新事物，敢于用新技术去改造和提升其传统服务。和其他传统企业相比，星巴克的创新意识更强，其领导人直接参与和推动线上线下融合，无论从重视程度还是动作力度上都更为果断。最后，星巴克在利用互联网进行品牌营销和推广方式上也有较多可取之处，具体如下。

星巴克线下已经有大量的用户，所以它在利用互联网进行营销推广时并不是以增加新顾客为第一出发点，而是更加重视维护已有的客户关系。通过互联网和线下已有良好关系的顾客建立新联系，依赖忠实客户在网络上宣传星巴克的理念进行口碑营销，最终达到增加新顾客的目标。同时，星巴克举办线上创意活动（如个性签名饮品），通过星巴克的奖励项目（My Starbucks Rewards）鼓励顾客积极分享，以加大网络传播广度。另外，星巴克一向坚持公益，其在网上推广时注重把品牌营销及公益紧密结合，号召网民参与的同时提高自己的美誉度。最后，星巴克采取全平台营销，而且根据 Facebook、Twitter 和 Pinterest 等平台的不同特点来进行对应的运营及开展有针对性的活动。

到目前为止，星巴克已经建立了官方网站+网络社区+社交媒体三者紧密结合的线上运营思路，2011 年 8 月星巴克还开通了购物网站（starbucksstore.com）。从 O2O 的角度来讲，星巴克的线上部分已经高效承担了品牌营销、产品销售及客户关系管理的三重作用；结合移动互联网的特点，通过在移动支付领域的创新，星巴克的线上和线下已经实现高效融合。

（三）星巴克 O2O 经验对国内餐饮同行的启示

品途咨询研究发现，相比星巴克线上高效承担品牌营销、产品销售及客户关系管理三重作用，中国绝大多数餐饮企业并没有从战略上重视线上的作用，虽然很多中国本土餐饮企业已经开通了相关的社交媒体及社交网络账号，但和国外餐饮企业相比，中国本土餐饮企业利用社交媒体或社交网络的能力还非常弱。品途咨询观察中国 TOP 30 本土餐饮企业的官方微博发现，绝大部分企业的官方微博还处在摆设阶段，粉丝少、微博数量少以及和粉丝沟通少是它们的共同特点。

品途咨询认为，O2O 线上线下结合是未来的趋势，中国本土餐饮企业只有更好地利用互联网，日后才能有机会成为长盛企业。品途咨询建议有实力的本土餐饮企业尽早建立专门团队，统筹企业的线上营销和销售业务；积极学习和适应社交网络及社交媒体，确保企业品牌在各大平台上的正面曝光；坚持创新，以创意结合礼品赠送等形式来加强和线上用户及粉丝的交流，根据线上意见反馈来完善线下服务。

未来几年将是中国餐饮行业转型升级的关键，中国餐饮企业应该积极拥抱变化，尽快用先进的互联网武装自我，找到线上和线下的融合点，以 O2O 思维努力打造企业未来的核心竞争力。

分析：请问星巴克成功的经验是什么？星巴克的成功能给我们什么启示？

【项目总结】

木项目介绍了各种电子商务模式，尤其是主要的 C2C 模式、B2B 模式和 B2C 模式，并补充了相应的阅读材料，以助学生加深了解。通过本项目的学习，要求同学们掌握各种模式的基本概念，能够准确辨别各种电子商务网站的类型，熟悉 C2C 模式、B2B 模式和 B2C 模式的购物流程，并进行亲身体验，了解知名电子商务网站的运作流程。

项目三

电子商务技术基础

 项目情境引入

　　互联网从 1969 年的 ARPAnet（互联网的前身）开始到现在已经发展了整整 44 年。在这将近半个世纪的发展历程中，互联网已经从一个封闭型的网络发展成为一个全世界共享的公共平台。更重要的是，互联网的用途也从一个单纯的保证军事机密安全备份的工具转变成为一个商流、资金流以及信息流飞速流动的虚拟世界，而电子商务就是这个虚拟世界的一部分。电子商务技术其实就是互联网技术中的一部分，是进行安全电子商务应用的保障与基础。因此，学习一些基本的互联网技术以及网页设计技术对于电子商务的学生来讲非常重要。

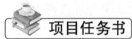 项目任务书

　　项目任务书如表 3-1 所示。

表 3-1　　　　　　　　　　　　　　项目三任务书

任务编号	分项任务	职业能力目标	知识要求	参考课时
任务一	计算机网络基础	认识计算机网络组成原理，了解如何解决一台甚至多台计算机连接网络的问题	1.计算机网络的定义； 2.计算机网络组成与功能； 3.计算机网络的发展； 4.计算机网络的分类； 5.计算机网络拓扑结构； 6.计算机网络协议； 7.计算机网络设备设置	6 课时
任务二	网络协议基础	认识计算机网络协议基础，了解 TCP/IP 协议模型与计算机网络常用协议及其应用	1.OSI 模型； 2.TCP/IP 协议模型； 3.网络 IP 协议	4 课时
职业素养目标		1.利用互联网不断学习新知识、新技术、有一定创新意识； 2.立足本职岗位、明确工作目标、具备良好的动手操作能力； 3.计算机网络工具的使用，保证网络使用过程的安全和合法		

任务一　计算机网络基础

一、任务描述

　　老张的服装生意一直做得不错，在当地也算得上是响当当的"大品牌"，可近年来，由于

受到网络购物的冲击，业务增长速度逐年下降。近段时间老张一直考虑把业务拓展到网上，可让老张发愁的是，公司就一根网线，怎么让公司的 10 台电脑同时上网呢？通过本任务的学习，你能否了解计算机网络的组成原理，并帮助老张把全公司的电脑都高效并低成本地连接上互联网呢？

二、相关知识

1. 计算机网络的定义

最简单的计算机网络就是通过"一根线"把两台计算机连接起来，依托计算机网络协议，实现两台计算机之间的信息共享。这"一根线"一般来讲可以是有形的光缆、电缆、电话线、586a 或 586b 型网线等，也可以是无形的无线信号等。值得注意的是，某些计算机高手甚至可以通过最普通的电线使计算机组成网络。而这根"线"实现的作用其实就像是我们拿一个 U 盘从 A 计算机拷贝一些文件到 B 计算机。因此，从物理功能实现的角度上来讲，计算机网络并不复杂也并不神秘。

随着人们对信息交换的渴望，两台计算机组成的网络越来越不能够满足人们的需求，于是便形成了将地理位置不同的具有独立功能的多台计算机及其外部设备，通过通信线路连接起来，在网络操作系统、网络管理软件及网络通信协议的管理和协调下，实现资源共享和信息传递的计算机系统，即真正意义上的计算机网络。

多台计算机组成的真正意义上的计算机网络表面上是由多个两两组成的计算机网络聚合而成，但实际上，真正意义上的计算机网络却比两台计算机组成的网络要复杂许多。第一，两台计算机组成的网络只需要考虑传输与接收，不需要考虑传给谁的问题。第二，两台计算机组成的网络最多也就只需要两根连接线，成本不会太高，但是，多台计算机组成的网络如果每台计算机都需要两两相连，那么成本就会变得巨大。因此，怎么连接也就成为第二个问题。第三，既然不能两两相连，如何让信息在传输过程中不"塞车"呢？第四，由于真正意义上的计算机网络由无数台计算机组成，几乎无法甄别出哪一些是安全的，哪一些是有潜在威胁的，因此，安全问题也是极其重要的问题之一。

2. 计算机网络的历史

互联网最早起源于美国国防部高级研究计划署（Defense Advanced Research Projects Agency，DARPA）的前身 ARPAnet，该网于 1969 年投入使用。由此，ARPAnet 成为现代计算机网络诞生的标志。

从 20 世纪 60 年代起，计算机网络由 ARPA 提供经费，联合计算机公司和大学共同研制而发展起来的。最初，ARPAnet 主是用于军事研究目的，其指导思想是：网络必须经受得住故障的考验而维持正常的工作，一旦发生战争，当网络的某一部分因遭受攻击而失去工作能力时，网络的其他部分应能维持正常的通信工作。ARPAnet 在技术上的另一个重大贡献是 TCP/IP 协议簇的开发和利用。作为互联网的早期骨干网，ARPAnet 试验并奠定了互联网存在和发展的基础，较好地解决了异种机网络互联的一系列理论和技术问题。

1983 年，ARPAnet 分裂为两部分：ARPAnet 和纯军事用的 MILNET。同时，局域网和广域网的产生和快速发展对互联网的进一步发展起了重要的作用。其中，最引人注目的是美国国家科学基金会 NSF（National Science Foundation）建立的 NSFNet。NSF 在美国建立了按地区划分的计算机广域网，并将这些地区网络和超级计算机中心互联起来。NSFNet 于 1990 年 6 月彻底取代了 ARPAnet 而成为互联网的主干网。

NSFNet 对互联网的最大贡献是使互联网向全社会开放，而不像以前那样仅供计算机研究人员和政府机构使用。1990 年 9 月，由 Merit、IBM 和 MCI 公司联合建立了一个非盈利的组织——先进网络科学公司（Advanced Network &Science Inc.，ANS）。ANS 的目的是建立一个全美范围的 T3 级主干网，它能以 45Mbit/s 的速率传送数据。到 1991 年年底，NSFNet 的全部主干网都与 ANS 提供的 T3 级主干网相联通。

互联网的第二次飞跃归功于互联网的商业化。商业机构一踏入互联网这一陌生领地，很快就发现了它在通信、资料检索、客户服务等方面的巨大潜力，于是世界各地的无数企业纷纷涌入互联网，带来了互联网发展史上的一个新的飞跃。

通过多年的发展，互联网已经基本实现全球覆盖。其中：世界上网速最快的国家是韩国，平均传输速率达到 20.4Mbit/s，日本次之，为 15.8Mbit/s。我国平均传输速率虽然只有 1.774Mbit/s，但我国的互联网覆盖范围及网民人数却都处在世界的最前列，这一点对于互联网发展起步比较晚的我国来讲也是巨大的成绩。全球及全球部分国家互联网普及率的比较如图 3-1 所示。

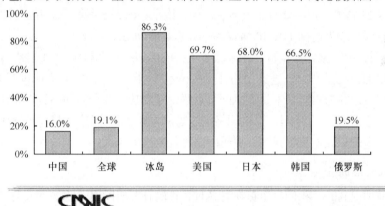

图 3-1　全球部分国家互联网普及率比较

我国的计算机网络发展是从 1986 年开始的。当时，北京市计算机应用技术研究所与德国卡尔斯鲁厄大学（University of Karlsruhe）合作实施的国际联网项目——中国学术网（Chinese Academic Network，CANET）启动。1987 年 9 月，CANET 在北京计算机应用技术研究所内正式建成中国第一个国际互联网电子邮件节点，并于 9 月 14 日发出了中国第一封电子邮件："Across the Great Wall we can reach every corner in the world.（越过长城，走向世界）"，揭开了中国人使用互联网的序幕。这封电子邮件是通过意大利公用分组网 ITAPAC 设在北京的 PAD 机，经由意大利 ITAPAC 和德国 DATEX—P 分组网，实现了和德国卡尔斯鲁厄大学的连接，通信速率最初为 300bit/s。

1988 年年初，中国第一个 X.25 分组交换网 CNPAC 建成，当时覆盖北京、上海、广州、沈阳、西安、武汉、成都、南京、深圳等城市。这一年，我国通过 X.25 分组交换网实现了与加拿大、欧洲以及美国的电子邮件通信。

1989 年 5 月，中国研究网（CRN）通过当时邮电部的 X.25 试验网（CNPAC）实现了与德国研究网（DFN）的互连。CRN 的成员包括：位于北京的电子部第 15 研究所和电子部电子科学研究院、位于成都的电子部第 30 研究所、位于石家庄的电子部第 54 研究所、位于上海的复旦大学和上海交通大学、位于南京的东南大学等单位。CRN 提供符合 X.400（MHS）标准的电子邮件、符合 FTAM 标准的文件传送、符合 X.500 标准的目录服务等功能，并能够通过德国 DFN 的网关与互联网沟通。

1989 年 10 月，国家计委利用世界银行贷款重点学科项目——国内命名为中关村地区教育与科研示范网络、世界银行命名为 National Computing and Networking Facility of China（NCFC）正式立项，11 月，该项目正式启动。NCFC 是由世界银行贷款"重点学科发展项目"中的一个高技术信息基础设施项目，由国家计委、中国科学院、国家自然科学基金会、国家教委配套投资和支持，由中国科学院主持，联合北京大学、清华大学共同实施。当时立项的主要目标就是通过北京大学、清华大学和中科院 3 个单位的合作，搞好 NCFC 主干网和 3 个院校网的建设。

1992 年年底，NCFC 工程的院校网，即中科院院网（CASNET，连接了中关村地区 30 多个研究所及三里河中科院院部）、清华大学校园网（TUNET）和北京大学校园网（PUNET）全部完成建设。

1994 年 4 月初，中美科技合作联委会在美国华盛顿举行。会前，中国科学院副院长胡启恒代表中方向美国国家科学基金会（NSF）重申连入互联网的要求，得到认可。

1994 年 7 月初，由清华大学等 6 所高校建设的"中国教育和科研计算机网"试验网开通，该网络采用 IP/x.25 技术，连接北京、上海、广州、南京和西安 5 所城市，并通过 NCFC 的国际出口与互联网互联，成为运行 TCP/IP 协议的计算机互联网络。

1994 年 8 月，由国家计委投资、国家教委主持的中国教育和科研计算机网（CERNET）正式立项。该项目的目标是利用先进实用的计算机技术和网络通信技术，实现校园间的计算机联网和信息资源共享，并与国际学术计算机网络互联，建立功能齐全的网络管理系统。

从 1986 年到 1994 年，我国计算机网络走过了从无到有、从落后到较为先进的艰难历程，也正是因为这 8 年的积淀才有了我国计算机网络蓬勃发展的今天。

3．计算机网络的分类

就像我们前面提到的，我们身边存在着各种各样的计算机网络，比如意大利 ITAPAC 和德国 DATEX-P 的分组、中国学术网 CANET 等，而我们熟知的互联网只是计算机网络中的一部分而已。一般来讲，计算机网络可以通过以下方式来分类。

（1）按网络覆盖的地理范围分类

1）局域网（Local Area Network，LAN）

局域网是我们最常见的网络之一，例如校园网、企业的内部网络及家庭网络。局域网一般是在方圆几千米内，将各种计算机、外部设备和数据库等互相联接起来组成的计算机通信网。它可以通过数据通信网或专用数据电路，与远方的局域网、数据库或处理中心相连接，构成一个较大范围的信息处理系统。局域网可以实现文件管理、应用软件共享、打印机共享、扫描仪共享、工作组内的日程安排、电子邮件和传真通信服务等功能。局域网严格意义上是封闭型的，它可以由办公室内几台甚至上千上万台计算机组成。决定局域网的主要技术要素为：网络拓扑，传输介质与介质访问控制方法。同时，局域网建网、维护以及扩展等较容易，系统灵活性高。局域网如图 3-2 和图 3-3 所示。

局域网的主要特点如下。

① 覆盖的地理范围较小，只在一个相对独立的局部范围内连接，如一座或集中的建筑群内。

② 使用专门铺设的传输介质进行联网，数据传输速率高（10Mbit/s～10Gbit/s）。

③ 通信延迟时间短，可靠性较高。

④ 局域网可以支持多种传输介质。

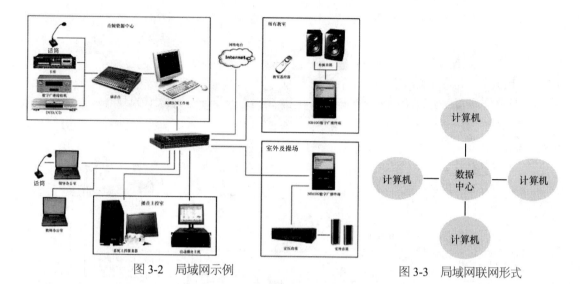

图 3-2　局域网示例　　　　　　　　图 3-3　局域网联网形式

鉴于上述局域网的特点，其在校园实验室、公司内部等场所被广泛应用，这也是我们在校园网打开视频文件速度较快的原因。

2）城域网（Metropolitan Area Network，MAN）

城域网和局域网的组成结构非常相似，属于宽带局域网。由于城域网采用具有有源交换元件的局域网技术，因而网中传输时延较小。城域网的传输媒介主要采用光缆，传输速率在100Mbit/s 以上。MAN 的一个重要用途是用作骨干网，通过它将位于同一城市内不同地点的主机、数据库以及（LAN）等互相联接起来，这与广域网（WAN）的作用有相似之处，但两者在实现方法与性能上有很大差别。城域网如图 3-4 所示。

城域网因为其不同于广域网的构造结构，使其具有了独特的特点，一般来讲，城域网具备以下几种特点。

① 传输速率高。

宽带城域网采用大容量的 Packet Over SDH 传输技术，为高速路由和交换提供传输保障。吉比特以太网技术在宽带城域网中的广泛应用使骨干路由器的端口能高速有效地扩展到分布层交换机上。光纤、网线到用户桌面使数据传输速度达到 100 Mbit/s、1 000 Mbit/s。

② 用户投入少，接入简单。

宽带城域网用户端设备便宜而且普及，可以使用路由器、HUB，甚至普通的网卡。用户只需将光纤、网线进行适当连接，并简单配置用户网卡或路由器的相关参数即可接入宽带城域网。个人用户只要在自己的电脑上安装一块以太网卡，将宽带城域网的接口插入网卡就可以联网了。安装过程和以前的电话一样，只不过网线代替了电话线，电脑代替了电话机。

③ 技术先进、安全。

技术上为用户提供了高度安全的服务保障。宽带城域网在网络中提供了第二层的 VLAN 隔离，使安全性得到保障。由于 VLAN 的安全性，只有在用户局域网内的计算机才能互相访问，非用户局域网内的计算机都无法通过非正常途径访问用户的计算机。如果要从网外访问，则必须通过正常的路由和安全体系。因此，黑客若想利用底层的漏洞进行破坏是不可能的。虚拟拨号的普通用户通过宽带接入服务器上网，经过账号和密码的验证才可以上网，用户可以非常方便地自行控制上网时间和地点。

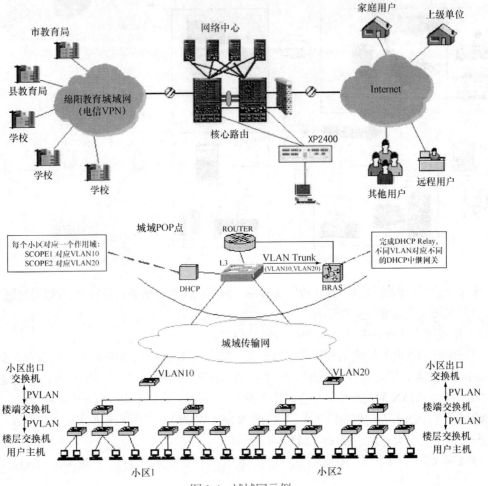

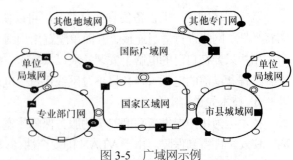

图 3-4　城域网示例

现在，城域网的使用已经十分广泛，比较熟悉的远程医疗、远程教育和远程控制等都有部分是使用的城域网技术。其实，还有 VOD 视频播放以及网络电视（NETTV）也是使用的城域网技术。

3）广域网

广域网覆盖的范围比局域网（LAN）和城域网（MAN）都广。广域网的通信子网主要使用分组交换技术。广域网的通信子网可以利用公用分组交换网、卫星通信网和无线分组交换网，将分布在不同地区的局域网或计算机系统互连起来，达到资源共享的目的。如互联网就是世界范围内最大的广域网。因为广域网的覆盖面积

图 3-5　广域网示例

广，所以广域网必须适应大容量与突发性通信的要求，必须适应综合业务服务的要求，要有开放的设备接口与规范化的协议，要有完善的通信服务与网络管理。广域网如图 3-5 所示。

通常广域网的数据传输速率比局域网低，信号的传播延迟比局域网大得多。广域网的典型速率是从 56 Kbit/s 到 155 Mbit/s，现在已有 622 Mbit/s、2.4 Gbit/s 甚至更高速率的广域网；传播

延迟可从几毫秒到几百毫秒（使用卫星信道时）。

（2）按交换方式分类

1）电路交换网络（Circurt Switching Net）

电路交换（SCN）又称线路交换，是指按照需求建立连接并允许专用这些连接，直至它们被释放这样一个过程。电路交换网络包含一条物理路径，并支持网络连接过程中两个终点间的单连接方式。传统的语音电话服务通过公共交换电话网 PSTN（而不是 IP 语音）实现电路交换过程。电话公司在用户呼叫期间为用户呼叫号码设定一条特定的物理路径，该路径专用于两终点双方间的连接。

电路交换常与分组交换进行比较。其主要不同在于：分组交换的通信线路并不专用于源与目的地间的信息传输。在要求数据按先后顺序且以恒定速率快速传输的情况下，使用电路交换是较为理想的选择。因此，当传输实时数据时，诸如音频和视频，或当服务质量（QOS）要求较高时，通常使用电路交换网络。分组交换在数据传输方面具有更强的效能，可以预防传输过程（如 E-mail 信息和 Web 页面）中的延迟和抖动现象。

2）报文交换网（Message Switching Net）

报文交换不要求在两个通信结点之间建立专用通路，结点把要发送的信息组织成一个数据包——报文，该报文中含有目标结点的地址，完整的报文在网络中一站一站地向前传送。每一个结点都接收整个报文，检查目标结点地址，然后根据网络中的交通情况在适当的时候转发到下一个结点。经过多次的存储——转发，最后到达目标，因而这样的网络称为存储——转发网络，其中的交换结点要有足够大的存储空间（一般是磁盘），用以缓冲收到的长报文。交换结点对各个方向上收到的报文排队，找到下一个转结点，然后再转发出去，这些带来了排队等待延迟。报文交换的优点是不建立专用链路，线路利用率较高，这是由通信中的等待时延换来的。电子邮件系统适合采用报文交换方式。

分组交换仍采用存储转发传输方式，只是将一个长报文先分割为若干个较短的分组，然后把这些分组（携带源、目的地址和编号信息）逐个地发送出去，因此分组交换除了具有报文的优点外，与报文交换相比还具有以下优、缺点。

优点如下所示。

① 加速了数据在网络中的传输。因为分组是逐个传输，可以使后一个分组的存储操作与前一个分组的转发操作并行，这种流水线式传输方式减少了报文的传输时间。此外，传输一个分组所需的缓冲区比传输一份报文所需的缓冲区小得多，这样因缓冲区不足而等待发送的几率及等待的时间也必然少得多。

② 简化了存储管理。因为分组的长度固定，相应的缓冲区的大小也固定，在交换结点中存储器的管理通常被简化为对缓冲区的管理，相对比较容易。

③ 减少了出错概率和重发数据量。因为分组较短，其出错概率必然减少，每次重发的数据量也就大大减少，这样不仅提高了可靠性，也减少了传输时延。

④ 由于分组短小，更适用于采用优先级策略，便于及时传送一些紧急数据，因此对于计算机之间的突发式的数据通信，分组交换显然更为合适。

缺点如下所示。

① 尽管分组交换比报文交换的传输时延少，但仍存在存储转发时延，而且其结点交换机必须具有更强的处理能力。

② 分组交换与报文交换一样，每个分组都要加上源、目的地址和分组编号等信息，使传送

的信息量增大 5%~10%，一定程度上降低了通信效率，增加了处理的时间，使控制复杂，时延增加。

③ 当分组交换采用数据报服务时，可能出现失序、丢失或重复分组，分组到达目的结点时，要对分组按编号进行排序等工作，增加了麻烦。若采用虚电路服务，虽无失序问题，但有呼叫建立、数据传输和虚电路释放 3 个过程。

总之，若传送的数据量很大，且其传送时间远大于呼叫时间，则采用电路交换较为合适；当端到端的通路有很多段的链路组成时，采用分组交换传送数据较为合适。从提高整个网络的信道利用率上看，报文交换和分组交换优于电路交换，其中分组交换比报文交换的时延小，尤其适合于计算机之间的突发式的数据通信。

3）分组交换网（Packet Switching Net，PSN）

分组交换网络技术起源于 20 世纪 60 年代末，技术成熟，规程完备，在世界各国得到广泛应用。我国公用分组交换数据网骨干网于 1993 年 9 月正式开通业务，它是原邮电部建立的第一个公用数据通信网。骨干网建网初期端口容量有 5 800 个，网络覆盖 31 个省会和直辖市。随后，各省相继建立了省内的分组交换数据通信网。该网业务发展速度迅猛，到 1998 年 9 月，用户已超过 10 万。从网络开通业务至今，分组交换网络端口从 5 800 个发展到近 30 万个，网络覆盖面从 31 个城市扩大到通达全国 2 278 个县级以上的城市，与 23 个国家和地区的分组数据网相连，网络规模和技术水平已进入世界先进行列。ChinaPAC 的开通大大方便了金融、政府、跨国企业等客户计算机联网，实现了国内数据通信与国际的接轨，提高了国内企业的综合竞争力，满足了改革开放对数据通信的需求。

分组交换是为适应计算机通信而发展起来的一种先进通信手段，它以 CCITTX.25 建议为基础，可以满足不同速率、不同型号终端与终端、终端与计算机、计算机与计算机间以及局域网间的通信，实现数据库资源共享。分组交换网是数据通信的基础网，利用其网络平台可以开发各种增值业务，如电子信箱、电子数据交换、可视图文、传真存储转发和数据库检索。

分组交换网的突出优点是可以在一条电路上同时开放多条虚电路，为多个用户同时使用，网络具有动态路由功能和先进的误码纠错功能，网络性能最佳。中国公用分组交换数据网是中国电信经营的全国性分组交换数据网，网络已直接覆盖到全部地市和绝大部分县城，通过电话网可以覆盖到电话网通达的所有城市，用户可就近以专线或电话拨号方式入网，使用分组交换业务。

（3）按网络拓扑结构分类

1）星型结构

星型结构网络是用集线器或交换机作为网络的中央节点，网络中的每一台计算机都通过网卡连接到中央节点，计算机之间通过中央节点进行信息交换，各节点呈星状分布而得名，如图 3-6 所示。星型结构是目前在局域网中应用最为普遍的一种，在企业网络中几乎都是采用这一方式。星型网络几乎是 Ethernet（以太网）网络专用。这类网络目前利用最多的传输介质是双绞线，如常见的五类双绞线、超五类双绞线等。

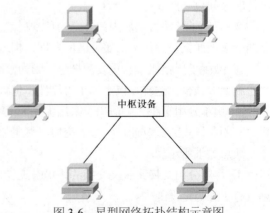

图 3-6 星型网络拓扑结构示意图

星型拓扑结构网络的基本特点有以下几点。

① 容易实现：它所采用的传输介质一般都是采用通用的双绞线，这种传输介质相对来说比较便宜，如目前正品五类双绞线每米也仅 1.5 元左右，而同轴电缆最便宜的每米也要 2.00 元左右，光缆就更不用说了。这种拓扑结构主要应用于 IEEE 802.2、IEEE 802.3 标准的以太局域网中。

② 节点扩展、移动方便：节点扩展时只需要从集线器或交换机等集中设备中拉一条线即可，而要移动一个节点只需要把相应节点设备移到新节点即可，而不会像环型网络那样"牵其一而动全局"。

③ 维护容易：一个节点出现故障不会影响其他节点的连接，可任意拆走故障节点。

④ 采用广播信息传送方式：任何一个节点发送信息在整个网中的节点都可以收到，这在网络方面存在一定的隐患，但在局域网中使用影响不大。

⑤ 网络传输数据快：这一点可以从目前最新的 1 000Mbit/s 到 10Gbit/s 以太网接入速度可以看出。

其实它的主要特点远不止这些，在后面相应内容处还会陆续地补充。

2）树型结构

树型结构是总线型结构的扩展，是在总线网上加上分支形成的，其传输介质可有多条分支，但不形成闭合回路，也可以把它看成是星型结构的叠加。树型结构又称为分级的集中式结构，如图 3-7 所示。

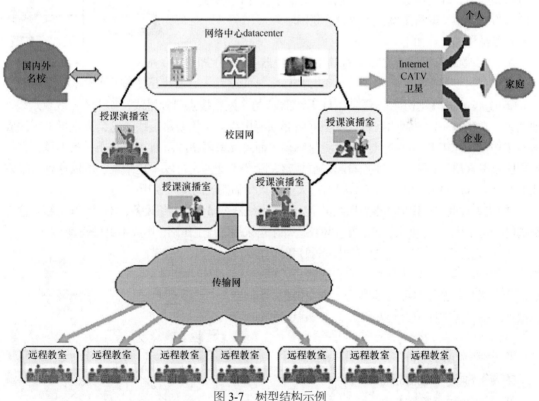

图 3-7 树型结构示例

树型拓扑拥有与众不同的特征，其具有层次结构，是一种分层网，网络的最高层是中央处理机，最低层是终端，其他各层可以是多路转换器、集线器或部门用计算机。树型结构可以对称，联系固定，具有一定的容错能力，一般一个分支和节点的故障不影响另一分支节点的工作，任何一个节点送出的信息都由根接收后重新发送到所有的节点，可以传遍整个传输介质，因而也是广播式网络。著名的互联网也大多采用树型结构。

树型网的优点如下所示。

① 结构比较简单，成本低。

② 网络中任意两个节点之间不产生回路，每个链路都支持双向传输。

③ 网络中节点扩充方便灵活，寻找链路路径比较方便。

树型网的缺点如下所示。

① 除叶节点及其相连的链路外，任何一个工作站或链路产生故障都会影响整个网络系统的正常运行。

② 对根的依赖性太大，如果根发生故障，则全网不能正常工作。因此，这种结构的可靠性问题和星型结构相似。

3）总线型拓扑结构

总线型拓扑结构是指采用单根传输线作为总线，所有工作站都共用一条总线，如图3-8所示。当其中一个工作站发送信息时，该信息将通过总线传到每一个工作站上。工作站在接到信息时，先要分析该信息的目标地址与本地地址是否相同，若相同，则接收该信息；若不相同，则拒绝接收。总线型拓扑结构的优点有电缆长度短，布线容易，便于扩充；其缺点有总线中任一处发生故障将导致整个网络瘫痪，且故障诊断困难。

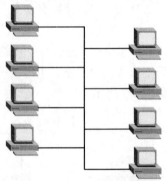

图3-8　总线型拓扑结构示例

总线结构的优点如下。

① 结构简单：网络各接点通过简单的搭线器（T头）即可接入网络，施工类似接电视天线。

② 走线量小：星型网络需要从中心集线器向每个网络接点单独甩线，如果不用线巢走线，地面上经常爬满一捆一捆的网线。星型网络必须要用线巢、接线盒走线，这会大量增加布线成本和工作量，在需要移动接点位置时更是麻烦。而总线型网络的所有接点共用一条电缆，走线量要比星型网络小许多倍，并且看起来很规整，除个别处外，可以不用线巢。所以这种布线方式最适合对网速要求不高、单个房间内有大量接点相临摆放的场所使用。

③ 成本较低：总线型网络因用线量小，无需集线器等昂贵的网络设备，不用线巢、接线盒等结构化布线材料，成本要大大低于星型网络。如果再采用无盘工作站，则成本更加低廉。

④ 扩充灵活：星型网络在增加接点数目时比较困难，如果在网络最初规划时留的空间较小，可能会因为只增加一个接点而必须购买一个交换机；而总线型网络只需增加一段电缆和一个T头就可增加一个接点。

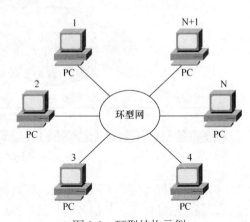

图3-9　环型结构示例

总线结构的缺点如下。

① 最高速度为10Mbit/s。

② 无法应用交换技术。

③ 网络无法采用分层结构。

4）环型网络

环型网络是使用一个连续的环将每台设备连接在一起的，如图3-9所示。环型网络能够保证一台设备上发送的信号可以被环上其他所有的设备都看到。在简单的环型网中，网络中任何部件的损坏都将导致系统出现故障，这样将阻碍整个系统进行正常工作，环型网络主要应用于令牌网中，在该网络结构中各设备是直接通过电缆来串接的，最后形成一个闭环，整个网络发送的信息就是在这个环中传递，通常把这类网络称之为"令牌环网"。

环型结构在 LAN 中使用较多，该结构中的传输媒体从一个端用户到另一个端用户，直到将所有端用户连成环型。环型结构显而易见地消除了端用户通信时对中心系统的依赖性。

环型结构的特点是，每个端用户都与两个相邻的端用户相连，因而存在点到点链路，但总是以单向方式操作，于是便有上游端用户和下游端用户之称。例如，用户 N 是用户 N+1 的上游端用户，N+1 是 N 的下游端用户。如果 N+1 端需将数据发送到 N 端，则几乎要绕环一周才能到达 N 端。环上传输的任何信息都必须穿过所有端点，因此，如果环的某一点断开，环上所有端间的通信便会终止。为克服这种网络拓扑结构的缺点，每个端点除与一个环相连外，还连接到备用环上，当主环故障时，自动转到备用环上。环型网络的一个例子是令牌环局域网，这种网络结构最早由 IBM 推出，但现在被其他厂家采用。在令牌环网络中，拥有"令牌"的设备允许在网络中传输数据，这样可以保证在某一时间内网络中只有一台设备可以传送信息。

环型网络的特点如下所示。

① 网络实现非常简单，投资最小。从图 3-9 中看出，组成该网络除了各工作站就是传输介质——同轴电缆，以及一些连接器材，没有价格昂贵的节点集中设备（如集线器和交换机）。但也正因为这样，所以这种网络所能实现的功能最为简单，仅能当作一般的文件服务模式。

② 传输速度较快。在令牌网中允许有 16Mbit/s 的传输速度，它比普通的 10Mbit/s 以太网要快许多。当然随着以太网的广泛应用和以太网技术的发展，以太网的速度也得到了极大的提高，目前普遍都能提供 100Mbit/s 的网速，远比 16Mbit/s 要高。

③ 维护困难。从其网络结构可以看到，整个网络各节点间是直接串联的，这样任何一个节点出了故障都会造成整个网络的中断、瘫痪，维护起来非常不便。另外，因为同轴电缆所采用的是插针式的接触方式，所以非常容易造成接触不良，从而使网络中断，而且出现问题时查找起来非常困难。

④ 扩展性能差。环型网络的环型结构决定了它的扩展性能远不如星型结构的好，如果要添加或移动节点，就必须中断整个网络，在环的两端做好连接器才能连接。

5）网状网络

网状网络是在网络节点间透过动态路由的方式来进行资料与控制指令的传送的，如图 3-10 所示。这种网络可以保持每个节点间的连线完整，当网络拓扑中有某节点失效或无法服务时，这种架构允许使用"跳跃"的方式形成新的路由后将信息送达目的地。

在网状网络中，所有节点都可与拓扑中的所有节点进行连线而形成一个"局域网路"。网状网络与一般网络架构的差异在于，所有节点可以透过多次跳跃进行数据通信，但它们通常不是移动式装置。网状网络可以视为是一种点对点的架构。移动式点对点网络与网状网络在架构上是非常相似的，只是移动式点对点网络还必须随时更新组态以适应各节点移动的情形。

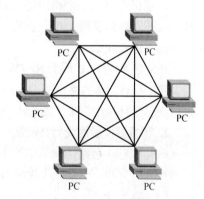

图 3-10　网状结构示例

网状网络有自我调校机制，即使在拓扑中有节点无法服务或过于忙碌，网络还是可以正常运作，因而形成一个高度可信赖的网络架构。网状网络的架构适用于无线网络、有线网络，甚至是软件架构。

4. 计算机网络协议

计算机网络协议是有关计算机网络通信的一整套规则，或者说是为完成计算机网络通信而制订的规则、约定和标准。网络协议由语法、语义和时序3大要素组成。

语法：通信数据和控制信息的结构与格式。

语义：对具体事件应发出何种控制信息，完成何种动作以及做出何种应答。

时序：对事件实现顺序的详细说明。

网络协议是为计算机网络中进行数据交换而建立的规则、标准或约定的集合。例如，网络中一个微机用户和一个大型主机的操作员进行通信，由于这两个数据终端所用字符集不同，因此操作员所输入的命令彼此不认识，为了能进行通信，规定每个终端都要将各自字符集中的字符先变换为标准字符集的字符后才进入网络传送，到达目的终端之后，再变换为该终端字符集的字符。当然，对于不相容终端，除了需变换字符集字符外，其他特性，如显示格式、行长、行数、屏幕滚动方式等也需作相应的变换。

常用网络协议如下。

（1）NETBEUI

NETBEUI 是为 IBM 开发的非路由协议，用于携带 NETBIOS 通信。NETBEUI 缺乏路由和网络层寻址功能，既是其最大的优点，也是其最大的缺点。因为它不需要附加的网络地址和网络层头尾，所以很快并很有效，且适用于只有单个网络或整个环境都桥接起来的小工作组环境。

因为不支持路由，所以 NETBEUI 永远不会成为企业网络的主要协议。NETBEUI 帧中唯一的地址是数据链路层媒体访问控制（MAC）地址，该地址标识了网卡，但没有标识网络。路由器靠网络地址将帧转发到最终目的地，而 NETBEUI 帧完全缺乏该信息。

网桥负责按照数据链路层地址在网络之间转发通信，但是有很多缺点，因为所有的广播通信者必须转发到每个网络中，所以网桥的扩展性不好。NETBEUI 包括广播通信的记数并依赖它解决命名冲突。一般而言，桥接 NETBEUI 网络很少超过 100 台主机。

近年来依赖于第二层交换器的网络变得更为普遍。完全的转换环境降低了网络的利用率，尽管广播仍然转发到网络中的每台主机。事实上，联合使用 100-BASE-T Ethernet，允许转换 NetBIOS 网络扩展到 350 台主机，才能避免广播通信成为严重的问题。

（2）IPX/SPX

IPX 是 NOVELL 用于 NETWARE 客户端/服务器的协议群组，克服了 NETBEUI 的弱点。但是，IPX 具有完全的路由能力，可用于大型企业网，它允许有许多路由网络，包括 32 位网络地址，在单个环境中带来了新的不同弱点。

IPX 的可扩展性受到其高层广播通信和高开销的限制。服务广告协议（Service Advertising Protocol，SAP）将路由网络中的主机数限制为几千。尽管 SAP 的局限性已经被智能路由器和服务器配置所克服，但是，大规模 IPX 网络的管理仍是非常困难的工作。

（3）TCP/IP

每种网络协议都有自己的优点，但是只有 TCP/IP 允许与互联网完全的连接。TCP/IP 是在 20 世纪 60 年代由麻省理工学院和一些商业组织为美国国防部开发的，即便遭到核攻击而破坏了大部分网络，TCP/IP 仍然能够维持有效的通信。ARPAnet 就是基于该协议开发的，并发展成为作为科学家和工程师交流媒体的互联网。

TCP/IP 同时具备了可扩展性和可靠性的需求，不幸的是牺牲了速度和效率（可是 TCP/IP 的开发受到了政府的资助）。

互联网公用化以后，人们开始发现全球网的强大功能。互联网的普遍性是 TCP/IP 至今仍然使用的原因，常常在没有意识到的情况下，用户就在自己的 PC 上安装了 TCP/IP 栈，从而使该网络协议在全球应用最广。

TCP/IP 的 32 位寻址功能方案不足以支持即将加入互联网的主机和网络数，因而可能代替当前实现的标准是 IPv6。

三、任务实施

1. 基本流程

基本流程如图 3-11 所示。

2. 具体步骤

步骤一：连接硬件

将路由器和计算机用网线通过网卡连接起来，形成通路。

步骤二：宽带路由器的设置

在硬件连接完成以后，需要有一台已经与宽带路由器的

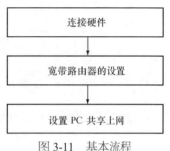

图 3-11　基本流程

LAN 口相连接的 PC（Personal Computer）来进行具体的设置。在设置之前，应该确认这台机器已经装有 TCP/IP 网络协议。本书使用的机器是 Windows XP 操作系统，其他操作系统平台的设置都差不多。下面将介绍如何进行配置。

右键单击"网上邻居"图标，在弹出的快捷键菜单中选择"属性"命令，如图 3-12 所示。

在弹出的"网络连接"窗口中右键单击"本地连接"图标，在弹出的快捷键菜单中选择"属性"命令，如图 3-13 所示。

图 3-12　网上邻居操作示意

图 3-13　本地连接操作示意

这时，在弹出的"本地连接属性"对话框中双击"Internet 协议（TCP/IP）"选项，如图 3-14 所示。

在弹出的 "Internet 协议（TCP/IP）属性" 对话框中选中 "使用下面的 IP 地址" 单选按钮，这时便可以设置这台 PC 的 IP 地址了，如图 3-15 所示。宽带路由器的出厂 IP 地址一般都为 192.168.0.1，所以在配置的时候需要将配置的 PC 设置和宽带路由器在同一个网段当中。这里，我们将这台 PC 的 IP 地址设置为 192.168.0.254，子网掩码 255.255.255.0，默认网关为 192.168.0.1。

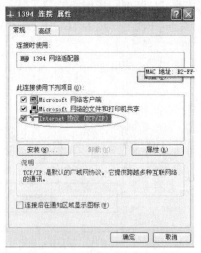

图 3-14　TCP/IP 操作示意

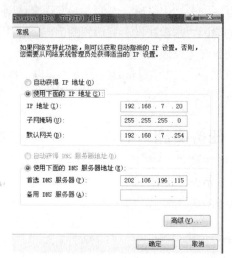

图 3-15　IP 设置

通过以上设置，用户就可以对登录的路由器进行具体的配置工作了。首先双击桌面的 IE 浏览器，在地址栏内输入 192.168.0.1（或 192.168.1.1）的 IP 地址，如图 3-16 所示。

当输入回车时，便可以看到这款路由器的配置界面了。因为是第一次配置，在默认情况下不需要用户名的验证。有些宽带路由器需要用户名的验证如图 3-17 所示，如 TP-LINK 的产品，默认用户名为 Admin，默认密码为空。当遇到需要用户名和密码验证的产品时，用户可以具体查看产品说明书中的用户名和密码相关的内容。

图 3-16　地址栏操作

图 3-17　验证界面

然后单击 "安装向导" 按钮，这时会进入路由器的配置向导界面，单击 "下一步" 按钮继续进行配置。

这时会有一个互联网接入的选项界面，在这个界面里用户可以根据自己使用的宽带线路进行具体的选择，如图 3-18 所示。

接下来还需要选择登录方式。一般电信运营商使用 PPPoE 拨号的方式对用户进行管理，所以这里选中 "ADSL 虚拟拨号（PPPoE）" 单选按钮，然后单击 "下一步" 按钮，如图 3-19 所示。

图 3-18 路由器设置

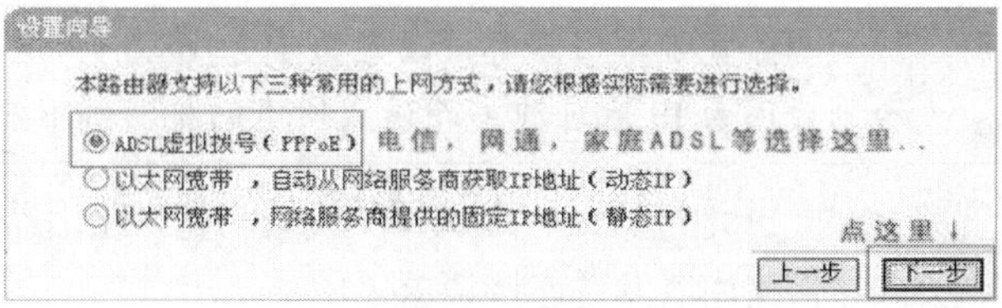

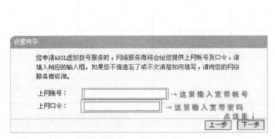

图 3-19 选择上网方式

单击"下一步"按钮后会要求用户进行一些信息的填写。PPPoE 拨号都会有一个用户的验证过程，用户需要将电信运营商提供的信息输入到相应的文本框中，然后单击"下一步"按钮，如图 3-20 所示。

在填写完必要的信息后，路由器会让用户选择 IP 地址类型，大部分用户都是使用电信运营商自动分配的 IP 地址，这里选择第一项完成该配置，如图 3-21 所示。

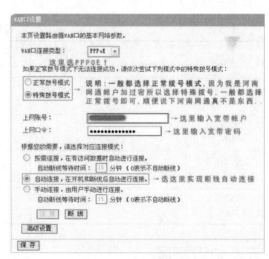

图 3-20 账号、口令输入

图 3-21 上网参数设置

这里介绍了如何利用宽带路由器的配置向导来自动配置，有经验的用户可以根据自己的需要对宽带路由器进行手动配置，建议手动配置前应详细查看其产品的使用说明书。

步骤三：共享 PC 宽带上网

通过步骤二的设置，宽带路由器已经能为需要共享的 PC 提供 NAT 转换功能了，但此时的 PC 还不能上网，因为还需要在客户机上进行一些 TCP/IP 选项的设置。其实，用户可以开启宽带路由器的 DHCP 功能，这样就不需要在 PC 上进行设置便可以自动获得 IP 地址及默认网关、DNS 等信息。但是，由于 DCHP 开启以后会对宽带路由器的性能有很大的影响，所以建议大家使用静态分配 IP 地址的方法以获得更高的性能。

首先，和刚才配置宽带路由器的机器一样，右键单击"网上邻居"图标，在弹出的快捷菜单中选择"属性"命令，在弹出的"网络连接"窗口中右键单击"本地连接"目标，在弹出的快捷菜单中选择"属性"命令，在弹出的"本地连接属性"对话框中双击"Internet 协议（TCP/IP）"选项，在弹出的对话框中依次输入"IP 地址"、"默认网关"、DNS。在局域网中，IP 地址一般使用私有 C 类 IP 地址，这里输入 192.168.0.x，x 表示每台机器都应该是不同的，如 192.168.0.2、192.168.0.3……对于子网掩码，Windows XP 操作系统会根据用户输入的 IP 地址自动生成，建议不要随便修改。

> 一般宽带路由器都被设置为 192.168.0.1，所以客户机就不能使用该 IP 地址了，否则会因为 IP 地址冲突而造成所有的机器都不能共享上网。

设置完 PC 的 IP 地址后，将默认网关设置为宽带路由器的 IP 地址 192.168.0.1，此时 PC 在上网时就会向宽带路由器发送连接请求了。

最后设置 DNS 服务器，这个选项会根据地区和线路供应商的不同而不同，这里输入 202.100.96.68。用户可以根据自己申请的宽带线路进行具体的设置。

通过上述设置，局域网中的 PC 就可以通过宽带路由器进行共享上网了。

四、任务评价

任务评价表如表 3-2 所示。

表 3-2   评价表

项目	学习态度（20%）	团队合作情况（20%）	步骤完成情况（50%）	其他表现（10%）	小计（100%）	综合评价
小组评分（30%）						
个人评分（30%）						
老师评分（40%）						
综合得分（100%）						

五、知识拓展

远程控制计算机

1. 安装软件（双方均安装）

> 要实现远程控制的前提是双方必须都安装软件。首先到网络人官网上下载个人版软件：http://netman123.cn/down/netman.rar。下载完成后解压，里面有办公版及监控版两种，如图 3-22 所示。

双击"Netman 办公版 V5.86"图标，开始安装程序，如图 3-23 所示。安装路径可以默认，也可以自己定。安装非常简单，连续单击"下一步"按钮就可完成。

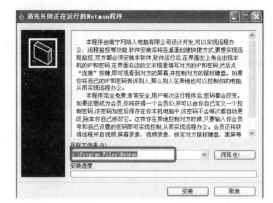

图 3-22　Netman 办公版

图 3-23　Netman 安装

2. 运行软件

安装完成后会在桌面生成一个网络人图标，初次双击该图标，则弹出如图 3-24 所示的对话框。

单击"确定"按钮，则以后一开机网络人即会启动，反之则单击"取消"按钮。设置完成后将弹出"ID 注册选项"对话框，如图 3-25 所示。

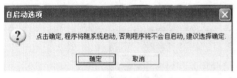

图 3-24　自启动选项

图 3-25　ID 注册选项

单击"确定"按钮，弹出"注册用户"对话框，如图 3-26 所示。

单击"Cancel"按钮，则会直接运行软件，如图 3-27 所示。

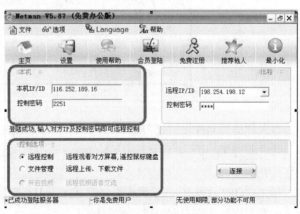

图 3-26　注册用户界面

图 3-27　Netman 界面

如果没有登录会员，软件左边会显示本机的 IP 及控制密码，以后要远程控制本机的时候，只要在远程电脑的软件右侧填写上该 IP 及控制密码，在软件下方"控制选项"栏中选中相应的选项，单击"连接"按钮就可以连接上远程电脑。

但是，直接用 IP 登录有个缺点，就是每次启动软件的时候控制密码都会改变，这样在远程控制起来非常不方便，所以建议使用软件时先注册会员后再登录。

3. 会员注册及登录

如果初次点击软件的时候没有注册会员，可以直接单击软件界面上的"免费注册"按钮进行注册，如图 3-28 所示。

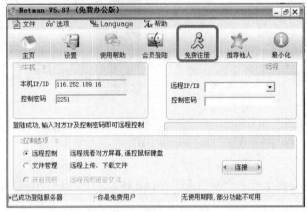

图 3-28　Netman 免费注册

注册成功后，单击"会员登录"按钮，输入已注册会员号和密码，登录会员，如图 3-29 所示。

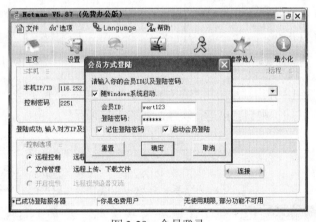

图 3-29　会员登录

登录完成后将弹出"设置控制密码"对话框，进入控制密码设定，如图 3-30 所示（注意：这一步非常重要，因为以后要连接本电脑就要用到这个控制密码，所以最好设置自己比较容易记住的密码）。

单击"OK"按钮后，软件安装就完成了。以后要控制本机，即可在远程电脑上填写本机网络人的账号和控制密码即可进行控制！

例如，若要控制网络人账号为 Netman2 的电脑，则可在软件右侧"远程"栏中填写上账号及控制密码，然后在"控制选项"栏中选中"远程控制远程观看对方屏幕，遥控鼠标键盘"单选按钮，单击"连接"按钮，即可连接到远程电脑的屏幕，如图 3-31 所示。这时用户就可以像操作本机一样操作远程电脑。

图 3-30　设置控制密码

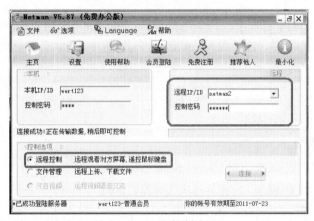

图 3-31　远程控制选项

远程连接屏幕的时候上面会有一个工具栏，将鼠标移动过去可以查看各项的功能。

连接远程"文件管理"的时候，可以将对方电脑上的文件直接拖到自己电脑上，如图 3-32 所示。

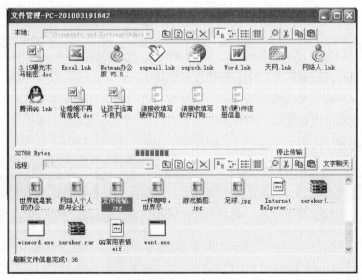

图 3-32　文件管理界面

六、同步拓展

小王家有 4 口人，爸爸、妈妈、妹妹和自己。家中已经通过中国电信的 ADSL 拨号方式上网，但是只有一个上网账号。请按照任务案例中的思路帮助小王使用简易路由器，实现家中 4 台电脑同时上网，并且每次上网都不需要拨号连接。

任务二　网络协议基础

一、任务描述

对于计算机网络的初学者来讲，了解计算机网络的构造是非常重要的，本任务从 OSI 开始，到了解 IP 地址构成循序渐进、层层深入。但是，当面对更加复杂的任务需要捕获或抓取数据包时应该怎么办呢？

二、相关知识

（一）OSI 参考模型

OSI 参考模型是国际标准化组织（International Standards Organization，ISO）制定的模型，它把计算机与计算机之间的通信分成 7 个互相连接的协议层，结构如图 3-33 所示。

7	应用层
6	表示层
5	会话层
4	传输层
3	网络层
2	数据链路层
1	物理层

图 3-33　网络层

1. 物理层（Physical Layer）

最底层是物理层，这一层负责传送比特流，它从第二层数据链路层接收数据帧，并将帧的结构和内容串行发送，即每次发送一个比特。

物理层只能看见 0 和 1，只与电信号技术和光信号技术的物理特征相关。这些特征包括用于传输信号电流的电压、介质类型以及阻抗特征。该层的传输介质是同轴电缆、光纤、双绞线等，有时该层被称为 OSI 参考模型的第 0 层。

物理层可能受到的安全威胁是搭线窃听和监听，可以利用数据加密、数据标签加密、数据标签、流量填充等方法保护物理层的安全。

2. 数据链路层（Data Link Layer）

OSI 参考模型的第二层称为数据链路层，与其他层一样，它肩负两个责任：发送和接收数据。数据链路层还要提供数据有效传输的端到端连接。在发送方，数据链路层负责将指令、数据等包装到帧中，帧是该层的基本结构。帧中包含足够的信息，确保数据可以安全地通过本地局域网到达目的地。

3. 网络层（Network Layer）

网络层的主要功能是完成网络中主机间的报文传输。在广域网中，这包括产生从源端到目的端的路由。

当报文不得不跨越两个或多个网络时，又会产生很多新问题。例如，第二个网络的寻址方法可能不同于第一个网络；第二个网络也可能因为第一个网络的报文太长而无法接收；两个网络使用的协议也可能不同等。网络层必须解决这些问题，使异构网络能够互连。

在单个局域网中，网络层是冗余的，因为报文是直接从一台计算机传送到另一台计算机的。

4. 传输层（Transport Layer）

传输层的主要功能是完成网络中不同主机上的用户进程之间可靠的数据通信。

最好的传输连接是一条无差错的、按顺序传送数据的管道，即传输层链接是真正端到端的。

由于绝大多数主机都支持多用户操作，因而机器上有多道程序，这意味着多条链接将进出于这些主机，因此需要以某种方式区别报文属于哪条连接。识别这些连接的信息可以放入传输层的报文头中。

5. 会话层（Session Layer）

会话层允许不同机器上的用户之间建立会话关系；会话层允许进行类似传输层的普通数据的传送，在某些场合还提供了一些有用的增强型服务；允许用户利用一次会话在远端的分时系统上登录，或者在两台机器间传递文件。

会话层提供的服务之一是管理对话控制。会话层允许信息同时双向传输，或限制只能单向传输。如果属于后者，则类似于物理信道上的半双工模式，会话层将记录此时该轮到哪一方。

一种与对话控制有关的服务是令牌管理（Token Management）。有些协议保证双方不能同时进行同样的操作，这一点很重要。为了管理这些活动，会话层提供了令牌，令牌可以在会话双方之间移动，只有持有令牌的一方可以执行某种操作。

6. 表示层（Presentation Layer）

表示层完成某些特定的功能，这些功能不必由每个用户自己来实现。值得一提的是，表示层以下各层只关心从源端机到目标机可靠地传送比特，而表示层关心的是所传送的信息的语法和语义。

表示层服务的一个典型例子是用一种一致选定的标准方法对数据进行编码。大多数用户程序之间并非交换随机的比特，而是交换诸如人名、日期、货币数量和发票之类的信息，这些对象是用字符串、整型数、浮点数的形式，以及由几种简单类型组成的数据结构来表示。

7. 应用层（Application Layer）

应用层包含大量人们普遍需要的协议。虽然，对于需要通信的不同应用来说，应用层的协议都是必需的。

例如，PC 用户使用仿真终端软件通过网络仿真某个远程主机的终端并使用该远程主机的资源，这个仿真终端程序使用虚拟终端协议将键盘输入的数据传送到主机的操作系统，并接收显示于屏幕的数据。

（二）TCP/IP 协议簇

TCP/IP 协议簇模型和其他网络协议一样，其具有自己的参考模型，用于描述各层的功能。TCP/IP 协议簇参考模型和 OSI 参考模型的比较如图 3-34 所示。

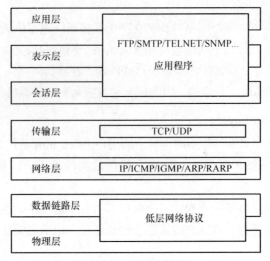

图 3-34　网络层协议

TCP/IP 参考模型实现了 OSI 模型中的所有功能，不同之处是，TCP/IP 参考模型将 OSI 模型的部分层进行了合并。OSI 模型对层的划分更精确，而 TCP/IP 参考模型使用比较宽的层定义。

（三）解剖 TCP/IP 模型

TCP/IP 协议簇包括 4 个功能层：应用层、传输层、网络层及网络接口层，这 4 层概括了相对于 OSI 参考模型中的 7 个协议层。

1. 网络接口层

网络接口层包括用于物理连接、传输的所有功能。OSI 模型把这一层功能分为两层：物理层和数据链路层，TCP/IP 参考模型把这两层合在一起。

2. 网络层（Internet 层）

数据报文必须是可路由的。

3. 传输层

这一层支持的功能包括：为了在网络中传输对应用数据进行分段，执行数学检查来保证所收数据的完整性；为多个应用同时传输数据多路复用数据流（传输和接收），这意味着该层能识别特殊应用，对乱序收到的数据能够进行重新排序。当前的主机到主机层包括两个协议实体：传输控制协议（TCP）和用户数据报协议（UDP）。

4. 应用层

应用层提供远程访问和资源共享，包括 Telnet 服务、FTP 服务、SMTP 服务和 HTTP 服务等，很多其他应用程序驻留并运行在此层，并且依赖于底层的功能。该层是最难保护的一层。TCP/IP 协议簇、OSI 参考模型和 TCP/IP 模型的对应关系，如图 3-35 所示。

（四）网络协议 IP

IP 协议已经成为世界上最重要的网际协议。IP 的功能定义在由 IP 头结构的数据中。IP 是网络层上的主要协议，同时被 TCP 协议和 UDP 协议使用。

TCP/IP 的整个数据报在数据链路层的结构如表 3-3 所示。

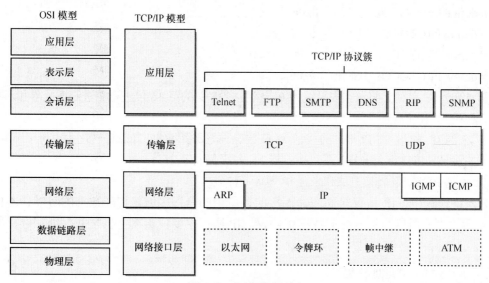

图 3-35　网络分层示意

表 3-3　　　　　　　　　　　　　　TCP/IP 数据报的结构

以太网数据包头	IP 头	TCP/UDP/ICMP/IGMP 头	数据

由 IP 头的结构可以看出, 一条完整数据报由 4 部分组成, 第三部分是该数据报采用的协议, 第四部分是数据报传递的数据内容, 其中 IP 头的结构如表 3-4 所示。

表 3-4　　　　　　　　　　　　　　IP 头的结构

版本（4 位）	头长度（4 位）	服务类型（8 位）	封包总长度（16 位）
封包标识（16 位）		标志（3 位）	片断偏移地址（13 位）
存活时间（8 位）	协议（8 位）	校验和（16 位）	
来源 IP 地址（32 位）			
目的 IP 地址（32 位）			
选项（可选）		填充（可选）	
数据			

IP 头的结构在所有协议中都是固定的, 对表 3-4 的说明如下。

① 字节和数字的存储顺序是从右到左, 依次是从低位到高位, 而网络存储顺序是从左到右, 依次从低位到高位。

② 版本: 占第 1 个字节的高 4 位。头长度: 占第 1 个字节的低 4 位。

③ 服务类型: 前 3 位为优先字段权, 现在已经被忽略, 接着 4 位用来表示最小延迟、最大吞吐量、最高可靠性和最小费用。

④ 封包总长度: 整个 IP 包的长度, 单位为字节。

⑤ 存活时间: 就是封包的生存时间。通常用通过的路由器的个数来衡量, 比如初始值设置为 32, 则每通过一个路由器处理就会被减 1, 当这个值为 0 的时候就会丢掉这个包, 并用 ICMP 消息通知源主机。

⑥ 协议: 定义了数据的协议, 分别为: TCP、UDP、ICMP 和 IGMP。定义为:

```
# define PROTOCOL_TCP      0x06
# define PROTOCOL_UDP      0x11
# define PROTOCOL_ICMP     0x06
# define PROTOCOL_IGMP     0x06
```

⑦ 检验和：首先，将该字段设置为 0，然后将 IP 头的每 16 位进行二进制取反求和，将结果保存在校验和字段。

⑧ 来源 IP 地址：将 IP 地址看成是 32 位数值，需要将网络字节顺序转化为主机字节顺序。转化的方法是：将每 4 个字节首尾互换，将 2、3 字节互换。

⑨ 目的 IP 地址：转换方法和来源 IP 地址一样。

在网络协议中，IP 协议是面向非连接的，所谓的非连接就是传递数据的时候，不检测网络是否连通，所以是不可靠的数据报协议。IP 协议主要负责在主机之间寻址和选择数据包路由。

（五）IPv4 的 IP 地址分类

IPv4 地址在 1981 年 9 月实现标准化。基本的 IP 地址是 8 位为一个单元的 32 位二进制数。为了方便人们的使用，对机器友好的二进制地址转变为人们熟悉的十进制地址。

IP 地址中的每一个 8 位组用 0～255 之间的一个十进制数表示，这些数之间用点（.）隔开，因此，最小的 IPv4 地址值为 0.0.0.0，最大的地址值为 255.255.255.255，然而这两个值是保留的，没有分配给任何系统。

IP 地址分成 5 类：A 类地址、B 类地址、C 类地址、D 类地址和 E 类地址。每一个 IP 地址均包括两部分：网络地址和主机地址，上面 5 类地址对所支持的网络数和主机数有不同的组合，具体如下。

1. A 类地址

一个 A 类 IP 地址仅使用第一个 8 位组表示网络地址，剩下的 3 个 8 位组表示主机地址。A 类地址的第一个位总为 0，这一点在数学上限制了 A 类地址的范围小于 127，因此理论上最多只有 127 个可能的 A 类网络，而 0.0.0.0 地址又没有分配，所以实际上只有 126 个 A 类网络。从技术上讲，127.0.0.0 也是一个 A 类地址，但是它已被保留作闭环（Look Back）测试之用而不能分配给任何一个网络。

A 类地址后面的 24 位表示可能的主机地址，A 类地址的范围从 1.0.0.0 到 126.0.0.0。每一个 A 类地址能支持 16 777 214 个不同的主机地址，这个数是由 2 的 24 次方再减去 2 得到的。减 2 是必要的，因为 IP 把全 0 表示为网络，而全 1 表示网络内的广播地址。

2. B 类地址

设计 B 类地址的目的是支持中到大型的网络。B 类地址范围从 128.1.0.0 到 191.254.0.0，其蕴含的数学逻辑非常简单。

一个 B 类 IP 地址使用两个 8 位组表示网络号，另外两个 8 位组表示主机号。B 类地址的第 1 个 8 位组的前两位总是设置为 1 和 0，剩下的 6 位既可以是 0 也可以是 1，这样就限制其范围小于等于 191，这里的 191 由 128+32+16+8+4 +2+1 得到。

最后的 16 位（两个 8 位组）标识可能的主机地址。每一个 B 类地址能支持 64 534 个唯一的主机地址，这个数由 2 的 16 次方减去 2 得到，B 类网络有 16 382 个。

3. C 类地址

C 类地址用于支持大量的小型网络。这类地址与 A 类地址正好相反：A 类地址使用第一个 8 位组表示网络号，剩下的 3 个表示主机号，而 C 类地址使用 3 个 8 位组表示网络地址，仅用 1 个 8 位组表示主机号。

C 类地址的前 3 位数为 110，前两位和为 192(128+64)，这就形成了 C 类地址空间的下界。第三位等于十进制数 32，这一位为 0 限制了地址空间的上界。不能使用第三位限制了此 8 位组的最大值为 223(255-32=223)。因此，C 类地址范围为 192.0.1.0～223.255.254.0。

最后一个 8 位组用于主机寻址。每一个 C 类地址理论上可支持最大 256 个主机地址（0～255），但是实际上仅有 254 个可用，因为 0 和 255 不是有效的主机地址。C 类地址共有 2 097 150 个。

在 IP 地址中，0 和 255 是保留的主机地址。IP 地址中所有的主机地址为 0 用于标识局域网，全为 1 表示在此网段中的广播地址。

4. D 类地址

D 类地址用于在 IP 网络中的组播（Multicasting）。D 类地址机制仅有有限的用处。一个组播地址是一个唯一的网络地址。它能指导报文到达预定义的 IP 地址组。因此，一台机器可以把数据流同时发送到多个接收端，这比为每个接收端创建一个不同的流有效得多。组播长期以来被认为是 IP 网络最理想的特性，因为它有效地减小了网络流量。

D 类地址空间和其他地址空间一样，有其数学限制，D 类地址的前 4 位恒为 1110，预置前 3 位为 1 意味着 D 类地址开始于 224（128+64+32=224）。第 4 位为 0 意味着 D 类地址的最大值为 239（128+64+32+8+4+2+1=239），因此 D 类地址空间的范围为 224.0.0.0～239.255.2 55.254。

5. E 类地址

E 类地址被定义为研究之用，因此互联网上没有可用的 E 类地址。E 类地址的前 4 位为 1，因此有效的地址范围为 240.0.0.0～255.255.255.255。

（六）子网掩码

子网掩码是用来判断任意两台计算机的 IP 地址是否属于同一子网络的根据。最为简单的理解就是两台计算机各自的 IP 地址与子网掩码进行二进制"与"（AND）运算后，如果得出的结果是相同的，则说明这两台计算机是处于同一个子网络内的，可以进行直接的通信。

例如，计算机 A 的 IP 地址为 192.168.0.1，子网掩码为 255.255.255.0，将它们转化为二进制进行"与"运算，运算过程如表 3-5 所示。

表 3-5	运算过程
IP 地址	11000000.10101000.00000000.00000001
子网掩码	11111111.11111111.11111111.00000000
IP 地址与子网掩码按位"与"运算	11000000.10101000.00000000.00000000
运算的结果转化为十进制	192.168.0.0

三、任务实施

1. 基本流程

基本流程如图 3-36 所示。

图 3-36　基本流程

2．具体步骤

步骤一：下载 Sniffer

现在网络上有很多 Sniffer 的资源可供下载，电驴是个很好的途径。

步骤二：安装 Sniffer

安装 Sniffer，如图 3-37 所示。

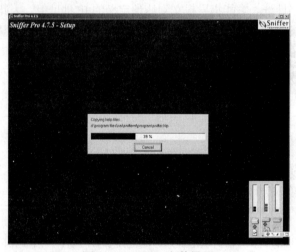

图 3-37　Sniffer 安装界面

步骤三：Sniffer 设置

进入 Sniffer 主界面，抓包之前必须首先设置要抓取数据包的类型，选择"Capture"→"Define Filter"命令，如图 3-38 所示。

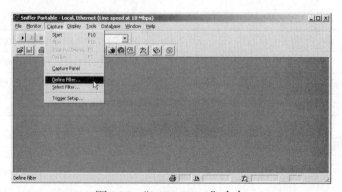

图 3-38　"Define Filter"命令

步骤四：Sniffer 抓取数据包

① 在"Define Filter-Capture"对话框中单击"Address"标签，切换到"Address"选项卡，如图 3-39 所示。在该选项卡中需要修改两个地方：在"Address"下拉列表中选择抓包的类型是"IP"；在 Station1 文本框中输入主机的 IP 地址 172.18.25.110，在与之对应的 Station2 文本框中输入虚拟机的 IP 地址 172.18.25.109。

② 设置完毕后，单击"Advanced"标签，切换到"Advanced"选项卡，拖动滚动条找到 IP 项，选中"IP"和"ICMP"复选框，如图 3-40 所示。

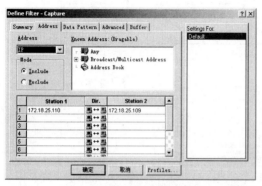

图 3-39　抓包过滤器窗口

图 3-40　勾选 IP

③ 向下拖动滚动条，选中"TCP"和"UDP"复选框，然后再选中"FTP"和"Telnet"复选框，如图 3-41 所示。

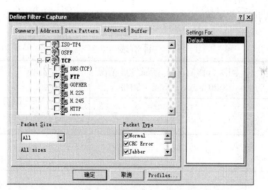

图 3-41　"FTP"和"Telnet"复选框示例

④ 等 Ping 指令执行完毕后，单击工具栏上的"停止并分析"按钮，如图 3-42 所示。

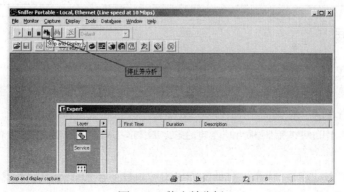

图 3-42　停止并分析

⑤ 在出现的窗口切换到"Decode"选项卡，此时可以看到数据包在两台计算机间的传递过程，如图 3-43 所示。

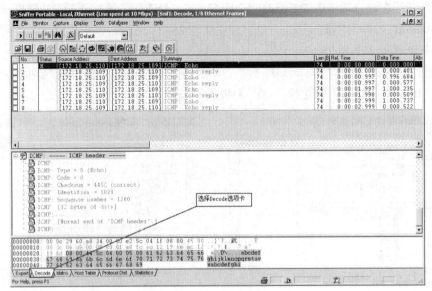

图 3-43　数据传递

四、任务评价

任务评价表如表 3-6 所示。

表 3-6　　　　　　　　　　　　　　　　评价表

项目	学习态度（20%）	团队合作情况（20%）	步骤完成情况（50%）	其他表现（10%）	小计（100%）	综合评价
小组评分（30%）						
个人评分（30%）						
老师评分（40%）						
综合得分（100%）						

五、知识拓展

IP 地址的设置

第一步：右键单击"网上邻居"图标，在弹出的快捷菜单中选择"属性"（如图 3-44 所示）命令，弹出"网络连接"对话框（如图 3-45 所示）。

第二步：在弹出的对话框中双击"本地连接"图标，弹出"本地连接 状态"对话框，如图 3-45 所示。

第三步：在"本地连接 状态"对话框中单击"属性"按钮，弹出"本地连接 属性"对话框，如图 3-46 所示。

图 3-44 网上邻居

图 3-45 本地连接

第四步：在"本地连接 属性"对话框中选中"Internet 协议（TCP/IP）复选框"，单击"属性"按钮，弹出"Internet 协议（TCP/IP）属性"对话框，如图 3-47 所示。

图 3-46 本地连接状态

图 3-47 本地连接属性

第五步：在"Internet 协议（TCP/IP）属性"对话框中设置 IP 地址，如图 3-48 所示。每位用户需要到《学校教职工电脑 IP 地址与电脑及网卡地址对应表》中查询到自己的 IP 地址，将自己的 IP 地址设置进去。例如，自己的 IP 地址为 192.168.192.1，则

　　IP 地址：192.168.196.1

　　子网掩码：255.255.255.0

　　默认网关：192.168.192.10

　　首选 DNS 服务器：202.101.98.55

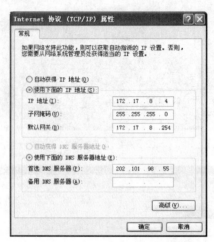

图 3-48　Internet 协议（TCP/IP）属性

第六步：设置完成之后，单击"确定"按钮退出所有对话框即可。

六、同步拓展

请尝试查询任意一位在线 QQ 好友的 IP 地址。

【项目总结】

通过本任务的学习，我们基本了解了计算机网络的逻辑基本构成，以及 OSI 这种网络结构的特点，以及一些基本的网络协议。

电子支付与网上银行

 **项目情境引入**

　　某校电子商务专业的学生小王刚从某县进入大学学习，入校之前就按学校提供的招商银行账号汇入了足额的学杂费和生活费。报到之后，小王领到了一张招商银行校园卡。用这张卡，小王可以查询学籍、学业情况，可以在学校内部的小卖部消费刷卡、借阅图书、就餐、医疗和存取款。小王周末和同学出去逛街，想买一些学校买不到的物品，发现这张卡还可以在商场刷卡消费。原来，这张卡是集磁卡、IC卡于一体的，还可以在学校的自助存取款机上缴电话费、电费和上网费，甚至可以直接把卡里的小额消费款转到不需要密码支付的IC卡电子钱包里。小王还开通了这张卡的网上支付功能，不仅很多东西都可以在网上网购，而且还开了一个个人网店，成了创业一族。在配送货物的时候，小王还可以通过配送人员随身携带的手持卡读写设备刷卡支付物流费用。

　　后来小王还了解到，在沿海发达地区，刷卡结账简直是太普遍了，电视、电话、水电天然气、炒股、交通……几乎所有需要缴费的项目都可以通过刷卡完成。

　　那么，究竟什么是电子支付？它给人们的生活究竟带来了怎样的变化呢？

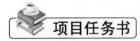 **项目任务书**

　　项目任务书如表4-1所示。

表4-1　　　　　　　　　　　　　　　项目四任务书

任务编号	分项任务	职业能力目标	知识要求	参考课时
任务一	认识电子支付工具	学会使用支付宝购物，学会其他电子支付工具的使用	1.电子支付； 2.网上支付； 3.电子支付工具的类型	4课时
任务二	网上银行的使用	掌握开通个人网上银行技巧，并学会使用网上银行的各种功能	1.网上银行的定义； 2.网上银行的主要模式； 3.网上银行的主要特点； 4.网上银行的功能； 5.网上银行的业务； 6.我国网上银行举例	4课时
职业素养目标		1.利用互联网不断学习新知识、新技术，有一定创新意识； 2.立足本职岗位，明确工作目标，具备良好的动手操作能力； 3.网上支付工具的使用遵循一定的法律法规，保证网上支付过程的安全和合法		

任务一　认识电子支付工具

一、任务描述

小李是电子商务专业大一的新生，从来没有在网上买过东西，看到周边很多同学都在淘宝网上购物，也去淘宝网看了看。他看中了一个东西想买，可苦于没有支付工具。考虑许久，他决定开通支付宝并用支付宝支付这个东西的费用，同时为将来在网上开店作准备。请帮助他完成这个购物的过程。

二、相关知识

1. 电子支付

（1）电子支付的概念

电子支付是指用户通过电子终端，直接或间接向银行业等金融机构发出支付指令，实现货币支付与资金转移的行为。随着互联网的发展，遍布全球的网络已成为电子商务的主要交易场所，因此，电子支付也可以称为网上支付。电子支付与传统支付一样，也有多种多样的形式，如银行卡支付、电子支票、电子现金和微支付等。但是，仅有这些支付工具和网络还不足以支持安全可靠的支付过程，还必须有一个比传统支付更加规范的支付流程，以便约束支付过程中的每一步操作。现在主要的支付协议有 SSL、SET、Digicash、FirstVirtual 和 Netbill，其中最有影响的是 SSL 和 SET。由于人们采用电子化手段代替了以往的纸质单证，所以电子支付对技术基础设施的依赖性更强。

在过去的 20 多年中，大多数工业发达国家都建立了一个或多个全同性的电子支付系统。经过多年的不懈努力，中国国家金融通信网（CNFN）、中国国家现代化支付系统（CNAPS）的建设已初具规模，各商业银行均建立了内部电子汇兑系统和银行卡授权系统，央行的电子联行系统遍及全国大、中城市，银行卡信息交换中心的建设为跨行信息交换和跨行交易创造了有利的条件。

电子支付的发展经历了 5 个阶段，具体如下。

① 银行利用计算机处理银行间的业务，办理结算。

② 银行计算机与其他机构计算机之间的结算，如代发工资等。

③ 利用网络终端向客户提供各项银行业务，如客户在 ATM 机上取款、存款等操作。

④ 利用银行销售点终端（POS）向客户提供自动的扣款服务，此为现阶段电子支付的主要方式。

⑤ 网上支付，即电子支付可随时随地地通过互联网进行直接转账结算，形成电子商务环境。

（2）电子支付的特点

电子支付与传统支付相比具有以下几个特点。

① 电子支付采用现代技术，通过数字流转来完成支付信息传输，支付手段均是数字信息；而传统的方式则是通过现金的流转、票据的转让以及银行的转账等实体形式的变化实现的。

② 电子支付基于开放的系统平台（即互联网），而传统支付则在较为封闭的环境中进行。

③ 电子支付使用最先进的通信手段，因此对软、硬件要求很高；传统支付对于技术要求不

如电子支付高，且多为局域网络，不须联入互联网。

④ 电子支付可以完全突破时间和空间的限制。

2. 网上支付

网上支付又称为网络在线支付，是电子支付的主要形式，是指通过互联网实现的用户与商户、商户与商户之间的在线电子货币支付、资金清算、查询统计等过程。网上支付是完成使用者信息传递和资金转移的过程。

网上支付的种类按广义和狭义分：广义的网上支付包括直接使用网上银行进行的支付和通过第三方支付平台间接使用网上银行进行的支付，如建设银行网上银行系统、交通银行网上银行系统等；而狭义的网上支付仅指通过第三方支付平台实现的支付，如支付宝、快钱等。

3. 电子支付工具的类型

（1）第三方支付

第三方支付就是一些和国内外各大银行签约并具备一定实力和信誉保障的第三方独立机构提供的交易支持平台。在通过第三方支付平台的交易中，买方选购商品后，使用第三方平台提供的账户进行贷款支付，由第三方通知卖家货款到达、进行发货；买方检验物品后，就可以通知付款给卖家，第三方再将款项转至卖家账户。在银行和用户之外由第三方机构提供相关的交易支付服务，即第三方支付。

常见的第三方支付平台有以下几种。

① 易宝（YeePay）。

易宝（北京通融通信息技术有限公司）是专业从事多元化电子支付一站式服务的领跑者。它致力于成为世界一流的电子支付应用和服务提供商，专注于金融增值服务领域，创新并推广多元化、低成本、安全有效的支付服务。在立足于网上支付的同时，易宝不断创新，将互联网、手机、固定电话整合在一个平台上，继短信支付、手机充值之后，首家推出易宝电话支付业务，真正实现离线支付，为更多传统行业搭建了电子支付的高速公路。

易宝具有 3 大特点：易扩展的支付、易保障的支付、易接入的支付。

图 4-1 所示为易宝网站的首页。

图 4-1　易宝网站的首页

② 支付宝（AliPay）。

支付宝（中国）网络技术有限公司是国内领先的独立第三方支付平台，由阿里巴巴集团创办。支付宝致力于为中国电子商务提供"简单、安全、快速"的在线支付解决方案。

支付宝从 2004 年建立开始，始终以"信任"作为产品和服务的核心，不仅从产品上确保用户在线支付的安全，同时让用户通过支付宝在网络间建立起相互的信任，为建立纯净的互联网环境迈出了非常有意义的一步。

图 4-2 所示为支付宝网站的首页。

图 4-2　支付宝网站的首页

支付宝的特点如下所述。

第一，安全。支付宝保障了买卖双方的利益，提高了网上交易的安全性，同时通过免费短信提醒、邮件提醒等方式，及时准确地监督保障用户的资金安全。支付宝安全支付流程图如图 4-3 所示。

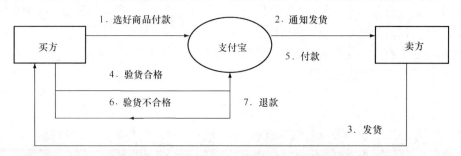

图 4-3　支付宝安全支付流程图

第二，方便。支付宝因其使用的广泛性和良好的信誉，获得了国内各大银行的认可，实现了与银行支付的无缝对接。支付宝与银行间的资金划转实现了实时转入与免费短时延迟提现，给用户提供了极大的方便。

第三，快捷。支付宝交易付款处理能在几秒钟内完成，消费者付款后，支付宝能即时通知卖家付款状况，最大限度地保证了卖家发货的及时性。同时，各企业网站可以将支付宝按钮嵌入本网站、邮件中，企业客户可以快速方便地使用支付宝进行支付。

支付宝提供的主要功能有转账、还款、缴费、贷款、担保、理财等，具体功能如下所示。

即时到账：此功能相当于转账功能，支付宝用户的账户之间可以互相转账。支付宝并不保护此功能，属于支付宝的边缘功能之一。

支付宝储蓄卡：这是建设银行、中国邮政等与支付宝合作推出的储蓄卡服务，卡上标示出支付宝标志，在银行开通相关的服务功能后，即可以在网上直接进行支付宝的操作，而不需要通过网上银行和支付宝实名认证中身份证上传的过程。

充值：将银行卡资金充入支付宝账户。

支付：按支付来源可以选择从网银支付和支付宝余额支付两种，按支付对象可以分为付款到支付宝公司、付款到支付宝账户和直接付款到卖家账户 3 种方式。

提现：将支付宝账户收到的资金提取到银行卡。未消费资金不可以提现。

红包：指购物优惠券，可以抵用购物时的相应数额金额，其资金由提供优惠的商家承担。通常有淘宝现金红包、店铺红包、商品抵价券等。

实名认证：要通过支付宝账户收付资金，必须通过实名认证，分别由个人或商家提供各种真实信息来进行。由个人提供的认证信息包括个人基本信息、身份证信息、银行卡信息；由商家提供的认证信息包括公司基本信息、营业执照、银行账户。

商家工具：其他网站使用支付宝的应用工具等。

支付宝社区：为支付宝用户提供的交流平台。

使用支付宝能轻松地在淘宝网上进行购物，具体的购物流程如图 4-4～图 4-7 所示。

图 4-4　入门须知

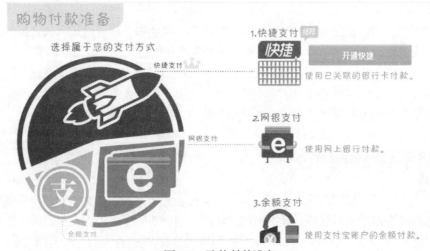

图 4-5　购物付款准备

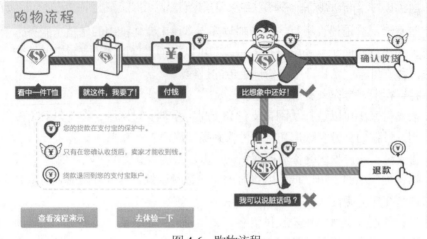

图 4-6　购物流程

图 4-7　交易管理

③ 财付通

财付通是腾讯公司创办的中国领先的在线支付平台，致力于为互联网用户和企业提供安全、便捷、专业的在线支付服务。

随着中国经济的快速发展和网络应用的不断成熟，电子商务产业已进入高速发展阶段。财付通作为在线支付行业的领先者，将为促进电子商务产业的持续发展做出不懈努力。

财付通网站作为功能强大的支付平台，是由中国最早、最大的互联网即时通信软件开发商腾讯公司创办，为最广大的 QQ 用户群提供安全、便捷、简单的在线支付服务，是腾讯公司为促进中国电子商务的发展需要，满足互联网用户价值需求，针对网上交易安全而精心推出的一系列服务。

图 4-8 所示为财付通网站的首页。

④ 快钱

快钱公司（快钱）是国内领先的独立第三方支付企业，旨在为各类企业及个人提供安全、便捷和保密的综合电子支付服务。其推出的支付产品包括不限于人民币支付、外卡支付、神州行支付、代缴/收费业务、VPOS 服务、集团账户管理等众多支付产品，支持互联网、手机、电话和 POS 等多种终端，满足各类企业和个人的不同支付需求。截至 2008 年 6 月 30 日，快钱已

图 4-8　财付通网站的首页

拥有 2 500 万注册用户和逾 15 万商业合作伙伴，并荣获中国信息安全产品测评认证中心颁发的"支付清算系统安全技术保障级一级"认证证书和国际 PCI 安全认证。图 4-9 所示为快钱网站的首页。

图 4-9　快钱网站的首页

（2）电子货币

货币是一种固定充当一般等价物的特殊商品。所谓一般等价物是指任何其他商品的价值都可以用它来衡量；所谓商品是指它可以用来交换。货币的这两个属性决定了它在人类社会经济发展中所起到的重要作用。尤其是当今社会，随着劳动分工的逐步细化、生产越来越趋于专业化，没有商品贸易简直是无法想象的。货币作为贸易的媒介物，沟通整个社会经济运行命脉。

电子货币又称数字货币，它是采用电子技术和通信技术在市场流通的、按照法定货币单位来反映商品价值的信用货币。具体地说，电子货币就是以电子化方式来代替传统金属、纸张等媒体进行资金存储、传送和交易的信用货币。电子货币是近年来产生的一种新鲜事物，是现代经济和科技发展的结果。

（3）信用卡

电子信用卡是由银行发行的，是银行提供电子支付服务的一种手段。信用卡具有购物消费、信用借款、转账结算、汇兑储蓄等多项功能。信用卡可在商场、饭店等许多场合使用，可采用刷卡记账、POS 结账、ATM 提取现金等多种支付方式。

信用卡 20 世纪初起源于美国，它用金属制造，发行对象和使用场所都相当有限。1951 年大来卡问世，形成了现代信用卡的雏形。当时持卡人消费时只要出示卡片，大来卡公司会代付账款，然后再向持卡人收款。这种便利性使得信用卡业务渐渐扩展到饭店、航空公司，发卡机构也从大来卡公司、美国运通公司扩展到各个银行。1965 年，美同商业银行(Bank of America)开始拓展信用卡业务，并在第二年授权给其他银行商标使用。当时所发行的是一种带有蓝、白、金三色图案的 Bank America Card。后来，美国银行进一步将信用卡业务推广到国外，但由于 Bank America Card 的美国色彩过于浓厚，不受外国人欢迎，所以在 1977 年正式更名为 VISA，也是第一张正式的信用卡。目前，在世界上比较有影响的信用卡还有 Master、Diners、American ExPress、JBC。

信用卡在我国的真正发展也不过是近 10 年的事，但发展势头非常迅猛。中国银联是中国人民银行批准的、由多家国内金融机构共同发起设立的股份制金融机构，注册资本 16.5 亿元人民币。公司于 2002 年 3 月 26 日成立，总部设在上海。公司采用先进的信息技术与现代公司经营机制，建立和运营全国银行卡跨行信息交换网络，保证银行卡在全国范围内的联网通用，实现"一卡在手，走遍神州"乃至"走遍世界"的远大目标。

当今市面上使用的信用卡一般是以塑料作为卡基，上面安装存储材料。早期的信用卡以磁性材料为存储介质，称为磁卡。现在的信用卡多以集成电路为存储介质，并具有一定的控制功能，称为 IC 卡。由于这种具有存储功能的卡片使用、携带都很方便，所以，现在它已不局限于信用卡，而在其他形式的电子货币中也得到应用。由于信用卡使用极为方便，人们不断挖掘它的其他用途，随着应用形式的扩张，信用卡的含义也变得更加宽泛。从广义上理解，凡能够为持卡人提供信用证明，提供购物、消费或特定服务支付的特殊卡片均可称为信用卡，包括贷记卡、准贷记卡、借记卡、储蓄卡、ATM 卡、支票卡等；从狭义上理解，信用卡要具备的要素有：能够为持卡人提供信用证明，必须有一定的信用额度，必须支持先消费后付款。

（4）电子现金

电子现金(E-cash)也称为数字现金，是一种以数据形式流通的货币，它把现金数值转换成为一系列的加密序列数，通过这些序列数来表示现实中各种金额的币值。电子现金是能被客户和商家同时接收的，通过互联网购买商品或服务时使用的一种交易媒介。

商务活动中的各方从不同角度对电子现金有不同的要求：客户要求电子现金方便灵活，但同时又要求具有匿名性；商家则要求电子现金具有高度的可靠性，所接收的电子货币必须能兑换成真实的货币；金融机构则要求电子现金只能使用一次，不能被非法使用，不能被伪造。

电子现金是以数字化方式存在的虚拟货币，按照存储载体可以划分成两类：IC 卡上和币值存储在计算机的硬盘上。

任何电子现金系统都必须具备以下 4 个基本特点。

① 货币价值：电子现金背后必须有法定货币、银行认可的信用或银行承认的本票支撑。

② 可交换性：必须可以与其他电子现金、纸币现金、商品或服务、银行账户存款、债券等能够进行自由交换。

③ 可储存和检索性：可以存储在不可变更的专用设备中，以便远程存储和检索，同时该设备应该具有适当界面和显示器，可以通过口令或其他身份鉴别方式确定使用者。电子现金的流通易于追踪，可以在一定程度上防止伪造。

④ 安全性：不能被轻易复制或篡改，只能支付一次，同时具有匿名性，以防止同一笔电子现金的复制和双重使用，并防止销售者收集有关个人的隐私信息。

电子现金支付体系包括三方参与者：消费者、商家和银行。对三方的硬件、软件环境都有一定的要求，需要他们使用同一种电子现金软件，同时，银行和商家之间应有协议和授权的关系。事实上，这一体系中的消费者和商家的关系是对等的，可以实现双向支付。

总部设在荷兰的 Digicash 公司是目前唯一一家在商业上提供真正的电子现金系统的公司，数字设备公司（DEC）也紧随其后。Digicash 公司于 1995 年 10 月开始在美国圣路易 Mark Twain 银行试验一种名为 CyberrBucks 的电子现金系统，目前大约有 50 家互联网厂商和 1 000 名客户使用这种电子现金。据 Mark Twain 银行的高级副行长兼国际市场主管 Frank Trottert 称："第一阶段是零售商业系统，然而真正的潜力在第二阶段，我认为这一阶段将形成一个全球性的面向商业的支付网络。"他还说，用户一直认为电子现金使用起来非常方便。目前使用该系统发布 E-cash 的银行有 10 多家，包括 Mark Twain、Eunet Deutsche、Advance 等世界著名银行。IBM 公司的 Mini-pay 系统提供了另一种 E-cash 模式，该产品使用 RSA 公私密钥数字签名，交易各方的身份认证是通过证书来完成的，电子货币的证书当天有效，该产品主要用于网上的小额交易。

电子现金支付过程的 4 个步骤如下所述。

① 用户在 E-cash 发布银行开立 E-cash 账号，用现金服务器账号预先存入的现金来购买电子现金证书，这些电子现金就有了价值，并被分成若干成包的"硬币"，可以在商业领域中进行流通。

② 使用计算机电子现金终端软件从 E-cash 银行取出一定数量的电子现金存在硬盘上。

③ 用户与同意接收电子现金的厂商洽谈，签订订货合同，使用电子现金支付所购商品的费用。

④接收电子现金的厂商与电子现金发放银行之间进行清算，E-cash 银行将用户购买商品的钱支付给厂商。

（5）电子钱包

电子钱包是一种网上购物的支付工具，是一套办理支付结算的软件系统。电子钱包具有容器的概念，可以装入电子化货币，包括电子现金、信用卡、数字化货币等。目前，世界上比较有影响的电子钱包系统有 Visa Cash、MondeX、MasterCard Cash。电子现金对于消费者而言存在有限的风险，商家是没有风险的，因为消费者预先已经用实物货币兑换了电子现金。

电子钱包（ELectronic Wallet，IEP）是顾客在电子商务购物活动中常用的一种支付工具，是一个让消费者在网络上进行交易及记录交易的计算机软件。在一切认证机构及相关法令有迹可寻时，消费者可以利用电子钱包中的电子安全交易协议（SET），安心地通过互联网使用信用卡进行一切网络交易活动。

电子钱包的功能如下所述。

① 电子安全证书的管理。其包括电子安全证书的申请、存储、删除等。

② 安全电子交易。进行 SET 交易时辨认用户的身份并发送交易信息。

③ 交易记录的保存。保存每一笔交易记录以备日后查询。

在电子商务服务系统中设有电子货币和电子钱包的功能管理模块，叫做电子钱包管理器 (Wallet Administration)，顾客可以用它来改变保密口令或保密方式，用它来查看自己银行账号上的收付往来的电子货币账目、清单和数据。

（6）电子支票

电子支票是采用电子技术完成纸质支票功能的电子货币。它基本包含了纸质支票的全部信息，包括收款方名称、收款方账号、付款方名称、付款方账号、付款金额、日期。另外，电子支票采取特别的安全技术，使用数字证书验证付款人的身份、开户行和账号，利用数字签名作为背书，以保证电子支票的真实性、保密性、完整性和不可抵赖性。

电子支票的应用范围比宽广，既可用于小额支付，也可用于大额支付，所以网络银行和大多数金融机构都建立了电子支票支付系统，以满足银行之间的资金结算，也为用户提供电子支票支付服务。电子支票可以通过电话线或互联网网络传送，银行利用专门的票据交换网络完成交换处理，实现了公共网和现有付款体系的有效连接。另外，收款人、收款银行和付款银行都可以使用公开密钥来验证支票。

电子支票支付系统中的一个关键部件是电子支票簿，常见的形式有智能 IC 卡、PC 卡和掌上电脑。它是通过银行严格审查后发给用户的，其中包含了加密和签名的密钥对、数字证书、PIN 码等重要信息。电子支票薄的主要功能是产生密钥对，对收到的电子支票进行背书，通过 PIN 码实现存取控制。PIN 码分成 3 个级别，对应不同的操作。

一级 PIN 码：允许用户"填写"电子支票，对支票进行数字签名，背书支票，签发进账单等。

二级 PIN 码：允许执行一级 PIN 码的所有功能，并可以对电子支票簿进行管理，包括对证书和公钥的维护、读取签发银行的公钥和信息等。

三级 PIN 码：银行用来做系统初始化，包括初始化密钥对和银行信息等。

电子支票支付体系包括三方参与者：消费者、商家和银行。系统是严格的、完备的，支票和消息的交换通过网络加密传送，利用了数字证书和数字签名技术，需要得到 PKI 的支持。

电子支票交易的过程可分以下几个步骤。

① 消费者和商家达成购销协议并选择使用电子支票支付。

② 消费者通过网络向商家发出电子支票，同时向银行发出付款通知单。

③ 商家通过认证中心对消费者提供的电子支票进行验证，验证无误后将电子支票送交银行索付。

④ 银行在商家索付时通过认证中心对消费者提供的电子支票进行验证，验证无误后即向商家兑付或转账。

（7）智能卡

智能卡最早于 20 世纪 70 年代中期在法国问世，经过 20 多年的发展，现在的智能卡以其存储信息量大、使用范围广、安全性能好而逐渐受到人们的青睐。

智能卡类似信用卡，但卡上不是磁条，而是计算机芯片和小的存储器。该卡可以用来购买产品、服务和存储信息等。

智能卡的结构主要包括以下 3 个部分。

① 建立智能卡的程序编制器。程序编制器在智能卡开发过程中使用，它从智能卡布局的层次描述了卡的初始化和个人化创建所有需要的数据。

② 处理智能卡操作系统的代理。其包括智能卡操作系统和智能卡应用程序接口的附属部分。该代理具有极高的可移植性，它可以集成到芯片卡阅读器设备或个人计算机及客户机服务器系统上。

③ 作为智能卡应用程序接口的代理。该代理是应用程序到智能卡的接口。它帮助对使用不同智能卡代理的管理，并且还向应用程序提供了一个智能 F 类型的独立接口。

由于智能卡内安装了嵌入式微型控制器芯片，因而可储存并处理数据。如消费者的绝对位置、消费者的相对位置以及相对于其他装置和物体的方位、消费者的生理状况和其他生物统计信息、消费者持有货币信息等。卡上的价值受消费者的个人识别码（PIN）保护，因此只有消费者能访问它。多功能的智能卡内嵌入高性能的CPU，并配备独自的基本软件（OS），能够如同个人电脑那样自由地增加和改变功能。这种智能卡还设有"自爆"装置，如果犯罪分子想打开IC卡非法获取信息，卡内软件上的内容将立即自动消失。

三、任务实施

步骤一：注册成为支付宝会员。

① 打开 http://www.alipay.com。

② 单击"免费注册"按钮，单击"个人账户"填写相关信息进行注册，如图4-10所示。

图 4-10　支付宝个人账户信息填写

步骤二：银行开通网上银行卡（任意选择一个银行，办理银行卡，并开通网上银行）。

步骤三：支付宝实名认证，为网上开店做准备。

① 登录支付宝账户，在"我的支付宝"首页单击"申请认证"按钮。

② 进入支付宝实名认证的介绍页面，单击"立即申请"按钮。

③ 仔细阅读支付宝实名认证服务协议后，单击"我已经阅读并同意接受以上协议"按钮，进入支付宝实名认证。

④ 支付宝有两种进行实名认证的方式可选，请选择其中一种：第一，通过"支付宝卡通"来进行实名认证；第二，选择"通过其他方式来进行实名认证"，单击：立即申请"按钮。

⑤ 正确填写身份证件号码及真实姓名，单击"提交"按钮。

⑥ 正确填写"个人信息"和"账户信息"，填写银行账户信息时，如发现填写的个人信息与银行信息不相符，单击"点此更换身份信息"进行修改。如果真实姓名中包含生僻字，在银行开户名下面的文本框中填写银行开户名。

⑦ 核对所填写的"个人信息"和"银行账户"，确认无误点击"确认提交"按钮，保存所填写的信息。

⑧ 认证申请提交成功后，等待支付宝公司提交的银行卡上打入1元以下的金额，并请在2

天后查看银行账户所收到的准确金额，再登录支付宝账户，单击"申请认证"按钮进入输入所收到的金额页面。

⑨ 登录支付宝账户—我的支付宝—单击"申请认证"按钮进入确认汇款金额页面。

⑩ 查看填写的银行卡上收到的具体金额，单击"输入汇款金额"按钮进入输入金额页面。

⑪ 输入收到的准确金额，单击"确定"按钮。注意：只有两次输入的机会，要正确填写收到的准确金额，两次失败后需要重新提交银行账户进行审核。

⑫ 输入的金额正确后，即时审核填写的身份信息。

⑬ 审核通过，即通过支付宝实名认证。

步骤四：网上购物。

① 登录 www.taobao.com，选择要购买的商品，选中后单击"立即购买"按钮。

② 正确填写收货地址、收货人、联系电话，以方便卖家发货后快递公司联系收货人；填写所需的购买数量和检验码；补充完成个人基本信息，单击"确认无误，购买"按钮继续。

③ 选择支付宝账户余额支付，输入支付宝账户支付密码，单击"确认无误，付款"按钮，如支付宝账户无余额可以选择网上银行支付。

④支付宝账户余额支付付款成功，单击"我的支付宝"按钮查看交易状态。

步骤五：支付宝放款。

① 输入支付宝账户的支付密码，单击"同意付款"按钮付款给卖家。

② 弹出提示框确认是否真的收到货物，如未收到货请千万不要单击"确定"按钮，不然可能会钱货两空，收到货请单击"确定"按钮付款给卖家。

③ 成功付款给卖家。

四、任务评价

任务评价表如表 4-2 所示。

表 4-2　　　　　　　　　　　　　　　评价表

项目	学习态度（20%）	团队合作情况（20%）	步骤完成情况（50%）	其他表现（10%）	小计（100%）	综合评价
小组评分（30%）						
个人评分（30%）						
老师评分（40%）						
综合得分（100%）						

五、知识拓展

阅读材料

汇付天下的基本功能

1. 基本情况

汇付天下是一个独立第三方支付平台，起步于 2006 年，是以拓展新兴支付渠道为主，提供专业化支付服务的电子支付公司。汇付天下与国内商业银行紧密合作设计推出的新型金融支付交易产品，可以满足企业和个人在全国范围内跨地区、跨银行的汇款需求，更为特别的是，汇付天下不但提供标准的电子支付产品，还可为每家客户量身定制个性化的服务。汇付天下利用领先的技术为企业和个人用户提供了科学的、快捷的、安全的解决方案，推出了网上支付、跨行汇款、个人理财等产品及应用。

2. 功能结构

（1）网站结构外观

汇付天下的网页最上层是导航条，方便用户根据自己的要求查询。在左边是快速链接区，包括公司公告、联网银行、支付说明、在线申请等的分类，在右边是企业的承诺宗旨、客服热线以及与公司相关广告的介绍，中间主要是介绍新闻和公告内容。

（2）栏目设计的特点

① 一站式链接：一站式连接国内多家商业银行和金融机构，实现跨银行、跨地区的在线实时支付银行覆盖面广，支持国内众多商业银行发行的借记卡及信用卡，资金清算快捷。

② 交易功能：支持跨银行、跨地区的实时在线支付，提供联机对账功能，确保商户收到交易成功应答，提供在线退款功能。

③ 查询功能：交易明细查询，商户可按照交易日期、交易类型和交易结果等选项进行查询；交易报表生成，商户可以按天、周、月生成并显示相关交易报表；交易明细下载，商户可在商户控台上下载其任一天或几天的交易明细；交易数据保留，商户可在线查询 1 年内的交易明细，所有交易明细永久保留。

④ 结算功能：每天为商户结算交易款项；商户可在线提交退款请求；自动处理结算及退款信息。

⑤ 安全机制：天天付服务器采用 Verisign 证书，客户的信息通过加密的通道送达服务器。商户端安装有天天付的客户端插件，信息的传递都通过证书签名，具有不可抵赖性。天天付连接的所有的网上银行都有相应的安全措施，如加密控件、附加码、手机验证、网银密码和 ATM 密码分开等。天天付平台除了保留客户的订单号和金额之外，不保留任何的私有信息和银行卡信息。

六、同步拓展

1. 上网搜索我国目前流行的电子货币的种类有哪些？
2. 选择一种电子支付工具，完成一次网上购物和支付过程，并记录该过程。

任务二　网上银行的使用

一、任务描述

小王打算开一家网上商店，正在做开店前的准备工作，其中重要的一个环节是支付，支付的安全问题也是值得考虑的一个问题。他从来没有开通和使用过网上银行，有朋友向他推荐了招商银行、工商银行和交通银行，他现在面临的一个问题是，到底选择哪家银行的网上银行，请帮其比较这三家银行的网上银行。

二、相关知识

1. 网上银行的定义

网上银行（Internet Bank）特指基于互联网的分布式、多平台的虚拟银行，是计算机技术、现代通信技术，特别是互联网蓬勃发展的成果，也是银行为迎合电子商务发展的必然结果。它把银行业务带入了超越时空限制的全新时代，是网络经济最重要的特征之一，也是电子支付体系中重要的组成部分。

网上银行又称为网络银行、在线银行，它通过互联网向用户提供全方位、全天候、便捷、实时的金融服务，它几乎可以支持与传统银行相同的各种业务。

2. 网上银行的主要模式

① 传统银行建立的网上银行。这种模式是传统实体银行在互联网上开通的可以进行业务处理的本银行网站，用户可以通过下载网银软件或直接在网上登录两种方式，进入网上银行处理个人或企业相关业务，同时，传统银行柜台交易也可以提供同样的服务项目。中国银行是第一个在网上建立网站的银行，但当时仅仅是将银行信息发布到互联网，没有业务处理功能。真正意义上的第一家功能性网上银行是由招商银行建立的。

② 不存在实体银行的虚拟网上电子银行。这种模式是全部业务都在网上处理的专业虚拟银行网站，仅向用户提供虚拟银行网址，用户从该网址登录进入银行主页，在提示或指引下处理全部银行业务。目前运行比较成功的电子银行有美国安全网络第一银行。

3. 网上银行的主要特点

网上银行相对于传统银行具有越来越多的优势，并且具备了越来越多的集成业务优势，虽然尚未完全替代传统银行处理所有的业务，但网上银行的发展势头越来越迅猛，也体现出优于传统银行的诸多特点，具体如下。

① 业务处理基于互联网的超越时空性。网上银行的绝大多数业务办理是不受时间和地域限制的。基于互联网的 7×24 特性，网银传统业务，诸如查询、转账、购物支付、借贷等，可以在一天 24 小时的任意时间进行。部分业务因为相关业务经营者的时间限制，才受到一定约束，如证券交易，受证券交易所的交易时间限制，只能够在开市时进行买卖结算。这部分交易并不属于银行传统业务交易，而是网上银行集成了多种功能的一种业务扩展方式。

② 方便性。很多过去必须到传统银行柜台办理的业务，现在只需要在任意有网络的地方，通过计算机用账号密码登录网上银行主页即可办理。

③ 个性化服务。网上银行可以在低成本条件下满足为不同客户提供高质量个性化服务的需要，客户可以根据个人兴趣，选择所需的服务项目，组合银行产品信息，并据此作出个人理财分析和决策。

④ 成本低。网上银行的开通分流了银行业务处理的时间段和资金划拨的繁杂手续，提高结算工作效率的同时却没有增加多少相应的成本。网银处理基本上是利用公共网络和银行现有的金融工具及硬件设备，几乎没有增加额外的费用，诸如场地费、工作人员薪金、水电照明等费用，大大降低了分摊到网银处理过程中的成本。

⑤ 业务范围广阔。除了传统的银行业务，网上银行因其便利性已经成为多功能金融处理工具，凡是与银行结算业务联系紧密的其他经营性金融业务，都纷纷与银行合作，成为可以在网银界面操作的一部分功能业务。现在的网上银行集股票、债券、基金、保险、消费等功能为一体，足不出户即可轻松处理与企业或个人密切相关的经济结算活动。

⑥ 赢利结构多元化。因银行业务范围的扩展，银行的盈利已经不仅是传统的资金利差，而是多渠道、多元化的立体盈利来源。银行在为客户提供商业信息的同时，自己也成为信息提供的受益者。

⑦ 货币形式发生了本质变化。网上银行的流通货币主要是电子货币，不仅节约了使用传统货币或支票所应承担的流通成本，而且减少了资金的滞留和沉淀，加速了资金周转，提高了资本运营效益。同时，电子货币流通的可追踪性能够为统计、税收提供便利。

4. 网上银行的功能

① 储蓄。网上银行的储蓄功能通常是以个人银行为个人客户提供家庭式金融服务为主，包括开户、个人资金收付、修改密码、挂失等。

② 账户查询。为个人客户或企业用户提供个人或企业集团财务状况查询服务，如查询账户余额、历史交易记录、查阅本企业或下属企业账户及资金往来情况、企业内部资金划转情况、账户管理、工资收付、支票开立或挂失、打印企业财务报表情况、网上支付及转账情况等。

③ 转账汇款。通常分为账户内转账、同城同行转账、同城异行转账、异地同行转账/汇款、异地异行转账/汇款、电子票据汇兑、银行账户与证券账户之间转账等。通常根据不同业务收取不等金额的手续费。

④ 电子支付。这里电子支付特指购物消费数字现金支付、电子支票、智能卡支付、代付或代收费以及企业资金支付等。

⑤ 国际结算。如国际收支的网上申报、境外收入和支出等。通常企业用户可以向银行总行申请办理独立的国际结算账户收支。

⑥ 信贷。如信贷利息查询、个人小额抵押贷款业务或企业信贷等，银行根据用户信用记录决定是否借贷。

⑦ 理财服务。属于银行与其他金融业务经营机构合作推出的各种理财服务项目，通过银行账户进行结算，如证券、基金、期货、外汇、保险等，这部分业务目前越来越成为银行盈利的主要来源。

5. 网上银行的业务

现在的传统银行基本都开设了网上银行的服务，不同银行的网上银行业务不同，但总的来说可以分为以下 3 类。

（1）企业网上银行业务

企业网上银行业务主要面向大中型公司和具有法人身份的政府机构和其他组织，为它们提供大额资金转账。企业银行主要提供以下几项业务。

① 资金管理：包括资金回收、资金流向侦测、资金控管、账务管理和资金调拨等。

② 财务管理：包括股票承保、发行公债、财务计划和信用分析等。

③ 商务管理：包括信用证、押汇和托收等。

④ 客户服务：包括国内外存款、国内外放款、提供信息和代发工资等。

⑤ 办公室管理。

⑥ 投资银行业务服务：包括投资经纪人、合并或购买公司、市场经营等。

⑦ 集团服务：包括总公司对分公司账户余额、明细和相关信息查询，总公司和分公司之间的资金划转等。

（2）个人网上银行业务

个人网上银行是指银行通过互联网，为个人客户提供账户查询、转账汇款、投资理财、在线支付等金融服务的网上银行服务，使客户可以足不出户就能够安全、便捷地管理活期和定期存款、支票、信用卡及个人投资等。个人网上银行客户分为注册客户和非注册客户两大类。注册客户按照注册方式分为柜面注册客户和自助注册客户，按是否申领证书分为证书客户和无证书客户。可以说，个人网上银行是在互联网上的虚拟银行柜台。个人网上银行业务主要有以下几种业务。

① 信息检索：如相关的金融信息、银行新产品信息、股票、债券行情等。

② 交易：如网上购物、转账、贷款、网上交纳各种费用、网上证券交易等。

③ 电子通信：如银行与客户之间的意见交流、银行提供的证券分析等。

④ 计算理财：网上个人银行可利用银行计算机多余的能力，为客户提供数据计算的服务，如做抵押/贷款支付计算、预估税负等。

⑤ 其他服务：如账户挂失、个人资料修改、密码修改等。

（3）网上支付业务

网上支付是基于电子支付的基础上发展起来的，是电子支付的一个最新发展阶段。与传统支付方式相比，网上支付具有以下特点。

① 网上支付是采用先进的技术，通过数字流转来完成信息传输的，其各种支付方式都是采用数字化的方式进行的；而传统支付方式则是通过现金的流转、票据的转让及银行的汇兑等物理实体的流转来完成的。

② 网上支付的工作环境是基于一个开放的系统平台，而传统的支付则是在较为封闭的系统中运作。

③ 网上支付使用的是最先进的通信手段，如互联网、外联网，而传统的支付方式使用的则是传统的通信媒介。网上支付对软、硬件设施的要求较高，一般要求有联网的计算机、相关的软件及其他一些配套设施，而传统的支付没有这么高的要求。

④ 网上支付具有方便、快捷、高效、经济的优势。用户只要拥有一台可上网的 PC，便可足不出户，在很短的时间内完成整个支付过程。支付费用也只相当于传统支付的几十分之一甚至更低。同时，网上支付也突破了时间和空间的限制，全天 24 小时都可以进行，传统支付没办法达到这种效率。

6. 我国网上银行举例

随着电子商务的发展，网上银行在电子支付中也越来越重要，现在传统的银行基本都开通了网上银行服务。

（1）中国工商银行

中国工商银行成立于 1984 年，是中国五大银行之首，世界五百强企业之一，拥有中国最大的客户群，是中国最大的商业银行。中国工商银行由自助银行、电话银行、手机银行和网上银行构成的电子银行立体服务体系日益成熟，电子银行业务交易额迅速增长，由 2000 年的 1.93 万亿元发展到 2004 年的 38.4 万亿元，增长了 20 倍。2004 年电子银行业务收入 2.35 亿元，在线支付交易额 57 亿元，是国内最大的电子商务在线支付服务提供商。2010 年 7 月 16 日，工商银行电子银行中心（合肥）在安徽省合肥市正式投入运营，全面开始为中国南方地区的客户提供全方位的电话银行人工座席服务。从资产总额看，截至 2012 年年末，工行总资产规模达到 17.5 万亿元，是全球资产规模第一的银行。从资本实力上看，截至 2012 年年末，工行核心资本总额达到 1.04 万亿元，是全球核心资本最多的银行。从存款总额上看，截至 2012 年年末，工行各项存款余额达到 14.88 万亿元，稳居全球第一存款银行地位。从公司市值上看，2012 年年末，工行的市值为 2 364 亿美元，连续第五年蝉联全球市值最大银行。工行的电子银行业务包括个人网上银行、企业网上银行、手机银行和电话银行业务。个人网上银行的品牌为"金融@家"，主要提供账户查询、转账汇款、捐款、买卖基金、国债、黄金、外汇、理财产品、代理缴费等功能服务；企业网上银行业务功能分为基本功能和特定功能，为企业提供账户查询、转账结算、在线支付等金融服务的渠道。图 4-11 所示为中国工商银行网站首页。

图 4-11 中国工商银行网站首页

（2）中国银行

1996 年，我国有了第一家上网银行——中国银行。中国银行是五大国有商业银行之一，旗下有中银香港、中银国际、中银保险等控股金融机构，在全球范围内为个人和公司客户提供全面和优质的金融服务。2011 年，国际金融监督和咨询机构金融稳定理事会在法国戛纳发布全球 29 家具有系统性影响力的银行名单，中国银行成为中国乃至新兴经济体国家和地区中唯一入选的机构。中国银行整合清算资源，在中国内地首家推出融海外分行与代理行服务于一体的系列支付产品"全额到账"、"台湾汇款"、"优先汇款"、"特殊汇款服务"，实现海外行与代理行业务共同发展，最大限度扩展了产品的覆盖面，填补了市场空白。它的电子银行业务包括个人网上银行、企业网上银行、手机银行和电话银行服务。个人网上银行包括查询服务、转账汇款、公共服务缴费、投资理财等服务；企业网上银行包括账户管理、转账汇款、代收代付、汇票服务等服务。图 4-12 所示为中国银行网站首页。

（3）招商银行

招商银行成立于 1987 年 4 月 8 日，总行设在深圳，是我国第一家完全由企业法人持股的股份制商业银行。1997 年 4 月，招商银行开通了自己的网站，建成了国内第一个银行数据库。1999 年 9 月，在国内首家全面启动网上银行—— 一网通，即通过互联网将客户的计算机终端连接至银行，实现将银行服务直接送到客户办公室或家中的服务系统。经过几年的快速发展，招商银行相继推出了几大块的业务，构建起由企业银行、个人银行、网上证券、网上商城、网上支付组

图 4-12　中国银行网站首页

成的功能较为完善的网络银行服务体系。2003 年 6 月，"一网通"作为中国电子商务和网上银行的代表，登上了被誉为国际信息技术应用领域奥斯卡的 CHP 大奖的领奖台，这是中国企业首次获此殊荣。继"一卡通"、"一网通"后，招商银行又推出了"手机银行"、IP 长途电话、自助贷款、外汇实盘买卖、移动支付、酒店预订和证券买卖等业务。招商银行网上企业银行业务包括网上自助贷款、网上委托贷款、网上全国代理收付、个性化财务授权管理等；网上个人银行业务包括个人银行大众版和个人银行专业版。图 4-13 所示为招商银行网站首页。

图 4-13　招商银行网站首页

（4）中国农业银行

中国农业银行是国际化公众持股的大型上市银行，中国四大银行之一。中国农业银行最初成立于 1951 年，是新中国成立的第一家国有商业银行，也是中国金融体系的重要组成部分，总行设在北京。英国《银行家》杂志发布"2012 年全球银行品牌 500 强排行榜"，农业银行以 99.29 亿美元的品牌价值位居全球第 18 位。中国农业银行的电子银行业务包括个人网银、企业网银、电话银行、掌上银行等服务。个人网上银行网点注册客户可享受账户信息查询、转账交易、漫游汇款、贷记卡还款、网上缴费、理财服务、信息管理、网上外汇宝、电子工资单查询等服务；个人网银具有全面账户管理、资金任我调度、全方位安全保障等特点。企业网上银行是中国农业银行依托网络技术，根据企业客户的多样化需求推出的网上自助服务系统，分为智博版、智锐版、智信版 3 个版本。通过企业网上银行，客户可以强化企业的财务管理，缩短日常业务办理时间，提高企业资金营运效率，节约企业运营成本，实现企业财富的不断增值。图 4-14 所示为中国农业银行网站首页。

图 4-14　中国农业银行网站首页

7. 网上银行购物举例

开通网上银行需携带本人有效身份证件和银行卡到银行营业网点办理开通网银手续，在个人电脑上进行相应设置后，在登录页面登录网上银行，如图 4-15 所示，即可操作。以下是网络购物中使用工商银行网银进行支付的过程。

① 选择要购买的商品，单击加入购物车按钮，如图 4-15 所示。

图 4-15　选择商品

② 填写相关信息，单击"登录并结账"按钮，如图 4-16 所示。

图 4-16　登录并结账

③ 买家核实购买信息，如图 4-17 所示。

图 4-17　核实商品信息

④ 确认商品价格，选择银行，如图 4-18 所示。

图 4-18　选择银行

⑤ 确认金额和所选择的银行，如图 4-19 所示。

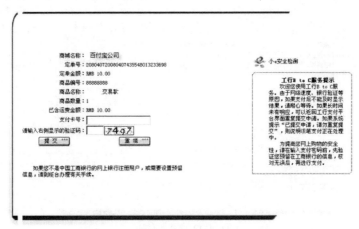

图 4-19　确认银行

⑥ 页面跳转到工行的网上银行，输入卡号和密码，如图 4-20 所示。

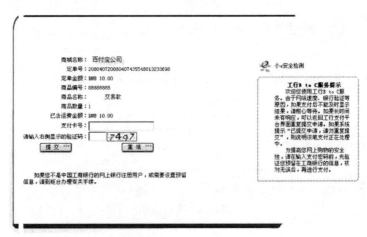

图 4-20　进入网上银行

⑦ 显示在工行的预留信息，如图 4-21 所示。

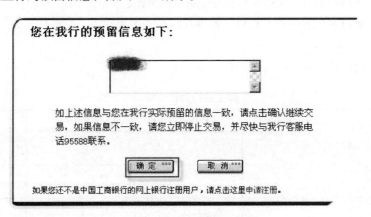

图 4-21　确认预留信息

⑧ 输入"工行口令卡密码"和网银密码，如图 4-22 所示。

图 4-22　输入密码

⑨ 支付成功，如图 4-23 所示。

图 4-23　支付成功

三、任务实施

步骤一：打开招商银行、工商银行和交通银行的网站。

步骤二：了解每家银行的网上银行（调查其开通的主要程序，掌握其主要功能，了解其主要的安全策略）。

步骤三：分析总结，并填写表 4-3 中。

表 4-3　　　　　　　　　　　　　　网上银行对比分析

序号	网上银行	主要开通程序	主要功能	安全策略
1				
2				
3				
调研结论				

四、任务评价

任务评价表如表 4-4 所示。

表 4-4   评价表

项目	学习态度 （20%）	团队合作情况 （20%）	步骤完成情况 （50%）	其他表现 （10%）	小计 （100%）	综合评价
小组评分 （30%）						
个人评分 （30%）						
老师评分 （40%）						
综合得分 （100%）						

五、知识拓展

阅读材料

网上银行——方便与风险并存

近年来，网上银行的出现帮助人们解决了在银行窗口前排队办理业务的问题，人们即使足不出户也可以轻松实现银行业务办理。据不完全统计，目前 80% 的网民都有使用网银的习惯。网上银行的出现虽然让办理银行业务更方便、快捷，但是网上银行的安全问题也深受人们的关注。相信多数网银用户对于如何正确操作网银也只是一知半解，这样长此发展就无法保证拥有一个安全的环境来进行网银交易，那么人们到底该如何保护网银安全呢？

第一，电脑开机密码的设置不要过于简单，要安装防火墙以及电脑杀毒软件并定期更新。

第二，把常用的网银网址放在收藏夹里，从收藏夹中登录或手动输入网址，尽量避免通过其他网站链接访问网银页面。

第三，设置密码时避免只用简单的数字排列、生日、电话号码等与日常生活息息相关的信息，同时不要将邮箱微博与网银使用同一密码。

第四，妥善保管密码，尽量不要将密码记录在纸张上或储存在电脑中，如果要放在电脑中，要注意文件的隐蔽性。

第五，定期查看网银交易明细，可申请银行账户短信通知业务，如发生异常交易或账务差错，及时与银行联系。

第六，银行不会向客户索要银行卡或存折密码，也不会以短信、邮件、电话等方式主动要求客户将资金转入某指定账户，谨防上当受骗。

第七，不要在公共场所的电脑上使用网银，以防止电脑装有恶意的监测程序或被他人窥视。

六、同步拓展

选择一个银行，办理银行卡并开通网上银行，然后再完成一次网上支付，并记录其过程。

【项目总结】

本项目主要介绍了电子支付工具及网上银行的使用。电子支付是与传统支付方式完全不同的新方式，随着互联网的发展，电子支付将越来越深入社会生活的方方面面。掌握电子支付的相关知识，是电子商务知识领域必不可少的。我国现在绝大部分银行都开通了网上银行服务，掌握网上银行的使用技巧是开展电子商务必要的前提条件。

电子商务与物流

 **项目情境引入**

为加快现代物流与电子商务的融合和发展，成都市将加强与阿里巴巴、当当网、京东网上商城、卓越亚马逊、携程网等国内外电子商务交易企业的紧密合作，鼓励大型电子商务交易企业在成都市物流园区设立西部电子物流配送中心；鼓励快递企业与电子商务交易企业结成战略联盟，成为电子商务交易企业的物流配送承运商。此外，成都市将加快解决快递企业快件车辆进城难、通行难、停靠作业难的瓶颈问题，出台扶持快递物流业发展的政策意见。"随着电子商务的发展，传统商务活动流程中的很大一部分业务通过鼠标就可以完成，但其中具体的运输、储存、装卸、保管、配送等各种活动是不可能直接通过网络传输的方式来完成的。"成都市物流办相关负责人表示，事实上，物流对电子商务活动的影响已日益明显。电子商务由于自身物流能力的不足，不仅可能会把自己赢得的客户拒之门外，而且把电子商务跨地域的优势也否定掉了。

物流对电子商务有哪些影响？作为电子商务企业又该如何选择适合自身发展的物流配送模式并对其物流模式进行管理呢？

 项目任务书

项目任务书如表 5-1 所示。

表 5-1　　　　　　　　　　　　　项目五任务书

任务编号	分项任务	职业能力目标	知识要求	参考课时
任务一	认识电子商务物流	能够理解电子商务与现代物流的基本概念，明确物流对电子商务发展的重要意义	1.现代物流概述； 2.电子商务物流； 3.电子商务与物流的关系	2 课时
任务二	电子商务企业物流模式的选择	能够根据不同电子商务企业的特征选择合适的物流配送模式	1.自营物流模式； 2.第三方物流模式； 3.物流联盟	2 课时
任务三	电子商务企业物流管理	从物流的整体角度出发进行企业物流的优化与设计	1.物流管理基本概念； 2.电子商务企业物流管理的基本内容； 3.物流管理的 3 个阶段	2 课时
职业素养目标	1.利用互联网不断学习新知识、新技术，有一定创新意识； 2.立足本职岗位，明确工作目标，具备电子商务企业物流模式的比较分析与选择能力； 3.针对电子商务企业内部及企业外部的物流情况，能够进行企业物流的集成化管理			

任务一　认识电子商务物流

一、任务描述

世界上最大的网上书店——亚马逊网站可谓是电子商务领域的先锋，然而它也隐隐感到一个强大对手的存在：零售业巨头沃尔玛也开始涉足网上销售。虽然沃尔玛只把它的网站当成信息浏览的窗口，并未大规模开展网上销售，但亚马逊已看到最大的挑战来自于沃尔玛拥有遍布全球的由卫星通信联起的商品配送体系。尽管沃尔玛网上业务开展的时间比亚马逊晚了 3 年，但是沃尔玛网上商店的送货时间却比亚马逊早了许多。亚马逊该如何面对沃尔玛这样强大的竞争对手呢？请从物流的角度为其提供相应的合理化建议。

二、相关知识

（一）认识现代物流的基本概念

1. 现代物流的定义

物流概念最早起源于 20 世纪 30 年代的美国，原意为 "实物分配" 或 "货物配送"（Physical Distribution，PD）。

1999 年，联合国物流委员会对物流定义："物流" 是为了满足消费者需要而进行的起点到终点的原材料、中间过程库存、最终产品以及相关信息有效流动和存储计划、实现和控制管理的过程。

中国国家标准《物流术语》对物流的定义是：物流是物品从供应地向接收地的实体流动过程。根据实际需要，将运输、储存、装卸、搬运、包装、流通加工、配送、信息处理等基本功能实现有机结合。

有一种提法是，物流是物质资料从供给者到需求者的物理运动，主要是创造时间价值和场所价值，有时也创造一定加工价值的活动。物流并不是 "物" 和 "流" 的一个简单组合，是一种建立在自然运动基础上的、高级的运动形式。物流以满足一定的经济、军事、社会要求为目的，并通过创造时间价值和场所价值来实现目的，其创造的价值如下。

（1）时间价值

"物" 从供给者到需要者之间有一段时间差，由改变这一时间差所创造的价值称作 "时间价值"。其包括 3 个方面：缩短时间创造价值；弥补时间差创造价值；延长时间差创造价值。

（2）场所价值

"物" 从供给者到需求者之间有一段空间差异。供给者和需求者之间往往处于不同的场所，改变这种场所的差别所创造的价值被称作 "场所价值"。其包括 3 个方面：从集中生产场所流入分散需求场所创造价值；从分散生产场所流入集中需求场所创造价值；从甲地生产流入乙地需求创造场所价值。

（3）加工附加价值

加工是生产领域常用的手段，并不是物流的本来职能。但是，现代物流的一个重要特点是，根据自己的优势从事具有一定补充性的加工活动。这种加工活动不创造商品主要实体或形成商品主要功能和使用价值，而是带有完善、补充、增加性质的加工活动，这种活动必然会形成劳动对象的附加价值。

狭义的物流是指包含于销售之中的物质资料和服务于从生产地点到消费地点的流动过程中伴随的种种经济活动。现代物流（Logistics）：以适合于顾客的要求为目的，对原材料、在制品、制成品及与其关联的信息，从生产地点到消费地点之间的流通与保管，为提高效率且最大的"对费用的相对效果"而进行计划、执行、控制。

归纳以上观点：现代物流指的是将信息、运输、仓储、库存、装卸搬运以及包装等物流活动综合起来的一种新型的集成式管理，其任务是尽可能降低物流的总成本，为顾客提供最好的服务。现代物流有两个重要的功能：①能够管理不同货物、物资的流通质量；②开发信息和通信系统，通过因特网建立商务联系，直接从客户处获得订单。

2. 现代物流的主要特征

根据国内外物流发展情况，现代物流的主要特征表现为以下几个方面。

① 物流反应快速化。物流服务提供者对上游和下游的物流、配送需求的反应速度越来越快，前置时间越来越短，配送间隔越来越短，物流配送速度越来越快，商品周转次数越来越多。

② 物流功能集成化。现代物流着重于将物流与供应链的其他环节进行集成，包括物流渠道与商流渠道的集成、物流渠道之间的集成、物流功能的集成、物流环节与制造环节的集成等。

③ 物流服务系列化。现代物流强调物流服务功能的恰当定位与完善化、系列化。除了传统的储存、运输、包装、流通加工等服务外，现代物流服务在外延上向上扩展至市场调查与预测、采购及订单处理，向下延伸至配送、物流咨询、物流方案的选择与规划、库存控制策略建议、货款回收与结算、教育培训等增值服务；在内涵上则提高了以上服务对决策的支持作用。

④ 物流作业规范化。现代物流强调功能、作业流程、作业、动作的标准化与程式化，使复杂的作业变成简单的、易于推广与考核的动作。

⑤ 物流目标系统化。现代物流从系统的角度统筹规划一个公司整体的各种物流活动，处理好物流活动与商流活动及公司目标之间、物流活动与物流活动之间的关系，不求单个活动的最优化，但求整体活动的最优化。

⑥ 物流手段现代化。现代物流使用先进的技术、设备与管理为销售提供服务，生产、流通、销售规模越大、范围越广，物流技术、设备及管理越现代化。计算机技术、通信技术、机电一体化技术、语音识别技术等得到普遍应用。世界上最先进的物流系统运用了全球卫星定位系统（GPS）、卫星通信、射频识别装置（RF）、机器人，实现了自动化、机械化、无纸化和智能化。如 20 世纪 90 年代中期，美国国防部（DOD）为在前南地区执行维和行动的多国部队提供的军事物流后勤系统就采用了这些技术，其技术之复杂与精坚堪称世界之最。

⑦ 物流组织网络化。为了保证对产品促销提供快速、全方位的物流支持，现代物流需要有完善、健全的物流网络体系，网络上点与点之间的物流活动保持系统性、一致性，这样可以保证整个物流网络有最优的库存总水平及库存分布，运输与配送快速、机动，既能铺开又能收拢。分散的物流单体只有形成网络才能满足现代生产与流通的需要。

⑧ 物流经营市场化。现代物流的具体经营采用市场机制，无论是企业自己组织物流，还是委托社会化物流企业承担物流任务，都以"服务—成本"的最佳配合为总目标，谁能提供最佳的"服务—成本"组合，就找谁服务。国际上既有大量自办物流相当出色的"大而全"、"小而全"的例子，也有大量利用第三方物流企业提供物流服务的例子。比较而言，物流的社会化、

专业化已经占到主流，既使是非社会化、非专业化的物流组织也都实行严格的经济核算。

⑨ 物流信息电子化。由于计算机信息技术的应用，现代物流过程的可见性(Visibility)明显增加，物流过程中库存积压、延期交货、送货不及时、库存与运输不可控等风险大大降低，从而可以加强供应商、物流商、批发商、零售商在组织物流过程中的协调和配合以及对物流过程的控制。

3. 现代物流业的发展趋势

① 第三方物流日益成为物流服务的主导方式。从欧美看，生产加工企业不再拥有自己的仓库，而由另外的配送中心为自己服务，这已经成为一种趋势。美国某机构对制造业 500 家大公司的调查显示，将物流业务交给第三方物流企业的货主占 69%（包括部分委托）；同时研究表明，美国 33%和欧洲 24%的非第三方物流服务用户正积极考虑使用第三方物流服务。

② 信息技术、网络技术日益广泛应用于物流领域，物流与电子商务日益融合。20 世纪 70 年代电子数据交换技术在物流领域的应用曾简化了物流过程中繁琐、耗时的订单处理过程，使得供需双方的物流信息得以即时沟通，物流过程中的各个环节得以精确衔接，极大地提高了物流效率。而互联网的出现则促使物流行业发生了革命性的变化，基于互联网的、及时准确的信息传递满足了物流系统高度集约化管理的信息需求，保证了物流网络各点和总部之间以及各网点之间信息的充分共享。

③ 物流全球化。物流全球化包含两层含义：一是指经济全球化使世界越来越成为一个整体，大型公司特别是跨国公司日益从全球的角度来构建生产和营销网络，原材料、零部件的采购和产品销售的全球化相应地带来了物流活动的全球化；另一层含义是指，现代物流业正在全球范围内加速集中，并通过国际兼并与联盟，形成越来越多的物流巨无霸。1998 年，欧洲天地邮政（TNT）以 3.6 亿美元兼并法国第一大国内快递服务公司 Jef Service；1999 年，英国邮政以 5 亿美元兼并德国第三大私人运输公司 German Parcel。这些兼并活动不仅拓宽了企业的物流服务领域，同时也大大增强了企业的市场竞争力。

（二）认识电子商务物流的基本概念

1. 电子商务物流的源起和发展

（1）电子商务物流的源起

电子商务作为数字化生存方式，代表未来的贸易方式、消费方式和服务方式，因此要求整体生态环境要完善，要求打破原有物流行业的传统格局，建设和发展以商品代理和配送为主要特征，物流、商流、信息流有机结合的社会化物流配送中心，建立电子商务物流体系，使各种流畅通无阻，才是最佳的电子商务境界。

人类最早采取"以物易物"的交换方式，当时没有资金流，商品所有权的转换紧紧伴随物流的转换而发生。随着货币的产生，人类的交易链上出现了第一层中介——货币，人们开始用钱来买东西，不过这时是"一手交钱，一手交货"，商品所有权的转换仍然是紧随物流的（只不过是以货币为中介），这个阶段由于生产力的发展和社会分工的出现，信息流开始表现出来，并开始发挥作用。再后来，随着社会分工的日益细化和商业信用的发展，专门为货币作中介服务的第二层中介出现了，它们是一些专门的机构，如银行，它们所从事的是货币中介服务和货币买卖。由于有了它们，物流和资金流开始分离，产生了多种交易方式：交易前的预先付款，交易中的托收、支票、汇票，交易后的付款，如分期付款、延期付款。这就意味着商品所有权的转换和物流的转换脱离开来，在这种情况下，信息流的作用就突显出来了。因为这种分离带来了风险问题，要规避这种风险就得依靠尽可能多的信息，比如对方的商品质量信息、价格信息、支付能力、支付信誉等。总的来说，在这一阶段，商流与资金流分离，信息流的作用日益重要起来。

随着网络技术和电子技术的发展，电子中介作为一种工具被引入生产、交换和消费中，人类进入了电子商务时代。在这个时代，人们做贸易的顺序并没有改变，还是要有交易前、交易中和交易后几个阶段，但进行交流和联系的工具变了，如从以前的纸面单证变为现在的电子单证。这个阶段的一个重要特点就是信息流发生了变化（电子化），更多地表现为票据资料的流动。此时的信息流处于一个极为重要的地位，它贯穿于商品交易过程的始终，在一个更高的位置对商品流通的整个过程进行控制，记录整个商务活动的流程，是分析物流、导向资金流、进行经营决策的重要依据。在电子商务时代，由于电子工具和网络通信技术的应用使交易各方的时空距离几乎为零，有利地促进了信息流、商流、资金流和物流"四流"的有机结合。对于某些可以通过网络传输的商品和服务，甚至可以做到"四流"的同步处理，例如通过上网浏览、查询、挑选、点击，用户可以完成对某一电子软件的整个购物过程。

（2）电子商务物流的发展

物流电子商务化是以互联网的形式提供物流行业相关信息，包括货运信息、空运信息、陆运信息、海运信息，以及物流行业资讯和物流知识、法律法规等，还提供物流行业企业库，供货源方查找，货源方也可通过物流网发布货源信息，以供物流企业合作。

物流网目前在全国已经兴起，好的物流网很多，用户可以根据所在地区找物流网，也可在综合型的物流网上查找相关信息。目前，物流网数量上以地区物流网为主，主要提供该地区的物流信息。

随着物流公司的激烈竞争，正值金融危机，很多公司面临着破产，但是很多公司开始改革，把重心转移到互联网这个最具潜力的社群。很多公司大力投资建设物流网，希望通过物流网拉拢更多的客户，所以物流网的发展同样很严峻。早期物流网的发展形式多半以物流公司自建网站，然后进行推广获得流量和客户。

随着物流企业的增多和物流网站的增多，这类发展竞争日益激烈，需要的网络推广费用也越来越高，而且物流行业没有形成统一规范，此时一些网络公司开始以电子商务形式发展物流网，整合了物流行业资源，建立物流行业门户网站和贸易平台。

目前，物流行业电子商务虽然已经被许多政府当作重中之重来发展，可是因互联网技术和物流行业本身的限制，一直没有更好的操作方法。

2. 电子商务物流的特点

电子商务时代的来临给全球物流带来了新的发展，使物流具备了一系列新特点。

（1）信息化

电子商务时代，物流信息化是电子商务的必然要求。物流信息化表现为物流信息的商品化、物流信息收集的数据库化和代码化、物流信息处理的电子化和计算机化、物流信息传递的标准化和实时化、物流信息存储的数字化等。因此，条码技术（Bar Code）、数据库技术（Database）、电子订货系统（Electronic Ordering System，EOS）、电子数据交换（Electronic Data Interchange，EDI）、快速反应（Quick Response，QR）及有效的客户反映（Hective Customer Response，ECR）、企业资源计划（Enterprise Resource Planning，ERP）等技术与观念在我国的物流中将会得到普遍的应用。信息化是一切的基础，没有物流的信息化，任何先进的技术设备都不可能应用于物流领域，信息技术及计算机技术在物流中的应用将会彻底改变世界物流的面貌。

（2）自动化

自动化的基础是信息化，自动化的核心是机电一体化，自动化的外在表现是无人化，自动化的效果是省力化，另外还可以扩大物流作业能力、提高劳动生产率、减少物流作业的差错等。物流自动化的设施非常多，如条码/语音/射频自动识别系统、自动分拣系统、自动存取系统、自动导向车、货物自动跟踪系统等。这些设施在发达国家已普遍用于物流作业流程中，而在我国由于物流业起步晚，发展水平低，自动化技术的普及还需要相当长的时间。

（3）网络化

物流领域网络化的基础也是信息化，这里指的网络化有两层含义：一是物流配送系统的计算机通信网络，包括物流配送中心与供应商或制造商的联系要通过计算机网络，另外与下游顾客之间的联系也要通过计算机网络通信，比如物流配送中心向供应商提出订单这个过程，就可以使用计算机通信方式，借助于增值网（Value Added Network，VAN）上的电子订货系统和电子数据交换技术来自动实现，物流配送中心通过计算机网络收集下游客户订货的过程也可以自动完成；二是组织的网络化，即所谓的企业内部网（Intranet）。比如，台湾的电脑业在 20 世纪 90 年代创造出了"全球运筹式产销模式"，这种模式的基本点是按照客户订单组织生产，生产采取分散形式，即将全世界的电脑资源都利用起来，采取外包的形式将一台电脑的所有零部件、元器件和芯片外包给世界各地的制造商去生产，然后通过全球的物流网络将这些零部件、元器件和芯片发往同一个物流配送中心进行组装，由该物流配送中心将组装的电脑迅速发给订户。这一过程需要有高效的物流网络支持，当然物流网络的基础是信息、电脑网络。

物流的网络化是物流信息化的必然，是电子商务下物流活动的主要特征之一。当今世界 Internet 等全球网络资源的可用性及网络技术的普及为物流的网络化提供了良好的外部环境，物流网络化不可阻挡。

（4）智能化

这是物流自动化、信息化的一种高层次应用，物流作业过程大量的运筹和决策，如库存水平的确定、运输（搬运）路径的选择、自动导向车的运行轨迹和作业控制、自动分拣机的运行、物流配送中心经营管理的决策支持等问题都需要借助于大量的知识才能解决。在物流自动化的进程中，物流智能化是不可回避的技术难题，好在专家系统、机器人等相关技术在国际上已经有比较成熟的研究成果。为了提高物流现代化的水平，物流的智能化已成为电子商务下物流发展的一个新趋势。

（5）柔性化

柔性化本来是为实现"以顾客为中心"理念而在生产领域提出的，但要真正做到柔性化，即真正地能根据消费者需求的变化来灵活调节生产工艺，没有配套的柔性化的物流系统是不可能达到目的的。20 世纪 90 年代，国际生产领域纷纷推出弹性制造系统（Flexible Manufacturing System，FMS）、计算机集成制造系统（Computer Integrated Manufacturing System，CIMS）、制造资源系统（Manufacturing Requirement Planning，MRP）、企业资源计划以及供应链管理的概念和技术，这些概念和技术的实质是要将生产、流通进行集成，根据需求端的需求组织生产，安排物流活动。因此，柔性化的物流正是适应生产、流通与消费的需求而发展起来的一种新型物流模式。这就要求物流配送中心要根据消费需求"多品种、小批量、多批次、短周期"的特色，灵活组织和实施物流作业。

另外，物流设施和商品包装的标准化以及物流的社会化和共同化也都是电子商务下物流模式的新特点。

3. 电子商务物流业的发展趋势

电子商务时代，由于企业销售范围的扩大，企业和商业销售方式及最终消费者购买方式的转变，使得送货上门等业务成为一项极为重要的服务业务，促使了物流行业的兴起。物流行业，即能完整提供物流机能服务以及运输配送、仓储保管、分装包装、流通加工等以收取报偿的行业。物流行业主要包括仓储企业、运输企业、装卸搬运、配送企业、流通加工业等。信息化、全球化、多功能化和一流的服务水平，已成为电子商务下的物流企业追求的目标。

（1）多功能化——物流业发展的方向

在电子商务时代，物流发展到集约化阶段，一体化的配送中心不单单提供仓储和运输服务，还必须开展配货、配送和各种提高附加值的流通加工服务项目，也可按客户的需要提供其他服务。现代供应链管理即通过从供应者到消费者供应链的综合运作，使物流达到最优化。企业追求全面的、系统的综合效果，而不是单一的、孤立的片面观点。

作为一种战略概念，供应链也是一种产品，而且是可增值的产品，其目的不仅是降低成本，更重要的是提供用户期望以外的增值服务，以产生和保持竞争优势。从某种意义上讲，供应链是物流系统的充分延伸，是产品与信息从原料到最终消费者之间的增值服务。

在经营形式上，采取合同型物流。这种配送中心与公用配送中心不同，它是通过签订合同，为一家或数家企业（客户）提供长期服务，而不是为所有客户服务。这种配送中心有由公用配送中心来进行管理的，也有自行管理的，但主要是提供服务；也有可能所有权属于生产厂家，交专门的物流公司进行管理。

供应链系统物流完全适应了流通业经营理念的全面更新。因为，以往商品经由制造、批发、仓储、零售各环节间的多层复杂途径，最终到消费者手里，而现代流通业已简化为由制造经配送中心而送到各零售点。它使未来的产业分工更加精细，产销分工日趋专业化，大大提高了社会的整体生产力和经济效益，使流通业成为整个国民经济活动的中心。

另外，在这个阶段有许多新技术，例如准时制工作法（Just in Time），又如销售时点信息管理系统（Point of Sale），商店将销售情况及时反馈给工厂的配送中心，有利于厂商按照市场调整生产，以及同配送中心调整配送计划，使企业的经营效益跨上一个新台阶。

（2）一流的服务——物流企业的追求

在电子商务下，物流业是介于供货方和购货方之间的第三方，是以服务作为第一宗旨。从当前物流的现状来看，物流企业不仅要为本地区服务，而且还要进行长距离的服务。因为客户不但希望得到很好的服务，而且希望服务点不是一处，而是多处。因此，如何提供高质量的服务便成了物流企业管理的中心课题。应该看到，配送中心离客户最近，联系最密切，商品都是通过它送到客户手中。美、日等国物流企业成功的要诀就在于他们都十分重视客户服务的研究。

首先，在概念上变革，由"推"到"拉"。配送中心应更多地考虑"客户要我提供哪些服务"，从这层意义讲，它是"拉"（Pull），而不是仅仅考虑"我能为客户提供哪些服务"，即"推"（Push）。如有的配送中心起初提供的是区域性的物流服务，以后发展到提供长距离服务，而且能提供越来越多的服务项目。又如配送中心派人到生产厂家"驻点"，直接为客户发货。越来越多的生产厂家把所有物流工作全部委托配货中心去干，从根本意义上讲，配送中心的工作已延伸到生产厂里去了。

如何满足客户的需要把货物送到客户手中，就要看配送中心的作业水平了。配送中心不仅与生产厂家保持紧密的伙伴关系，而且直接与客户联系，能及时了解客户的需求信息，并沟通厂商和客户双方，起着桥梁作用。例如，美国普雷兹集团公司（APC）就是一个以运输和配送为主的规模庞大的公司。物流企业不仅为货主提供优质的服务，而且要具备运输、仓储、进出口贸易等一系列知识，深入研究货主企业的生产经营发展流程设计和全方位系统服务。优质和系统的服务使物流企业与货主企业结成战略伙伴关系（或称策略联盟），一方面有助于货主企业的产品迅速进入市场，提高竞争力，另一方面则使物流企业有稳定的资源。对物流企业而言，服务质量和服务水平正逐渐成为比价格更为重要的选择因素。

（3）信息化——现代物流业的必由之路

在电子商务时代，要提供最佳的服务，物流系统必须要有良好的信息处理和传输系统。美国洛杉矶西海报关公司与码头、机场、海关信息联网，当货从世界各地起运时，客户便可以从该公司获得到达的时间、到泊（岸）的准确位置，使收货人与各仓储、运输公司等做好准备，使商品在几乎不停留的情况下，快速流动、直达目的地。又如，美国干货储藏公司（D.S.C）有200多个客户，每天接受大量的订单，需要很好的信息系统，为此，该公司将许多表格编制了计算机程序，大量的信息可迅速输入、传输，各子公司也是如此。再如，美国橡胶公司（USCO）的物流分公司设立了信息处理中心，接受世界各地的订单，IBM 公司只需按动键盘，即可接通USCO 公司订货，通常在几小时内便可把货送到客户手中。良好的信息系统能提供极好的信息服务，以赢得客户的信赖。

在大型的配送公司里，往往建立了 ECR 和 JIT 系统。所谓 ECR，即有效客户信息反馈，它是至关重要的。有了它，就可做到客户要什么就生产什么，而不是生产出东西等顾客来买。仓库商品的周转次数每年达 20 次左右，若利用客户信息反馈这种有效手段，可增加到 24 次。这样，可使仓库的吞吐量大大增加。通过 JIT 系统，可从零售商店很快地得到销售反馈信息。配送不仅实现了内部的信息网络化，而且增加了配送货物的跟踪信息，从而大大提高了物流企业的服务水平，降低了成本。成本一低，竞争力便增强了。

欧洲某配送公司通过远距离的数据传输，将若干家客户的订单汇总起来，在配送中心里采用计算机系统编制出"一笔划"式的路径最佳化"组配拣选单"。配货人员只需到仓库转一次，即可配好订单上的全部要货。

在电子商务环境下，由于全球经济的一体化趋势，当前的物流业正向全球化、信息化、一体化发展。

商品与生产要素在全球范围内以空前的速度自由流动。EDI 与 Internet 的应用，使物流效率的提高更多地取决于信息管理技术；电子计算机的普遍应用提供了更多的需求和库存信息，提高了信息管理科学化水平，使产品流动更加容易和迅速。物流信息化包括商品代码和数据库的建立、运输网络合理化、销售网络系统化和物流中心管理电子化建设等，目前还有很多工作有待实施。可以说，没有现代化的信息管理，就没有现代化的物流。

（4）全球化——物流企业竞争的趋势

20 世纪 90 年代早期，由于电子商务的出现，加速了全球经济的一体化，致使物流企业的发展达到了多国化。它从许多不同的国家收集所需要资源，再加工后向各国出口，如台湾的电脑业。

全球化的物流模式使企业面临着新的问题，例如，当北美自由贸易区协议达成后，其物流配送系统已不是仅仅从东部到西部的问题，还有从北部到南部的问题，这里面有仓库建设问题也有运输问题。又如，从加拿大到墨西哥，如何来运送货物，又如何设计合适的配送中心，还有如何提供良好服务的问题。另外一个困难是较难找到素质较好、水平较高的管理人员，因为有大量牵涉合作伙伴的贸易问题。例如，日本在美国开设了很多分公司，而两国存在着不小的差异，势必会碰到如何管理的问题。

还有一个信息共享问题。很多企业有不少企业内部的秘密，物流企业很难与之打交道，因此，如何建立信息处理系统以及时获得必要的信息，对物流企业来说是个难题。同时，在将来的物流系统中，能否做到尽快将货物送到客户手里，是提供优质服务的关键之一。客户要求发出订单后，第二天就能得到货物，而不是口头上说"可能何时拿到货物"。同时，客户还在考虑"所花费用与所得到的服务是否相称，是否合适"。

全球化战略的趋势使物流企业和生产企业更紧密地联系在一起，形成了社会大分工。生产厂集中精力制造产品、降低成本、创造价值；物流企业则花费大量时间、精力从事物流服务。物流企业的满足需求系统比原来更进一步了。例如，在配送中心里，对进口商品的代理报关业务、暂时储存、搬运和配送，必要的流通加工，从商品进口到送交消费者手中的服务实现一条龙。

（三）理解电子商务与物流的关系

用"成也配送，败也配送"来形容电子商务与物流的关系是再恰当不过了。国家经贸委贸易市场司副司长向欣说："信息技术的发展与普及，正在改变过去的生产、交易以及生活方式，流通体制也发生了重大的变化，电子商务、连锁经营、电视直销等新的流通方式的逐步发展，对物流产业发展提出了更高的要求。"

当我们庆幸终于可以实现网上订货、网上支付的同时，也无可奈何地抱怨网上订了货、账单也被划掉，可是货却迟迟不来。为了送货，有的网站动用了 EMS，有的网站动用了快递公司，有的网站甚至打起了居委会大妈的主意，而这只是电子商务在网上购物过程中遭遇的尴尬。

再看看电子商务在企业供应链上的表现。众所周知的世界直销大王——戴尔电脑公司目前面临的最大问题也是物流方面的难题，在收到顾客的要货订单后如何及时采购到电脑的各种零配件，电脑组装好了以后如何及时配送到顾客手上，这些都需要一个完整的物流系统来支持，而迅速成长起来的戴尔公司缺乏的也正是这个。正如海尔集团物流推进本部的周行先生所说，电子商务是信息传送保证，物流是执行保证。没有物流，电子商务只能是一张空头支票。

都说电子商务将成为企业决胜未来市场的重要工具，但如果没有现代物流体系作电子商务的支点，恐怕电子商务什么事也干不了。

1. 电子商务对物流活动的影响

① 电子商务将把物流业提升到前所未有的高度。

电子商务必定导致产业重组，大量的商店和银行消亡以后使得社会上的产业只剩下两个行业：一个是实业，包括制造业和物流业；一个是信息业，包括广告、订货、销售、购买、服务、金融、支付和信息处理业等。这两个行业可以理解为一个是"实"业，一个是"虚"业。在"实"业中，制造业和物流业二者相比，制造企业会逐渐弱化，而物流企业会逐渐强化。

在电子商务环境下，随着绝大多数的商店和银行虚拟化、商务事务处理信息化、多数生产企业柔性化以后，整个市场剩下的就只有实物物流处理工作了。物流企业成了代表所有生产企业及供应商向用户进行实物供应的唯一最集中、最广泛的供应者，是进行局域市场实物供应的唯一主体，可见，电子商务把物流业提升到了前所未有的高度。物流企业应该认识到，电子商务为他们提供了一个空前发展的机遇。

② 物流信息将更加及时，物流速度将得到很大提升。

2011 年年底，就已经有媒体用"撒网捞鱼"的比喻来形容物流市场的争夺之势。也难怪，不仅有科利华投资两个亿开通"中运网"，和国家信息中心与中国交通运输协会投资 200 万开通的"全国货运信息服务网"来争夺空车配载市场，也有东方红叶集团开通时空网来争夺网上购物的配送市场，更有专业物流企业如华运通有限公司来争夺专业物流市场，还有消息说，有的外资公司已与外资专业物流公司签约，从而完全自主控制其在中国市场上的配送。毕竟，对于以市场为生存之本的企业来说，控制物流信息和物流速度就可以控制市场，所以物流市场主动权的争夺在所难免。

③ 物流业服务空间的拓展。

电子商务将使物流增加；便利性的服务——使人"变懒"的服务；加快反应速度的服务——使流通过程变快的服务；降低成本的服务——发掘第三利润源泉的服务；延伸服务——将供应链集成在一起的服务。

④ 物流管理会更科学。

⑤ 物流人才获取知识的渠道将更广，物流人才更具专业化。

⑥ 电子商务物流会大大节约企业物流成本。

2. 物流对电子商务的影响

（1）物流是电子商务的重要组成部分

电子商务中的任何一笔交易都包含着几种基本的"流"，即信息流、商流、资金流、物流。其中，信息流既包括商品信息的提供、促销、行销、技术支持、售后服务等内容，也包括诸如询价单、报价单、付款通知单和转账通知单等商业贸易单证，还包括交易方的支付能力、支付信誉等。商流是指商品在购、销之间进行交易和商品所有权转移的运动过程，具体是指商品交易的一系列活动。资金流主要是指资金的转移过程，包括付款、转账等过程。在电子商务下，以上 3 种流的处理都可以通过计算机和网络通信设备实现。物流作为四流中最为特殊的一种，是指物质实体（商品或服务）的流动过程，具体指运输、储存、配送、装卸、保管和物流信息管理等活动。

（2）物流现代化是电子商务的基础

过去，人们对物流在电子商务中的重要性认识不够，对于物流在电子商务环境下应发生变化也认识不足，认为对于大多数商品和服务来说，物流仍然可以经由传统的经销渠道。但随着电子商务的进一步推广与应用，物流能力的滞后对其发展的制约越来越明显，物流的重要性对电子商务活动的影响被越来越多的人所注意。

（3）物流是实施电子商务的关键

电子商务最本质的成功是将商流处理信息化，信息处理电子化。电子商务简而言之，就是在网上进行商品或服务的买卖。这种买卖是商品或服务所有权的买卖，也就是商流。有的观点认为商流要靠物流支持，所以说"物流是实施电子商务的关键"。

（4）物流是实现电子商务企业盈利的重要环节

良好的物流管理可以大大降低企业的成本。在传统的商品成本中，物流成本可以占到商品总价值的 30%～50%，而现代物流业可以大大降低来自该部分的成本。

从上面的论述可以看出，物流与电子商务的关系极为密切。物流对电子商务的实现很重要，电子商务对物流的影响也肯定极为巨大。物流在未来的发展与电子商务的影响是密不可分的，可以这样理解这种关系：物流本身的矛盾促使其发展，而电子商务恰恰提供了解决这种矛盾的手段；反过来，电子商务本身矛盾的解决也需要物流来提供手段，新经济模式要求新物流模式。

三、任务实施

步骤一：了解电子商务与现代物流的相关知识。

参照教材内容，准确把握现代物流、电子商务物流的基本概念，理解电子商务与物流的关系。

步骤二：对比亚马逊与沃尔玛物流的不同。

通过浏览沃尔玛和亚马逊的网站，了解两家企业的基本情况，各自的发展优势以及两者物流配送模式的不同。通过百度、google 等搜索引擎网站了解两者物流模式的区别。

步骤三：根据亚马逊自身的优势提出物流改造的合理化建议。

运用头脑风暴法，针对亚马逊企业的优势，提出其物流改进的合理化建议。

步骤四：互评建议的可行性和合理化程度。

四、任务评价

任务评价表如表 5-2 所示。

表 5-2 评价表

项目	学习态度（20%）	团队合作情况（20%）	步骤完成情况（50%）	其他表现（10%）	小计（100%）	综合评价
小组评分（30%）						
个人评分（30%）						
老师评分（40%）						
综合得分（100%）						

五、知识拓展

阅读材料

物流的起源及发展

如果从物体的流动来理解，物流是一种古老又平常的现象，自从人类社会有了商品交换，就有了物流活动（如运输、仓储、装卸搬运等）。而将物流作为一门科学却仅有几十年的历史，因此说物流是一门新学科。

物流作为一门科学的诞生是社会生产力发展的结果。在长期的社会发展过程中，不少学者经过长期的理论酝酿，逐渐认识到在生产活动中，过去被人们看成生产过程、生产工艺的组成领域里，详细分析起来有一种活动是没有直接参与实际生产制造过程的，而是与工艺有关但却另有特性，那就是物流。生产活动如果进行专业的细分，又可分成两个组成部分：一部分是生产工艺活动，一部分是物流活动。通过对物流这一概念的起源和发展进行探索，我们可以认识到物流的发展历程。

1. 传统物流（Physical Distribution）

物流的概念是随着交易对象和环境变化而发展的，因此需要从历史的角度来考察。物流在英语中最初为 Physical Distribution（传统意义上的物流）。Distribution 一词最早出现在美国。1921 年阿奇·萧在《市场流通中的若干问题》《"Some Problem in Market Distribution"》一书中提出物流是与创造需求不同的一个问题，并提到物资经过时间或空间的转移，会产生附加价值。这里，Market Distribution 指的是商流时间和空间的转移指的是销售过程的物流。

在第一次世界大战的 1918 年，英国犹尼里佛的利费哈姆勋爵成立了即时送货股份有限公司。其公司宗旨是在全国范围内把商品及时送到批发商、零售商以及用户的手中，这一举动被一些物流学者誉为有关物流活动的早期文献记载。

20 世纪 30 年代初，在一部关于市场营销的基础教科书中，开始涉及物流运输、物资储存等业务的实物供应（Physical Supply）这一名词，该书将市场营销定义为影响产品所有权转移和产品的实物流通活动。这里，所说的所有权转移是指商流，实物流通是指物流。

1935 年，美国销售协会最早对物流进行了定义：物流（Physical Distribution）是包含于销售之中的物质资料和服务，与从生产地点到消费地点流动过程中伴随的种种活动。

上述历史被物流界较普遍地认为是物流的早期阶段。

日本在 1964 年开始使用物流这一概念。在使用物流这个述语以前，日本把与商品实体有关的各项业务统称为流通技术。1956 年，日本生产本部派出流通技术专门考察团，由早稻田大学教授宇野正雄等一行 7 人去美国考察，弄清楚了日本以往叫做流通技术的内容，相当于美国叫做 Physical Distribution（实物分配）的内容，从此便把流通技术按照美国相应称谓的简称叫做 P·D，P·D 这个术语得到了广泛的使用。

1964 年，日本池田内阁中五年计划制定小组平原谈到 P·D 这一术语时说，比起来，叫做"P·D"不如叫做"物的流通"更好。1965 年，日本在政府文件中正式采用物的流通这个术语，简称为物流。

1981 年，日本综合研究所编著的《物流手册》对物流的表述是：物质资料从供给者向需要者的物理性移动，是创造时间性、场所性价值的经济活动。从物流的范畴来看，包括包装、装卸、保管、库存管理、流通加工、运输、配送等诸种活动。

我国开始使用物流一词始于 1979 年（有人认为，孙中山主张贸畅其流，可以说是我国物流思想的起源）。1979 年 6 月，我国物资工作者代表团赴日本参加第三届国际物流会议，回国后在考察报告中第一次引用和使用物流这一术语。但当时有一段小的曲折，当时商业部提出建立物流中心的问题，曾有人认为物流一词来自日本，有崇洋之嫌，乃改为建立储运中心。其实，储存和运输虽是物流的主体，但物流有更广的外延，而且物流是日本引用的汉语，物流作为实物流通的简称，提法既科学合理，又确切易懂。不久仍恢复称为物流中心。1988 年，台湾也开始使用物流这一概念。1989 年 4 月，第八届国际物流会议在北京召开，物流一词的使用日益普遍。

2. 现代物流（Logistics）

在第二次世界大战期间，美国对军火等进行的战时供应中，首先采取了后勤管理（Logistics Management）这一名词，对军火的运输、补给、屯驻等进行全面管理。从此，后勤逐渐形成为单独的学科，并不断发展为后勤工程（Logistics Engineering）、后勤管理（Logistics Management）和后勤分配（Logistics of Distribution）。后勤管理的方法后被引入到商业部门，被人称之为商业后勤（Business Logistics）。商业后勤定义为包括原材料的流通、产品分配、运输、购买与库存控制、储存、用户服务等业务活动，其领域统括原材料物流、生产物流和销售物流。

在 20 世纪 50 年代到 20 世纪 70 年代期间，人们研究的对象主要是狭义的物流，是与商品销售有关的物流活动，是流通过程中的商品实体运动。因此，通常采用的仍是 Physical Distribution 一词。

1986 年，美国物流管理协会（National Council of Physical Distribution Management NCPDM）改名为 C.L.M，即 the Council of Logistics Management，将 Physical Distribution 改为 Logistics，其理由是因为 Physical Distribution 的领域较狭窄，Logistics 的概念则较宽广、连贯、整体。改名后的美国物流协会（CLM）对 Logistics 所做的定义是：以适合于顾客的要求为目的，对原材料、在制品、制成品与其关联的信息，从产业地点到消费地点之间的流通与保管，为求有效率且最大的"对费用的相对效果"而进行计划、执行、控制。

3. Logistics 与 Physical Distribution 的区别

Logistics 与 Physical Distribution 的不同，在于，Logistics 已突破了商品流通的范围，把物流活动扩大到生产领域。物流已不仅仅从产品出厂开始，而是包括从原材料采购、加工生产到产品销售、售后服务，直到废旧物品回收等整个物理性的流通过程。这是因为随着生产的发展，社会分工越来越细，大型的制造商往往把成品零部件的生产任务包给其他专业性制造商，自己只是把这些零部件进行组装，而这些专业性制造商可能位于世界上劳动力比较便宜的地方。在这种情况下，物流不但与流通系统维持密切的关系，同时与生产系统也产生了密切的关系。这样，将物流、商流和生产 3 个方面结合在一起，就能产生更高的效率和效益。近年来，日、美的进口批发及连锁零售业等，运用这种观念积累了不少成功的经验。

由此可以看出，当前提到的 Logistics 的特点是：①其外延大于狭义的物流（即销售物流），因为它把起点扩大到了生产领域；②其外延小于广义的物流（Business Logistics），因为它不包括原材料物流；③其外延与供应链的外延相一致，因此有人称它为供应链物流。

Logistics 一词的出现是世界经济和科学技术发展的必然结果。当前物流业正在向全球化、信息化、一体化发展。一个国家的市场开放与发展必将要求物流的开放与发展。随着世界商品市场的形成，从各个市场到最终市场的物流日趋全球化；信息技术的发展使信息系统得以贯穿于不同的企业之间，使物流的功能发生了质变，大大提高了物流效率，同时也为物流一体化创造了条件，一体化意味着需求、配送和库存管理的一体化。所有这些已成为国际物流业发展的方向。

可以说，进入 20 世纪 80 年代以后，传统物流已向现代物流转变。现代物流是物质资料从供给者到需求者的物理性运动，但不是物和流的简单组合，而是经济、政治、社会和实物运动的统一。它的主要作用是通过时间创造价值，弥补时间差创造价值，延长时间差创造价值。现代物流包括信息业、配送业、多式联运业和商品交易业。现代物流水平是一个国家综合国力的标志。日本物流业每增长 2.6%，会使国民经济增长 1%。

六、同步拓展

VANCL 凡客诚品，互联网快时尚品牌，高性价比的自有品牌，全球时尚的无限选择，最好的用户体验。凡客诚品的使命就是平价快时尚，是人民时尚。凡客诚品由卓越网创始人陈年创办，正式运营于 2007 年 10 月 18 日，公司先后获得联创策源、IDGVC、软银赛富、启明创投、老虎基金、淡马锡等多轮投资。

凡客诚品成立 4 年来，业务迅速发展，产品种类也由 2008 年的男装衬衫、POLO 衫两大类几十款，发展到现在的男装、女装、童装、鞋、家居、配饰、化妆品七大类。

随着产品种类的不断丰富以及对用户体验的关注，凡客诚品在中国服装电子商务领域品牌影响力与日俱增，已经成为中国网民购买服饰的第一选择。

为了满足消费者日益增长的个性化服装需求，除了从高质量的服装设计，凡客诚品还建设了与电子商务品牌直销相配合的物流网络，请帮助凡客诚品完成物流网络建设过程中相关任务的实施。

任务二　电子商务企业物流模式的选择

一、任务描述

京东是中国最大的综合网络零售商，是中国电子商务领域最受消费者欢迎和最具有影响力的电子商务网站之一，在线销售家电、数码通信、电脑、家居百货、服装服饰、母婴、图书、食品、在线旅游等 12 大类、数万个品牌、百万种优质商品。京东在 2012 年的中国自营 B2C 市场占据 49%的份额，凭借其供应链的优势继续扩大在中国电子商务市场的领先优势。

淘宝网是中国深受欢迎的网购零售平台，拥有近 5 亿的注册用户，每天有超过 6 000 万的固定访客，同时每天的在线商品数已经超过了 8 亿件，平均每分钟售出 4.8 万件商品。截至 2011 年年底，淘宝网单日交易额峰值达到 43.8 亿元，创造 270.8 万就业机会。随着淘宝网规模的扩大和用户数量的增加，淘宝也从单一的 C2C 网络集市变成了包括 C2C、团购、分销、拍卖等多种电子商务模式在内的综合性零售商圈，已经成为世界范围的电子商务交易平台之一。

浙江合运物流有限公司是一家集海运、空运、公路运输多元化为一体的新兴综合性信息化的物流公司。其公司于 2009 年 8 月 3 日在宁波北仑工商局登记注册成立，注册资金为 2 500 万，经宁波公路运输管理处批准道路运输经营许可证开始从事物流运输服务。

请比较分析上述三家企业各自物流模式的优缺点。

二、相关知识

（一）自营物流模式

企业对物流服务的需求最初是以自我提供的方式实现的。自营物流就是企业自身经营物流业务，建设全资或控股物流子公司，完成企业物流配送业务。

1. 企业自营物流的条件

不是所有的企业都有必要、有能力自己组织商品配送的，适合依靠自身力量解决配送问题的企业应具备以下条件。

① 拥有覆盖面很广的代理、分销、连锁店，而企业业务又集中在其覆盖范围内。这样的企业一般是从传统产业转型或者依然拥有传统产业经营业务的企业，例如已经建立了基于网络的电子销售系统的大型家电企业、电脑生产商等，可以利用原有的物流渠道承担电子商务的物流业务，建立整个销售区域的物流配送网。这样，可以充分利用原有物流渠道的仓储、运输资源，相对于企业使用全新的系统，大大降低了成本。

② 业务集中在企业所在城市，送货方式比较单一，网络资源丰富，物流管理能力强。由于业务范围不广，企业独立组织配送所耗费的人力不是很大，所涉及的配送设备也仅仅限于汽车以及人力车而已，如果交由专业物流公司处理，即浪费时间，又增加配送成本。例如，国内的85818 网站就依托原正广和饮用水公司完善的送水网络（3 个配送中心、100 个配送站、200 辆小货车、1 000 辆"黄鱼车"、1 000 名配送人员），开发建立了自己的物流配送体系，销售大众消费品。这个号称上海市区"无盲点"的网络组织严密而有序，截至 1999 年年底，上海市已经有 60 多万户市民依靠这个配送网完成日常饮水和其他日用消费品的采购，每个配送站的年利润都在 15～20 万元，成为我国电子商务下企业自营物流模式的成功案例。

③ 对于一些规模较大、资金雄厚、货物配送量巨大的企业来说，投入资金建立自己的配送系统，掌握物流配送的主动权，是一种战略选择。例如，亚马逊（www.amazon.com）是全球最大的网上书店、音乐盒带商店和录像带商店，其网上销售的方式有网上直销和网上拍卖。它的配送中心在实现其经营业绩的过程中功不可没。亚马逊以全资子公司的形式经营和管理配送中心，拥有完备的物流配送网络。到 1999 年，它在美国、欧洲和亚洲共建立了 15 个配送中心，面积超过 350 万平方英尺。亚马逊认为，配送中心是能接触到客户的最后一环，是实现销售的关键环节，它不想因为配送环节的失误而损失任何销售机会。

企业自营物流有利于最终保证"以顾客为中心"现代经营理念的实现，但此种物流模式需要投入大量的资金购买物流设备、建设仓库、搭建信息网络等专业物流设施和组建庞大的物流配送队伍，这对于缺乏资金的企业，特别是中小企业来说是个沉重的负担。鉴于物流业资金占用率高，回收期长，企业完全依靠自身力量兴建有较大困难，因此可以利用物流业利润空间大的优势，采用多种筹资渠道和方式筹措资金，也可采取联合投资、共同兴办的策略吸收民间资金向物流业分流。但并不是所有企业都有必要自己组织商品配送的，对于不具有以上特征的企业可根据自身特点，选择第三方物流模式。

2. 企业自营物流的优势

① 企业自身组织物流配送，可以说是自己掌握了交易的最后环节，有利于企业掌握对顾客的控制权，有利于控制交易时间。

② 自营物流由企业直接支配物流资产，控制物流职能，保证供货的准确和及时，保证顾客服务的质量，维护了企业和顾客的长期关系。

③ 电子商务企业在本城市内的配送由网站组织自己的配送队伍可以减少向其他配送公司下达配送要求的手续，在网上接受订购之后可以立即进行简单的分区处理然后立即配送，使得当日配送、限时送达成为可能。有些网站提出的本城区 1 小时内送达就是建立在自身拥有一支随时出动的配送队伍的基础之上的。

企业自营物流有许多优点，但必须充分认识到，电子商务下企业的主营业务是信息业务，而信息业务和物流业务是截然不同的两种业务，因此，企业自营物流必须对跨行业经营产生的风险进行严格的评估，其中成本控制和程序管理是最大麻烦。出于对成本的考虑，配送队伍的规模应与企业的业务量相适应。另外，如何保持适当的库存规模、如何选择合适的物流工具、如何确定合理的配送路线和送达时间等问题，都需要严格而科学的管理。

（二）第三方物流模式

第三方物流又称外协物流或合同物流，是指由供需双方以外的第三方（物流企业）提供物流服务的业务模式。它以签订合同的方式，将企业一定期限内部分或全部物流活动委托给专业物流企业来完成。第三方物流是物流专业化的重要形式，是物流社会化、合理化的有效途径。

1. 第三方物流给电子商务企业带来的益处

（1）集中主业。企业能够实现资源优化配置，将有限的人力、财力集中于核心业务，进行重点研究，发展基本技术，参与世界竞争。

（2）节省费用，减少资本积压。专业的第三方物流提供者利用规模生产的专业优势和成本优势，通过提高各环节能力的利用率实现费用节省，使企业能从分离费用结构中获益。根据对工业用车的调查结果，企业解散自有车队而代之以公共运输服务的主要原因就是为了减少固定费用，这不仅包括购买车辆的投资，还包括和车间仓库、发货设施、包装器械以及员工有关的开支。

（3）减少库存。第三方物流提供者借助精心策划的物流计划和适时运送手段，最大限度地减少库存，改善了企业的现金流量，实现成本优势。

（4）提升企业形象。第三方物流提供者与顾客不是竞争对手，而是战略伙伴，他们为顾客着想，通过全球性的信息网络使顾客的供应链管理完全透明化，顾客随时可通过互联网了解供应链的情况。第三方物流提供者是物流专家，他们利用完备的设施和训练有素的员工对整个供应链实现完全的控制，减少物流的复杂性。第三方物流提供者通过遍布全球的运送网络和服务提供者（分承包方）大大缩短了交货期，帮助顾客改进服务，树立自己的品牌形象。第三方物流提供者通过"量体裁衣"式的设计，制订出以顾客为导向、低成本高效率的物流方案，使顾客在同行者中脱颖而出，为企业在竞争中取胜创造了有利条件。

2. 第三方物流的发展现状及趋势

作为物流业的新兴领域，第三方物流是一个只有十几年历史的行业，但其发展速度十分迅猛，在国外的物流市场上已经占据了相当可观的比例。美国目前使用第三方物流服务的比例约为 58%，欧洲约为 76%，而社会化配送发展得最好的日本，第三方物流业占整个物流市场的份额已高达 80%。在我国的企业中，将一部分物流活动委托给专业物流企业去完成的情况比较普遍。但是，对外委托的范围还相当窄，只是局限在一部分作业活动上。以汽车为货运手段的中短距离运输、保管、配送等物流活动领域，仍然以自营物流为主。这一方面反映出企业物流水平还比较落后，另一方面也说明我国的物流业还不具备提供高质量的综合物流服务的能力，与电子商务下企业对物流服务的要求还有较大差距。我国传统的物流企业所提供的服务往往局限于仓库存货代理、运输代理、托运代办、通关代理等局部业务，而完善的第三方物流代理则是全部物流活动系统的全程代理。专业人士普遍认为，第三方物流业通过其掌握的物流系统开发设计能力、信息技术能力，成为企业间物流网络的组织者，完成企业、特别是中小企业所无法实现的工作，可以帮助企业提高生产力，削减成本，并显著减少劳动力。有迹象表明，随着我国电子商务的迅速发展，企业对第三方物流服务商的利用频率越来越高，范围也将越来越广。但是，作为从事第三方物流事业的企业，要站在企业的角度提供有利于物流合理化的服务，必须熟悉企业物流活动的发展规律，具有从物流计划、系统设计、物流管理到实施的一整套物流服务能力。显然，这与只是受企业委托从事简单的运输、保管作业或管理活动是截然不同的。因此，我国的传统物流企业必须突破现有的经营模式，从人才入手，掌握从事第三方物流事业的技术、活动方法，并建立相适应的企业经营管理组织，以此促进事业的进一步发展。第三方物流是物流业的发展趋势，是促进企业物流合理化、效率化，进而提高整个社会物流合理化的重要途径，具有广阔的发展前景。

3. 适合我国国情的第三方物流模式

根据目前我国物流企业数量多，但个体规模较小，综合服务能力偏低，服务质量满足不了需求的质量，以及物流网络资源丰富，但利用和管理水平低，缺乏有效的物流管理者等实际情况，物流企业可以采取横向整合、委托代理的形式，壮大企业规模，优化物流系统，提高综合服务能力，为客户提供高质量的服务。我们将这种方式概括为以综合物流代理为主的第三方物流运作模式。鉴于国内物流业在第三方物流上存在着很大的空白、国有大中型企业不景气的现状，为这种物流模式的产生和发展提供了低成本高扩张的坚实基础。大力推广和发展综合物流代理运作模式正逢其时。国内的一些专业化物流企业，如中国储运公司、天地快运、大通、中远集团等，在近年来都已经在不同程度上进行了综合物流代理运作模式的探索实践。我国物流业正在蓬勃发展，第三方物流和物流一体化正在引起我国物流界和理论界人士的重视和关注，探索适合我国国情的物流模式，必将进一步推动我国物流业的健康发展。

（三）物流联盟

所谓物流联盟，是指电子商务网站以及邮政、快递等物流企业组成的物流产业链，电子商务网站在其中扮演产业链的催生及带动者，对目前物流资源进行合理而高效的整合与利用。

作为当前国内最大的网上安全交易服务提供商，支付宝率先引入物流合作，于 2005 年 6 月，与天津大田集团和宅急送成立了我国第一个电子商务第三方物流联盟，2005 年 11 月又增加了亚风快递，解决物流瓶颈，打造适合电子商务发展的现代化物流模式，为安全支付和交易再添砝码。

"对于物流与电子商务公司来讲，将达到双赢。"支付宝相关负责人认为。支付宝日交易的飞速增加，也帮助物流商本身挺进了更广阔的市场，促进了物流公司的现代化发展。

据介绍，我国的网民目前约 4 亿人，从 1998 年 3 月第一笔网上银行进行的电子支付交易成功开始，电子商务业务发展十分迅猛，2004 年电子支付交易额约 74 亿元人民币，2005 年便增到 160 多亿元。网上支付手段开始为更多的人所接受。

2005 年，支付宝率先喊出"你敢用，我就敢赔"的口号。支付宝的"全额赔付"是，如果在成交协议后，卖家没有向买家寄送货品或者买家收到的物品与描述不符，淘宝作为第三方监管将为买家提供与货品价值等额的"全额赔付"，同时保障了买家和卖家的利益。

整合物流之后，支付宝在"全额赔付"制度的基础上，2006 年又推出"推荐物流赔付制度"，在支付宝交易过程中，卖家在交易中直接使用支付宝系统下订单的方式选择推荐物流服务，将享有支付宝与推荐物流公司协定的相应理赔内容：对于物品在运输过程中的遗失、破损，及非本人签收给客户造成的损失，都能得到相应的赔偿。买卖双方的利益得到了保障。

三、任务实施

步骤一：分别登录京东商城（http://www.jd.com/）、淘宝网商家（http://www.taobao.com/）和浙江合运物流有限公司（http://www.zhejiangheyun.com/），了解各自的物流模式。

步骤二：比较三家企业物流的优缺点，完成表5-3。

表5-3　　　　　　　　　　　　　　企业物流对比

企业名称	物流模式	优点	缺点
京东商城			
淘宝网商家			
浙江合运物流有限公司			

四、任务评价

任务评价表如表5-4所示

表5-4　　　　　　　　　　　　　　评价表

项目	学习态度（20%）	团队合作情况（20%）	步骤完成情况（50%）	其他表现（10%）	小计（100%）	综合评价
小组评分（30%）						
个人评分（30%）						
老师评分（40%）						
综合得分（100%）						

五、知识拓展

阅读材料

电子商务之云物流、云仓储模式

借鉴目前热门的云计算、云制造等概念，云物流模式，顾名思义，就是指充分利用分散、不均的物流资源，通过某种体系、标准和平台进行整合，为我所用、节约资源，相关的概念还有云快递、云仓储。典型的电商企业是阿里巴巴，包括旗下的淘宝商城和淘宝网。

2007年，马云个人投资百事物流；2010年，阿里巴巴集团入股北京星辰急便，并确定德邦物流和佳吉快运为它推荐和第三方物流商；尔后，阿里巴巴和淘宝网在北京、上海、广州和深圳、成都建立了四大配送中心，在其他20个省市建立了区域性配送中心，并计划两年内要在全国52个城市建立分仓中心。

阿里巴巴系的电商企业一开始一直重在电商平台的运营、交易，而对于物流没有投入太多资源。但随着交易量的日益倍增，物流的短板更加明显，因此，阿里巴巴系开始了一系列的物流整合动作。

星辰急便比较特殊，可以说它是一个盟主型物流企业，通过加盟制，星辰急便吸引了众多民营快递公司加盟。它拥有自建的、开放的物流管理系统，集网点、操作、质量、客户、货物追踪、资金监控、结算清分、平台分单等多项功能于一体，基本涵盖了 B2B 和 B2C 电子商务快递业务所有的核心内容。其运营口岸、分拨、班车等中转资源全面向社会开放，无论是直客、同行，还是加盟网点，都可以在云平台上实现货物的全国配送。公司拥有运转及分拨中心 150 多个，网点数 3 800 多个，日处理业务量 13 万票。

从理论上讲，云物流实现了"三化"：一是社会化，快递公司、派送点、代送点等成千上万的终端都可以为我所用；二是节约化，众多社会资源集中共享一个云物流平台，实现规模效应；三是标准化，一改物流行业的散、乱，建立统一的管理平台，规范服务的各个环节。

到 2011 年底，中国网民 5.13 亿，新增 5 580 万；互联网普及率较 2010 年底提升 4%，达到 38.3%；手机网民 3.56 亿，同比增 17.5%；网购用户 1.94 亿，网络购物使用率 37.8%；网上支付的用户 1.67 亿，使用率升至 32.5%。可以说，电子商务业正是方兴未艾、高潮迭起的大好时代。当然，任何行业商机越多，竞争越激烈。现代物流是电子商务快速发展的根本保证，曾经作为电子商务瓶颈环节的支付、认证、信用已经不再是问题，物流也不可能成为电商行业新入者的门槛。

云物流模式希望利用订单聚合的能力来推动物流体系的整合，包括信息整合、能力整合。但问题在于，目前云物流只是提供了一个信息交换的平台，解决了供给能力的调配问题，还不能从根本上改变行业配送能力的整合问题、服务质量问题、物流成本及物流效率的控制问题。如何整合和管理好云资源，这也是云计算、云制造面临的共同问题。

六、同步拓展

戴尔公司是世界上最大的电脑直销商，它的成功就取决于互联网电子商务和物流的完美结合，选择并构建了适当的电子商务物流模式。登录戴尔公司的网站（http://www.dell.com.cn），了解其使用的物流配送模式，并分析总结戴尔公司选择相应物流模式的原因和优势。

任务三　电子商务企业物流管理

一、任务描述

日前，全球最大的中文网上商城当当网宣布，为提高物流服务质量，更好地满足越来越多用户的订货需求，决定针对北京、上海、广州、深圳四大核心城市的物流进行全面提速：凡北京城区顾客订单，当日下单次日就可送达；而广州、深圳也新推出了航空线路，一半以上订单隔日即可送达，提速最为明显的送达时间较原来将提前 3 天。业界专家分析，当当网此举必将带动业界物流环境的整体提速，从而给广大网民带来最大的实惠。当当网此举体现了很强的物流配送能力，以及对用户的关爱和人性化服务。

当当网此次物流提速在业界并不多见。而据内部消息称，不仅如此，当当网近期还将推出其倾力打造的"4 小时特快专递"，即北京四环以内顾客每天 7～17 时提交的订单，从下单到收货只需要短短的 4 小时。一旦该服务开始施行，必将在北京城区打造出一个"4 小时特快商圈"。目前无论网购行业还是快递行业都尚未有过类似的服务，此举将开创一个先河。

为了实现物流的全面提速，当当网应该从哪些方面加强其物流管理？

二、相关知识

（一）物流管理基本概念

1．物流管理的定义

物流管理（Logistics Management）是指在社会再生产过程中，根据物质资料实体流动的规律，应用管理的基本原理和科学方法，对物流活动进行计划、组织、指挥、协调、控制和监督，使各项物流活动实现最佳的协调与配合，以降低物流成本，提高物流效率和经济效益。现代物流管理是建立在系统论、信息论和控制论的基础上的。

2．实施物流管理的目的

实施物流管理的目的就是要在尽可能最低的总成本条件下实现既定的客户服务水平，即寻求服务优势和成本优势的一种动态平衡，并由此创造企业在竞争中的战略优势。根据这个目标，物流管理要解决的基本问题，简单地说，就是把合适的产品以合适的数量和合适的价格在合适的时间和合适的地点提供给客户。

物流管理强调运用系统方法解决问题。现代物流通常被认为是由运输、存储、包装、装卸、流通加工、配送和信息诸环节构成。各环节原本都有各自的功能、利益和观念。系统方法就是利用现代管理方法和现代技术，使各个环节共享总体信息，把所有环节作为一个一体化的系统来进行组织和管理，以使系统能够在尽可能低的总成本条件下，提供有竞争优势的客户服务。系统方法认为，系统的效益并不是它们各个局部环节效益的简单相加。系统方法意味着，对于出现的某一个方面的问题，要对全部的影响因素进行分析和评价。从这一思想出发，物流系统并不简单地追求在各个环节上各自的最低成本，因为物流各环节的效益之间存在相互影响、相互制约的倾向，存在着交替易损的关系。比如过分强调包装材料的节约，就可能因其易于破损而造成运输和装卸费用的上升。因此，系统方法强调要进行总成本分析，以及避免次佳效应和成本权衡应用的分析，以达到总成本最低，同时满足既定的客户服务水平的目的。

（二）电子商务企业物流管理的基本内容

1．物流作业管理

物流作业管理是指对物流活动或功能要素的管理，主要包括运输与配送管理、仓储与物料管理、包装管理、装卸搬运管理、流通加工管理、物流信息管理等。

2．物流战略管理

物流战略管理（Logistics Strategy Management）是对企业的物流活动实行的总体性管理，是企业制定、实施、控制和评价物流战略的一系列管理决策与行动，其核心问题是使企业的物流活动与环境相适应，以实现物流的长期、可持续发展。

3．物流成本管理

物流成本管理是指有关物流成本方面的一切管理工作的总称，即对物流成本所进行的计划、组织、指挥、监督和调控。物流成本管理的主要内容包括物流成本核算、物流成本预测、物流成本计划、物流成本决策、物流成本分析、物流成本控制等。

4. 物流服务管理

所谓物流服务，是指物流企业或企业的物流部门从处理客户订货开始，直至商品送交客户过程中，为满足客户的要求，有效地完成商品供应、减轻客户的物流作业负荷，所进行的全部活动。

5. 物流组织与人力资源管理

物流组织是指专门从事物流经营和管理活动的组织机构，既包括企业内部的物流管理和运作部门、企业间的物流联盟组织，也包括从事物流及其中介服务的部门、企业以及政府物流管理机构。

6. 供应链管理

供应链管理（Supply Chain Management），是用系统的观点通过对供应链中的物流、信息流和资金流进行设计、规划、控制与优化，以寻求建立供、产、销企业以及客户间的战略合作伙伴关系，最大程度地减少内耗与浪费，实现供应链整体效率的最优化并保证供应链成员取得相应的绩效和利益，来满足顾客需求的整个管理过程。

（三）物流管理的三个阶段

物流管理按管理进行的顺序可以划分为 3 个阶段，即计划阶段、实施阶段和评价阶段。

1. 计划阶段管理

计划是作为行动基础的某些事先的考虑。物流计划是为了实现物流预想达到的目标所做的准备性工作。

物流计划首先要确定物流所要达到的目标，以及为实现这个目标所进行的各项工作的先后次序。其次，要分析研究在物流目标实现的过程中可能发生的任何外界影响，尤其是不利因素，并确定对这些不利因素的对策。第三，做出贯彻和指导实现物流目标的人力、物力、财力的具体措施。

2. 实施阶段管理

物流的实施阶段管理就是对正在进行的各项物流活动进行管理。它在物流各阶段的管理中具有最突出的地位。这是因为在这个阶段中各项计划将通过具体的执行而受到检验。同时，它也把物流管理与物流各项具体活动进行紧密的结合。

（1）对物流活动的组织和指挥

物流的组织是指在物流活动中把各个相互关联的环节合理地结合起来，而形成一个有机的整体，以便充分发挥物流中的每个部门、每个物流工作者的作用。物流的指挥是指在物流过程中对各个物流环节、部门、机构进行的统一调度。

（2）对物流活动的监督和检查

通过监督和检查可以了解物流的实施情况，揭露物流活动中的矛盾，找出存在的问题，分析问题发生的原因，提出克服的方法。

（3）对物流活动的调节

在执行物流计划的过程中，物流的各部门、各环节总会出现不平衡的情况。遇到上述问题，就需要根据物流的影响因素，对物流各部门、各个环节的能力做出新的综合平衡，重新布置实现物流目标的力量。这就是对物流活动的调节。

3. 评价阶段管理

在一定时期内，人们对物流实施后的结果与原计划的物流目标进行对照、分析，这便是物流的评价。通过对物流活动的全面剖析，人们可以确定物流计划的科学性、合理性如何，确认物流实施阶段的成果与不足，从而为今后制定新的计划、组织新的物流提供宝贵的经验和资料。

按照对物流评价的范围不同，物流评价可分为专门性评价和综合性评价；按照物流各部门之间的关系，物流评价又可分为物流纵向评价和横向评价。应当指出无论采取什么样的评价方法，其评价手段都要借助于具体的评价指标，这种指标通常表示为实物指标和综合指标。

三、任务实施

步骤一：登录当当网（http://www.dangdang.com/），了解其物流管理模式。

步骤二：分析当当网物流配送模式的优势，并提出相应的改进措施，帮助当当网实现其物流提速的目标。

四、任务评价

任务评价表如表 5-5 所示。

表 5-5　　　　　　　　　　　　　　　评价表

项目	学习态度（20%）	团队合作情况（20%）	步骤完成情况（50%）	其他表现（10%）	小计（100%）	综合评价
小组评分（30%）						
个人评分（30%）						
老师评分（40%）						
综合得分（100%）						

五、知识拓展

阅读材料

供应链管理

供应链管理（Supply Chain Management，SCM）是近几年在企业实行 E 化和信息化管理中最流行和有效的管理模式之一。事实也证明，成功的供应链管理确实能使企业在激烈的市场竞争中明显地提升企业的核心竞争力。美国日用品制造商 Proctor & Gamble（P&G，宝洁）和全球最大的百货零售企业 Wal-Mart，早期就启用了供应链管理，在近年全球经济不景气之时，他们却继续保持着不断增长盈利的势头，企业发展也达到了相当大的规模。P&G 有 10 万名员工，生产 250 种日用品，供应全球 100 多个国家的 50 亿人消费；Web-Mart 有 140 万名员工，在全球拥有 4 400 多家大型百货零售店和大卖场，每星期就有 1 亿人光顾。

1. SCM 的精髓

所谓供应链，简单地说就是把买卖的交易过程连接在一起，就好像用一条链子将其串联起来。在商业社会，无论是做什么生意，都离不开买与卖，俗话叫"做买卖"，向别人买材料、自己加工或包装，再卖给另外的人。简单的买卖在运作上不会费太大的事情，复杂的买卖运作就不那么简单了。在接到下游买主的订货时，就要拿到材料来加工、生产、包装，然后送货、收款；万一材料不足，就要向上游购买，同样地要进行下订单、收货、清点、付款等程序。如果同时要加工、生产或包装很多种产品，就要向很多上游厂商采购原材料，同时也要供给许多家下游的买主。这样，"做买卖"就变得复杂了，多半会产生时效性的问题。如果在做生意过程中各种运作过程在时间上拿捏不准的话，就会出现不是存货太多积压资金，就是存货不足买主只好转向他人，或者是自己的生产设备不敷使用或闲置无事可做。恰好，SCM 就是要把一条链子进行整条管理，让每个环节在时效性上恰到好处，即达到所谓的"Just-in-Time"。这正是 SCM 的精髓所在。

SCM 通常由 5 部分组成，各部分轻重程度视在不同应用领域的情况有所不同。

第一是制订 SCM 策略。看要管理哪些事，通过制订方法来监控、衡量运作是否有效，是否能满足顾客的需要，提供给顾客高质量的产品。

第二是与上游供货商建立关系。制订一套定价、交货、付款的规则，同时制订监控方法；有了规则，就可以与自己的存货管理、付款系统连在一起。

第三是制订企业产品生产程序。其包括加工、生产、测试、包装、运送的计划安排，以及质量控制与生产管理。

第四是交货。也就是与下游买主建立关系，对接单、仓储、运送、收款等的管理。

第五是问题处理。从上游买来的东西是否有坏的，卖给下游顾客的产品是否有不满意的需要退换等问题，都需要有一个流程来处理。

2. SCM 软件让管理"透明化"

前面提到的每个部分都有很多特定的工作内容，需要专用的软件来处理，合到一起就像一个大拼盘，这种形容并不为过。有的系统整合厂商，试图把众多软件结合在一起，放在同一屋檐下，但至今还没有一个完全的。为此专家们建议，与其把零散的软件结合在一起，倒不如分开两个层面去考虑：一是策略规划，一是运作执行。

策略规划软件是用数学与逻辑的运算来协助提升作业流程效率和减少存货量。但是，运算是否精确，取决于输入信息的准确与否。如果你的生意是制造或包装日用品，就要把每一笔下游零售商给你的订货信息、每个零售商卖你商品的销售信息、你的设备产能信息，实时地"喂给"策略规划软件，否则软件不能规划得那么准确。在前面提到的 5 个部分中，每部分都有规划软件，当然也都需要输入齐全的信息，才能获得准确的结果。其中，最复杂的恐怕是需要量的规划，也就是你要生产或供应多少产品，才能满足不同下游买主的需求。

运作执行软件的功用在于，使 SCM 流程的每一步骤实现自动化。它是一个较为独立的系统，不需要收集太多方面的信息。例如，工厂生产需要原料或半成品，把采购单用电子化方式传给上游的供货商，就是一个执行步骤。执行软件虽然比较独立，但是有时候也需要与别的系统连接，与互联网连接就是非常重要的一点，像是建立专用网站把上下游连接沟通起来，执行软件就需要把实时信息传到网上。

安装 SCM 软件的好处就在于对企业的管理"透明化"。在许多行业里，供应链就像一个大牌局，大家虽然在一起玩，但每人手里都紧握着自己的牌，恐怕别人看见对自己不利。大家以前没有仔细想过，把牌摊开后彼此看见了，未必是一件坏事，很有可能是大家都赢的牌局。以前没有网络，彼此联络不易，想摊牌都不容易，现在网络发达了，摊牌已经没有技术障碍了。

3. SCM 理念：摊开手里的底牌

20 世纪 80 年代，日用品制造商 P&G 与零售店 Wal-Mart 少有信息交流，但是在两家企业建立关系、电脑系统连接之后，营运情况大为改观。Wal-Mart 分销处（把商品分送给各零售店）一旦发现 P&G 的产品不足，就自动通知 P&G 送货。有时系统进一步运作，直接进入 Wal-Mart 零售卖场，每当顾客买 P&G 产品去结账的时候，收款机就立即通过卫星将信息传到 P&G 工厂，P&G 就根据不断传来的信息来决定什么时候开工生产、什么时候运货到 Wal-Mart，不必事先大批生产堆积，或等 Wal-Mart 叫货，同时记账与付款也可自动处理，双方省时、省力，减少了管理成本。而 Wal-Mart 把节省的费用回馈给顾客，维持商品的低价位，生意自然就越做越大。

大家都知道 Cisco 是一家全球著名的网络设备供应厂商，在全球 90%网络通信中都会用到 Cisco 的设备。Cisco 的上游有零件供货商，有协力制造商；下游有分销处，数量庞大的买卖、复杂的运作，全靠自动化处理。例如，一位顾客在 Cisco 的网站订购一台路由器，一连串的信息就会自动产生：一家协力厂商制造电路板，另一家制造外壳，分销单位供应电源器等一般设备，再由一家工厂装配成成品。每家工厂都先接到通知、早有准备，作业流程轮到自己时很快就能做完，最后经 Cisco 测试系统检验合格，交给经销商送货。整个流程都实时自动运作，没有仓储、没有存货、没有纸上作业。Cisco 称这种模式为 "Just-in-Time"，把这种管理方式称为异常管理（Management by Exception）。

以上两个成功的实例都有一个共同点，就是上下游的合作伙伴把自己的信息开放，让伙伴分享原来视为机密的信息。摊开手里的底牌正是 SCM 的精髓，但也是最难做到的事。

4. 实行 SCM 需要"艺术"

供应链很长，要走出企业的围墙才能有效地实现管理。当上下游合作伙伴开放一些敏感信息让你共享时，你也要开放一些敏感信息让对方运用。你难道就不怕把你的信息泄漏给竞争对手吗？这是第一个难题需要企业"克服"的，这不单是技术问题，更是一个艺术问题。

说服上下游合作伙伴分享敏感信息固然困难，说服企业内部用自动化系统替代传统的纸、笔、电话和传真也同样是一件困难的事。如果不能获得企业内部的认同，即使安装了 SCM 软件，有人还是会找办法绕过去，仍用以前的方法做事。

前面提到的策略规划软件，需要输入准确的信息，才能获得准确的结果。在系统运行之初，信息必然不完整，所得到的结果往往也是明显地不准确，恰好会被反对的人抓到把柄，解读为"自动化系统无用"。这时如果处理得不得体，极可能会前功尽弃。事实上，系统上线运行必须经过必要的调整才能顺畅，如何使这种情况免于成为反对者的口实，这是一种管理艺术。

纵然有这些路障，一些企业，特别是大企业，还是一步步地克服困难走向自动化供应链管理运作。至少目前的一些日用品制造包装业、高科技企业和汽车工业，采用供应链管理的成效都是非常显著的，证实了企业实行供应链管理方向的正确性。

六、同步拓展

日本资生堂的物流管理

一、日本资生堂基本情况

资生堂是日本著名的化妆品生产企业，该企业现有资本金 138.9 亿日元，年销售能力达到

3 233 亿日元，从业人员达 2 万人，主要经营范围包括化妆品、卫生用品、健康美容品，其中化妆品业务占全部经营业务的 85%。生产工厂在日本共有 8 处，销售网络遍布日本各大都市，其中化妆品有 98 个网点，卫生用品有 10 个网点。除此之外，资生堂还在海外 20 多个地区建立了销售公司。

二、日本资生堂物流组织的演进

1. 成立物流部

1975 年 1 月正式成立资生堂物流部，资生堂物流部拥有一项其他企业所没有的独特职能：产销协调职能。物流部的另一个很重要的职能是消费与需求的及时把握。资生堂规定部门的商品订货业务全部集中在物流部，物流部每天接受订货，根据订货情况确认出货数量，并把握每天的库存动向，在此基础上调整生产计划。

2. 建立现代物流中心

建立现代物流中心前，零售店的配送是由销售公司承担的，全国各地销售公司的商流与物流是合二为一的。但随着产品品种的增加，各地销售公司的库存不断增加，为此配备的物流运作人员也在不断增加，在库利息也在增加。为了改变这种现状，从根本上解决物流问题，实现物流与商流的彻底分离，物流部提出了设立物流中心的想法。 1976 年 3 月赤羽物流中心成立，当时主要统领东京都内 9 大销售公司中 4 个公司的物流业务。1979 年正式启动近畿物流中心建设。

3. 建立物流总部

资生堂在多品种发展的条件下，物流运作管理所面临的最重要的问题是如何在降低成本的同时提高物流活动的效率。现行的资生堂物流运作管理系统面临的另外一个问题是化妆品和卫生用品的综合物流问题。为此，到 1985 年，资生堂物流运作管理发展并建立了一个统一的物流总部，将分散的物流运作管理转变为集中化的物流运作管理。

思考题：

1. 企业为什么要进行物流管理？
2. 资生堂物流管理的成功因素有哪些？

【项目总结】

本项目从现代物流、电子商务物流的概念出发，首先介绍了电子商务与物流的关系；然后根据不同电子商务企业的运营模式，介绍了包括自营物流、第三方物流联盟在内的三种物流模式。电子商务企业根据自身条件选择物流模式的同时，也应加强企业自身的物流管理，才能保证电子商务的明显优势。

网络营销

 **项目情境引入**

　　某企业顾问有限公司是一家向企业提供培训和咨询服务的顾问公司，由于看好网络的发展前景，该公司成立之初即着手建立公司营销网站，并于几个月后开始运营。营销网站以营销/管理方面的文章、知识、讨论、业内动态等内容为主。网站建立之后，由于准确的定位、丰富优秀的内容、合理的网站架构与功能设计，深受许多用户的关爱与支持，其影响力与传播力不断上升，成长为业内最优秀的营销/管理综合网站之一，平均访问量和注册用户数都处于行业领先地位。有不少企业营销、管理人士经常访问该公司网站，这里成为了他们学习和交流的中心之一。由于网站主要以免费内容为主，因此收入较少，一直处于亏损状态。

　　最近公司营销网站的主管发现有越来越多的用户来信反映希望能在网站上购买营销相关的书籍、资料和 VCD 等，加上网站盈利的压力和一些合作伙伴的意见，主管决定安排人员调查在网上提供此服务的可行性以及具体的方式。究竟网络市场的营销与传统市场营销之间有怎样的差别与联系？适用于传统市场的营销商品和手段也一样能用到网络营销中来吗？

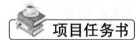 **项目任务书**

　　项目六任务书如表 6-1 所示。

表 6-1　　　　　　　　　　　　　　　　项目任务书

任务编号	分项任务	职业能力目标	知识要求	参考课时
任务一	认识网络营销	能够对比分析传统营销与网络营销的实现方式与运作流程，能够帮企业正确选择网络营销的运作模式	1.网络营销定义； 2.网络营销的特点； 3.网络营销的功能； 4.网络营销与传统营销的区别	4 课时
任务二	网络市场调研	能够明确调研对象，提出网络市场的调研方案，并进行网络市场调研	1.网络市场调研的定义； 2.网络市场调研的特点； 3.网络市场调研的方法； 4.网络市场调研的实施	4 课时
任务三	网络营销方法选择	能够了解每种网站推广方法的优缺点，学会选择网站推广的方法	1.网络营销策略； 2.网络营销常用工具； 3.网站推广的方法	4 课时
职业素养目标		1.利用互联网不断学习新知识、新技术，有一定创新意识； 2.通过对网络环境的了解，进一步区分传统营销环境和网络营销环境； 3.能学会利用网络技术进行网络市场调研； 4.能学会利用网络营销的方法进行网站推广		

任务一 认识网络营销

一、任务描述

湖南省怡清源茶业有限公司集茶叶科研，茶园基地建设，茶叶生产、加工、销售，茶文化传播于一体，是中国茶叶行业中的百强企业和知名企业、全国百家大型农产品流通企业、湖南省高新技术企业。怡清源以"连锁专卖、特约经销、电子商务、出口贸易"为主要营销模式。2010 年 1 月怡清源淘宝 B2B 旗舰店开张纳客；2010 年 4 月，怡清源营销型网站正式启动运营；2010 年 6 月，怡清源国际电子商务向全球亮相。博客营销、社区营销、邮件营销等将是怡清源现代化的营销武器，2010 年是怡清源的"电子商务营销年"。请分析下，怡清源的电子商务营销模式与以前的营销模式有什么区别？

二、相关知识

1. 网络营销的定义

网络营销在国外有许多翻译，如 Cyber Marketing、Internet Marketing、Network Marketing、e-Marketing 等。网络营销是指企业以现代营销理论为基础，利用互联网技术和功能，最大程度地满足客户需求，以达到开拓市场、增加赢利目标的经营过程。网络营销是企业整体营销战略的一个重要组成部分，作为企业经营管理手段，是企业电子商务活动中最基本和最重要的网上商业活动。

广义的网络营销是指以互联网为主要手段（包括 Intranet 企业内部网、EDI 行业系统专线网及 Internet 国际互联网）开展的营销活动。狭义的网络营销是指组织或个人基于开放便捷的互联网络，对产品、服务所做的一系列经营活动，从而达到满足组织或个人需求的全过程。

需要注意，网络营销不是网上销售。销售是营销到一定阶段的产物，销售是结果，营销是过程。如何定义网络营销其实并不是最重要的，关键是要理解网络营销的真正意义和目的，也就是充分认识互联网这种新的营销环境，利用各种互联网工具为企业营销活动提供有效的支持。这也是为什么在网络营销研究中必须重视网络营销实用方法的原因。

由于网络营销是一种新型的营销手段，因此一些企业和个人在实施过程中难免出现诸多误区，造成投入产出比不对称。主要的误区如下。

① 建个网站就是网络营销。应该来说，这种认识是对网络营销比较肤浅的认识，有了网站仅有了通过互联网络对外展示产品、展示服务的窗口，只是开展网络营销的第一步，要想做好网络营销，还有许多工作得做。

② 网络营销就是网上销售。网上销售是网络营销发展到一定阶段产生的结果，但网络营销本身并不等于网上销售。网络营销是一个过程，而网上销售是一个结果。

③ 一两次的网络推广就是网络营销。成功的网络营销不仅仅是一两次网络推广，而是集品牌策划、广告设计、网络技术、销售管理和市场营销等于一体的新型销售体系。应该有完整周详的策划，加上准确有效的实施，才能够得到期待的效果。

2. 网络营销的特点

① 经济性。由最初的物物交换到钱货交易，到以互联网为载体的信息交换，从这一过程的

对比中不难发现，网络营销不但可以减少印刷宣传册的成本、运费成本，还免去了店面租金、雇佣店员、店面水电费、工商管理费等成本。

② 高效性。透过互联网的数据库，消费者可以随时对产品信息进行查询，其数据精确程度是其他媒介所无法比拟的。此外，企业还可以根据市场调研时时更改产品信息、调整产品价格，使产品的整个销售流程都高效运转并发挥作用。

③ 多元性。互联网传播可以将文字、声音、图像结合同时进行有效传播，使产品信息能够以多种方式存在和进行交易。网络营销的这种多元性能够更好地激发营销人员的灵感及能动性、交互式。

④ 时域性。占有市场份额是营销的最终目的，由于网络能够超越时间和空间的约束进行产品信息交换，使营销更贴近生活和实际，企业也因此获得了剩余时间和空间进行营销，对自身营销进行时时监控。

⑤ 超前性。毫无疑问，在功能上互联网是最强大的营销工具，它兼具促销、电子交易、渠道、互动服务以及市场信息分析与提供的强大功能。实际上，网络营销这一模式正是未来主要营销手段的发展趋势。

⑥ 成长性。网络数据无时无刻都在进行着更新、替换，这使得产品的换代也更加频繁，正因如此，企业才能及时发现自身产品的不足而加以改进，使产品随着互联网的发展而不断成长。

3. 网络营销的功能

认识和理解网络营销的功能和作用是实战和利用网络营销功能和作用的基础及前提。网络营销的功能很多，主要具有 8 大功能：信息搜索功能、信息发布功能、商情调查功能、销售渠道开拓功能、品牌价值扩展和延伸功能、特色服务功能、顾客关系管理功能、经济效益增值功能。

① 信息搜索功能。信息搜索功能是网络营销进击能力的一种反映。在网络营销中利用多种搜索方法来主动地、积极地获取有用的信息和商机，主动地进行价格比较，主动地了解对手的竞争态势，主动地通过搜索获取商业情报进行决策研究。搜索功能已经成为营销主体能动性的一种表现，一种提升网络经营能力的进击手段和竞争手段。随着信息搜索功能由单一向集群化、智能化的发展，以及向定向邮件搜索技术的延伸，使网络搜索的商业价值得到了进一步的扩展和发挥，寻找网上营销目标将成为一件易事。

② 信息发布功能。发布信息是网络营销的主要方法之一，也是网络营销的一种基本职能。无论哪种营销方式都要将一定的信息传递给目标人群。网络营销所具有的强大信息发布功能是古往今来任何一种营销方式所无法比拟的。网络营销可以把信息发布到全球任何一个地点，既可以实现信息的广覆盖，又可以形成地毯式的信息发布链；既可以创造信息的轰动效应，又可以发布隐含信息。信息的扩散范围、停留时间、表现形式、延伸效果、公关能力、穿透能力都是最佳的。更加值得一提的是，在网络营销中，网上信息发布以后可以能动地进行跟踪获得回复，可以进行回复后的再交流和再沟通。因此，信息发布的效果明显。

③ 商情调查功能。网络营销中的商情调查具有重要的商业价值。对市场和商情的准确把握是网络营销中一种不可或缺的方法和手段，是现代商战中对市场态势和竞争对手情况的一种电子侦察。在激烈的市场竞争条件下，主动地了解商情、研究趋势、分析顾客心理、窥探竞争对手动态是确定竞争战略的基础和前提。通过在线调查或者电子询问调查表等方式，不

仅可以省去大量的人力、物力，而且可以在线生成网上市场调研的分析报告、趋势分析图表和综合调查报告，其效率之高、成本之低、节奏之快、范围之大都是以往其他任何调查形式所做不到的。这就为广大商家提供了一种市场的快速反应能力，为企业的科学决策奠定了坚实的基础。

④ 销售渠道开拓功能。网络具有极强的进击力和穿透力。传统经济时代的经济壁垒如地区封锁、人为屏障、交通阻隔、资金限制、语言障碍、信息封闭等都阻挡不住网络营销信息的传播和扩散。新技术的诱惑力、新产品的展示力、图文并茂、声像具显的昭示力、网上路演的亲和力、地毯式发布和爆炸式增长的覆盖力将整合为一种综合的信息进击能力，快速地打通封闭的运载并疏通种种渠道，打开进击的路线，实现和完成市场的开拓使命。这种快速、这种神奇、这种态势、这种生动是任何媒体、任何其他手段都无法比拟的。

⑤ 品牌价值扩展和延伸功能。美国广告专家莱利预言未来的营销是品牌的战争。拥有市场比拥有工厂更重要，拥有市场的唯一办法就是拥有占市场主导地位的品牌。随着互联网的出现，不仅给品牌带来了新的生机和活力，而且推动和促进了品牌的拓展和扩散。实践证明，互联网不仅拥有品牌、承认品牌，而且对于重塑品牌形象、提升品牌的核心竞争力以及打造品牌资产具有其他媒体不可替代的效果和作用。

⑥ 特色服务功能。网络营销提供的不是一般的服务功能，而是一种特色服务功能。服务的内涵和外延都得到了扩展和延伸。顾客不仅可以获得形式最简单的 FAQ、邮件列表以及 BBS 和聊天室等各种即时信息服务，还可以获取在线收听、收视、订购、交款等选择性服务，以及无假日的紧急需要服务和信息跟踪、信息定制到智能化的信息转移、手机接听服务、网上选购送货到家的上门服务等。这种服务以及服务之后的跟踪延伸不仅极大地提高了顾客的满意度，使以顾客为中心的原则得以实现，而且客户成为商家的一种重要的战略资源。

⑦ 顾客关系管理功能。客户关系管理源于以客户为中心的管理思想，是一种旨在改善企业与客户之间关系的新型管理模式，是网络营销取得成效的必要条件，是企业重要资源。在传统的经济模式下，由于认识不足或自身条件的局限，企业在管理客户资源方面存在着较为严重的缺陷。针对上述情况，在网络营销中，通过客户关系管理将客户资源管理、销售管理、市场管理、服务管理、决策管理集于一体，将原本疏于管理、各自为战的销售、市场、售前和售后服务与业务统筹协调起来。既可跟踪订单，帮助企业有序地监控订单的执行过程，规范销售行为，了解新、老客户的需求，提高客户资源的整体价值，又可以避免销售隔阂，帮助企业调整营销策略。收集、整理、分析客户反馈信息，全面提升企业的核心竞争能力。客户关系管理系统还具有强大的统计分析功能，便为我们提供"决策建议书"，以避免决策的失误，为企业带来可观的经济效益。

⑧ 经济效益增值功能。网络营销会极大地提高营销者的获利能力，使营销主体提高或获取增值效益。这种增值效益的获得不仅由于网络营销效率的提高、营销成本的下降、商业机会的增多，而且由于在网络营销中新信息量的累加，会使原有信息量的价值实现增值或提升其价值。这种无形资产促成价值增值的观念和效果，既是前瞻的又是明显的，是为多数人尚不认识、不理解、没想到的一种增值效应。

4. 网络营销与传统营销的区别

网络营销与传统营销的区别是显而易见的，从营销的手段、方式、工具、渠道到营销策略都有本质的区别，但营销目的都是为了销售、宣传商品及服务、加强和消费者的沟通与交流等。

虽然网络营销不是简单的营销网络化，但是其仍然没有脱离传统营销理论，4P 和 4C 原则仍在很大程度上适合网络营销理论。

① 从产品（Product）和消费者（Consumer）上看。理论上一般商品和服务都可以在网络上销售，实际上并不是这样，电子产品、音像制品、书籍等较直观和容易识别的商品销售情况要好一些。从营销角度来看，通过网络可以对大多数产品进行营销，即使不通过网络达成最终的交易，网络营销的宣传和沟通作用仍需受到重视。网络营销可真正直接面对消费者，实施差异化行销(一对一营销)，可针对某一类型甚至一个消费者制订相应的营销策略，并且消费者可以自由地选择自己感兴趣的内容观看或购买，这是传统营销所不能及的。

② 从价格（Price）和成本（Cost）上看。由于网络营销直接面对消费者，减少了批发商、零售商等中间环节，节省了中间营销费用，可以减少销售成本，降低营销费用，所以商品的价格可以低于传统销售方式的价格，从而产生较大的竞争优势。同时也要注意，减少了销售中的中间环节，商品的邮寄和配送费用也会一定程度上影响商品的销售成本和价格。

③ 从促销（Promotion）和方便（Convenience）上看。在促销方式上，网络营销本身可采用电子邮件、网页、网络广告等方式，也可以借鉴传统营销中的促销方式，促销活动一般要求要有新意、能吸引消费者，所以网络营销同样要有创意新颖的促销方式。在方便上，一方面网络营销为消费者提供了足不出户即可挑选购买自己所需的商品和服务的方便，另一方面少了消费者直接面对商品的直观性，限于商家的诚实和信用，不能保证网上的信息绝对真实，还有网上购物需等待商家送货或邮寄，在一定程度给消费者又带来了不便。

④ 从渠道（Place）和沟通（Communication）上看。二者在渠道上区别是明显的，由于网络的本身条件，离开网络便不可能去谈网络营销，而传统营销的渠道是多样的。由于网络有很强的互动性和全球性，网络营销可以实时地和消费者进行沟通，解答消费者的疑问，并可以通过 BBS、电子邮件快速为消费者提供信息。

当然，万物各有所长，也各有所短。作为新兴营销方式，网络营销具有强大的生命力，但也存在着某些不足。例如，网络营销尤其是网络分销无法满足消费者个人社交的心理需要，无法使消费者以购物过程来显示自身社会地位、成就或支付能力等。尽管如此，网络营销作为 21 世纪的营销新方式仍势不可挡，将成为全球企业竞争的锐利武器。

三、任务实施

步骤一：分析怡清源公司的传统营销模式。

步骤二：分析怡清源公司的网络营销模式。

步骤三：对两种营销模式从营销理念、沟通方式、营销渠道和营销策略 4 个方面进行比较，并填写表 6-1。

表 6-2　　　　　　　　怡清源公司的传统营销模式和网络营销模式的区别

项目	营销理念	沟通方式	营销渠道	营销策略
传统营销				
网络营销				

步骤四：分析怡清源公司开展网络营销的优势在哪里？劣势在哪里？机会是什么？互联网条件下的网络营销增值服务表现在哪里？通过什么技术可以实现？是否充分挖掘了互联网的优

势？传统营销活动的优势、劣势？填写表 6-2。

表 6-3　　　　　　怡清源公司的传统营销模式和网络营销的优劣势比较

项目	优势	劣势
传统营销		
网络营销		

四、任务评价

任务评价表如表 6-4 所示

表 6-4　　　　　　　　　　　　　　评价表

项目	学习态度（20%）	团队合作情况（20%）	步骤完成情况（50%）	其他表现（10%）	小计（100%）	综合评价
小组评分（30%）						
个人评分（30%）						
老师评分（40%）						
综合得分（100%）						

五、知识拓展

阅读材料

从《我是歌手》&《中国好声音》看网络营销策略

2013 年开年之初，由湖南卫视重磅打造的《我是歌手》一夜之间红遍了大江南北，其风靡势头不亚于去年 2012 年的《中国好声音》。这两档节目都是由购买国外版权引进的，无论是从歌手上还是节目形式上都给人耳目一新的感觉，颠覆了之前传统的选秀节目。本人认为这也是这两档节目爆火的原因吧。下面将给大家分析一下。

1. 节目播出时间选择（时效性）

众所周知，《中国好声音》的赞助商是加多宝凉茶饮料，所以节目播出的时间段是夏季，正值酷暑难熬之际，也是用户需求量最大时，可谓是广告的黄金时段。时效性营销很重要，当用户去购物看到加多宝凉茶时，不经意间就会多关注两下，最后转化为购买行为；或者当同事朋友在聊天时就会拿这个节目来分享和讨论，口碑相传品牌迅速扩张开来。相比之下，《我是歌手》节目播出时间选在 2013 开年，也是大家休闲时间比较充足的阶段——春节，而且也是音乐节目的淡季（空档期），所以开播之初就为大家高度关注。

2. 节目广告语（标题性）

随着《中国好声音》越来越火，也让节目主持人华少冠上"中国好舌头"美称。大家随便模仿两句华少的主持风格，相信都能脱口而出这句由语速练就的朗朗上口的广告语："正宗好凉茶正宗好声音欢迎收看由凉茶领导品牌加多宝为您冠名的加多宝凉茶中国好声音"。一时间，"加多宝"这个从无到有的关键词走进了人们的视线，引起了广泛的关注。那大家有没有考虑为什么这个能被大家熟知到不假思索就能说出来的程度？归根结底，还是广告语写的有技巧。这就如同做网络营销如何写好标题吸引眼球一样，上面这一句话中重复了 3 次"凉茶"这个关键词，品牌名称重复 2 次，突出重点、加强用户记忆。相比，《我是歌手》节目虽然没有朗朗上口的广告语，但是每次在宣布成绩那个关键时刻，导演也是一而再、再而三地重复"立白洗衣液我是歌手"这个简洁明了的组合关键词，不超过 10 个字，方便快捷记忆，而且从商品受众来分析，立白洗衣液是快消品，受众是成年人，大多是女性，城市和农村，所以要走大众化路线。对于农民来说，字数太多不好记住，所以从这个角度看，《我是歌手》广告语也是成功的。

3. 节目形式（原创性）

这两档节目都是从国外引进的，其赛制模式很新颖，至少在国内是首次播出，在选秀节目使大家疲劳和麻木时，独一无二的节目比赛形式给人耳目一新的感觉，重新唤醒了人们的视觉器官，比如由之前的"评委"换成"导师"，内容也由之前的"音乐+舞蹈"到"纯音乐"时代，让人们用心去聆听音乐，而不是用眼睛去观看音乐，这也是用户需求之一。所以，从这两档节目不难看出，原创性、独一无二的内容才是关键。

4、节目明星效应（品牌性）

《我是歌手》爆火的根本原因是：启用明星效应，比赛的选手都是国内已成名、在歌坛有地位的歌手，他们本身已成品牌，这么多知名品牌汇聚起来的力量和知名度不想而知了吧！所以，这也正应了那句话：和名人打交道多了，你也就成名人了。所以，能请过来这些实力派的唱将，这一点就足以说明这个节目的起点是成功的，就打造好了品牌，所以后期的口碑营销是水到渠成的。

纵观整个互联网营销，最重要的就是要把握好以上 4 点。只有分析清楚用户需求，才能制定营销策略和内容，利用正确的时间有的放矢，这样才能成功。

六、同步拓展

登录 http://www.haier.com/cn/，分析海尔集团的传统营销和网络营销模式，并比较这两种模式的区别。

任务二　网络市场调研

一、任务描述

湖南路翔机电贸易有限公司的前身为湘路电动自行车销售部，其成立于 2006 年，先后成为中国邮政、邮政速递、顺丰速递、圆通快递、申通快递等众多省内大型企事业单位的战略合作伙伴，湘路电动车销售部 2012 年 5 月进行全面升级，正式升级注册为湖南路翔机电贸易有限公司，注册资金 200 万元，是目前湖南省内注册资金较大的一家集电动车、电动自行车、电动观光车及销售于一体的贸易有限公司。现公司为了及时跟踪行业动态、拓展自己的业务、明确主要的竞争对手、提高自身竞争力、发现潜在的目标客户，想通过互联网对电动汽车市场作一次市场调研，请帮其提供主要的实施方案。

二、相关知识

1. 网络市场调研的定义

市场调研是营销链中的重要环节，没有市场调研，就把握不了市场。互联网作为 21 世纪新的信息传播媒体，它的高效、快速、开放是无与伦比的，它加快了世界经济结构的调整与重组，形成了数字化、网络化、智能化、集成化的经济走向；它强烈地影响着国际贸易环境，正在迅速改变传统的市场营销方式乃至整个经济的面貌。

网上市场调研，又称"网络市场调查"，是指基于互联网而系统地进行营销信息的收集、整理、分析和研究的过程。网上市场调研的内容主要包括市场可行性研究、不同地区的销售机会和潜力分析、影响销售的各种因素的探索、竞争分析、产品研究、包装测试、价格研究、特定市场的特征分析、消费者研究、形象研究、市场性质变化的动态研究、广告监测、广告效果研究等方面。

2. 网络市场调研的特点

网络市场调研可以充分利用互联网的开放性、自由性、平等性、广泛性、直接性、无时间和地域限制等特点，展开调查工作，其特点如下。

① 网络信息的及时性和共享性。由于网络的开放性和快速传播性，只要连接到网络上并愿意接受调研的网民都可以随时接触到不同形式的网络调查，同时任何网民都可以参加投票和查看结果，这保证了网络信息的及时性和共享性。

② 网络市场调研的便捷性与低费用。网上调查可节省传统调查中所耗费的大量人力、物力和时间。在网络上进行调研只需要一台能上网的计算机即可。调查者只需在企业站点上大量发出电子调查问卷供网民自愿填写，然后通过统计分析软件对访问者反馈回来的信息进行整理和分析即可。在这种情况下，人工所需费用就下降到相当低的程度，也避免了通过人工所要遇到的不同方面的阻挠、不便、时间长和敷衍回答等问题。

③ 网络市场调研的交互性和充分性。网络的最大特点是交互性，在网上调查时，被调查对象可以在任何时间里完成不同形式的调研，也可以及时就问卷相关的问题提出自己更多的看法和建议，可减少因问卷设计得不合理而导致的调查结论偏差等问题。同时，被调查者还可以自由地在网上发表自己的看法，没有任何限制的问题。

④ 调研结果的可靠性和客观性。由于公司站点的访问者一般都对公司产品有一定的兴趣，所以这种基于顾客和潜在顾客的市场调研结果是比较客观和真实的，它在很大程度上反映了消费者的消费心态和市场发展的趋向。

⑤ 网络调研无时空、地域限制。网上市场调查可以 7×24 小时，365 天全天候进行，这与受区域制约和时间制约的传统调研方式有很大的不同。

利用互联网的这些特点进行市场调研的优势是非常明显的，不难发现这是一个快速省钱的方法。同时，由于消费者的反馈信息相对真实，那么经过对这些信息的分析所得到的结果必然会更加精确，从而能够更大程度地帮助生产商或经销商发现商机、找准经营方向及做出正确决策等。

3. 网络市场调研的方法

网络市场调研一般可采用两种方法，即网上直接调研方法和网上间接调研方法。

（1）网上直接调研

通过利用互联网直接进行问卷调查等方式收集一手资料。直接调研的方法有观察法、专题讨论法、问卷调查法、实验法和在线问卷法。网上用得最多的是专题讨论法和在线问卷法。

① 专题讨论法。专题讨论可通过 Usenet 新闻组（Newsgroup）、电子公告牌（BBS）或邮件列表（Mailing Lists）讨论组进行。第一步，确定要调查的目标市场；第二步，识别目标市场中要加以调查的讨论组；第三步，确定可以讨论或准备讨论的具体话题；第四步，登录相应的讨论组，通过过滤系统发现有用的信息，或创建新的话题，让大家讨论，从而获得有用的信息。具体地说，目标市场的确定可根据 Usenet 新闻组、BBS 讨论组或邮件列表讨论组的分层话题选择，也可向讨论组的参与者查询其他相关名录，还应注意查阅讨论组上的 FAQs（常见问题），以便确定能否根据名录来进行市场调查。

② 在线问卷法。在线问卷法即请求浏览其网站的每个人参与它的各种调查。在线问卷法可以委托专业调查公司进行，具体做法是：向若干相关的讨论组送去简略的问卷；在自己网站上放置简略的问卷；向讨论组送去相关信息，并把链接指向放在自己网站上的问卷。

在线问卷不能过于复杂、详细，否则会使被调查者产生厌烦情绪，从而影响调查问卷所收集数据的质量。在进行在线问卷调查时可采取一定的激励措施，如提供免费礼品、抽奖送礼等。

（2）网上间接调研

网上间接调查方法是利用互联网的媒体功能，从互联网收集二手资料。互联网虽有着海量的二手资料，但要找到自己需要的信息，首先必须熟悉搜索引擎（Search Engine）的使用，其次要掌握专题性网络信息资源的分布。互联网上查找资料主要通过 3 种方法：利用搜索引擎、访问相关的网站（如各种专题性或综合性网站）、利用相关的网上数据库。

① 利用搜索引擎查找资料。搜索引擎使用自动索引软件来发现、收集并标引网页，建立数据库，以 Web 形式提供给用户一个检索界面，供用户以关键词、词组或短语等检索项查询与提问匹配的记录，争奇斗艳，成为网上最突出的应用。

② 访问相关的网站收集资料。如果知道某一专题的信息主要集中在哪些网站，就可直接访问这些网站，获得所需的资料。

③ 利用相关的网上数据库查找资料。网上数据库有付费和免费两种。在国外，市场调查用的数据库一般都是付费的。我国的数据库业近十年有较大的发展，近几年也出现了几个 Web 版的数据库，但它们都是文献信息型的数据库。

4. 网络市场调研的实施

（1）明确调研目标。

在进行网络市场调研前，首先要明确调查的问题，希望通过调查得到什么样的结果。例如，客户的消费心理、购物习惯、对竞争者的印象、企业的形象、对产品的评价等。本次网络市场调研确定顾客的消费心理和市场上竞争者情况。

（2）确定调查的对象

网络市场调查的对象主要分为 3 大类：企业产品的消费者、企业的竞争者、企业的合作者和行业内的中立者。

（3）制定调查计划

有效的调查计划包括资料来源、调查方法、调查手段、抽样方案和联系方法 5 部分内容，下面将详细介绍。

① 资料来源。市场调查首先须确定是收集一手资料还是二手资料，或者两者都要。在互联网上，利用搜索引擎、网上营销和网上市场调查网站可以方便地搜集各种一手和二手资料。

② 调查方法。网络市场调查可以使用的方法有专题讨论法、问卷调查法和实验法。

③ 调查手段。网络市场调查可以采取在线问卷和软件系统两种方式进行。其中，在线问卷制作简单，分发迅速，回收方便，但须遵守一定的原则。

④ 抽样方案。即要确定抽样单位、样本规模和抽样程序。抽样单位是确定抽样的目标总体；样本规模的大小涉及调查结果的可靠性，样本应足够多，必须包括目标总体范围内所发现的各种类型样本；在抽样程序选择上，为了得到有代表性的样本，应采用概率抽样的方法，这样可以计算出抽样误差的置信度，当概率抽样的成本过高或时间过长时，可以用非概率抽样方法替代。

⑤ 联系方法。联系方法是指以何种方式接触调查的主体，网络市场调查采取网上交流的形式，如 E-mail 传输问卷、BBS 等。

（4）收集整理信息

利用互联网进行市场调查，不管是一手资料还是二手资料，都可同时在全国或全球进行，收集的方法也很简单，直接在网上递交或下载即可，这与受区域制约的传统调研方式有很大的不同。例如，某公司要了解各国对某一国际品牌的看法，只需在一些著名的全球性广告站点发布广告，把链接指向公司的调查表就行了，无需像传统调查那样，在各国找不同的代理分别实施。此类调查如果利用传统方式是无法想象的。

（5）分析信息

信息收集结束后，接下去的工作是信息分析。信息分析的能力相当重要，因为很多竞争者都可从一些知名的商业站点看到同样的信息，调查人员如何从收集的数据中提炼出与调查目标相关的信息，并在此基础上对有价值的信息迅速做出反映，这是把握商机战胜竞争对手、取得经营成果的一个制胜法宝。利用互联网，企业在获取商情、处理商务的速度方面是传统商业无法比拟的。

（6）提交报告

调研报告的填写是整个调研活动的最后一个阶段。报告不是数据和资料的简单堆砌，调查员不能把大量的数字和复杂的统计技术扔到管理人员面前，而应把与市场营销关键决策有关的主要调查结果写出来，并以调查报告正规格式书写。

三、任务实施

步骤一：搜索行业动态和政策信息。

使用百度搜索标题中包含"电动汽车"的 doc 或 pdf 文档，将包含搜索关键字界面截图。摘录和整理电动汽车行业动态的有关资讯，形成一篇 200～400 字电动汽车行业动态简讯。

步骤二：访问汽车行业/专业网站。

利用百度或 google 搜索引擎搜索标题中包含"电动汽车"关键词的网站首页，将包含搜索关键字界面截图。访问汽车行业/专业网站，将相关信息填入表 6-5 中。

表 6-5   电动汽车行业网站信息资源库

序号	网站域名	主要频道/栏目	联系方式
1			
2			
3			

步骤三：搜集竞争对手详细资料。

利用百度、google、雅虎等搜索引擎的搜索技巧，搜集其他电动汽车公司的相关信息，并访问他们的网站，将相关汇总信息填入表 6-6 中。

表 6-6   国内电动汽车生产企业信息资源库

序号	企业名称	网站域名	经营范围	规模特色	主要品牌
1					
2					
3					
4					

登录阿里巴巴国内网站（www.alibaba.com.cn），对平台上的电动汽车企业进行调研，要求使用关键字"电动汽车"且调查企业该为"生产企业"，将调研的汇总信息填入表 6-7 中。

表 6-7   阿里巴巴平台企业调研

调查对象（省或城市）	注册用户（个）	诚信通用户（个）	诚信通指数排名前 3 企业	
			企业名称	诚信指数
湖南			第一：	
			第二：	
			第三：	
广州			第一：	
			第二：	
			第三：	

步骤四：搜集潜在客户详细资料。

搜集潜在客户详细资料与调研竞争对手方法类似，潜在客户主要包括贸易公司、汽车加工企业、组织消费者、个人等。利用互联网搜集这些客户信息，并将汇总信息填入表 6-8 中。

表 6-8   潜在客户详细资料

序号	客户名称	经营业务范围和规模实力	联系方式	资料来源信息链接地址
1				
2				
3				
4				

步骤五：调研总结。

根据上述调研过程和调研结果，写 400～500 字调研总结，为湖南路翔机电贸易有限公司提供合理的市场开拓策略。

四、任务评价

任务评价表如表 6-9 所示。

表 6-9　　　　　　　　　　　　　　评价表

项目	学习态度（20%）	团队合作情况（20%）	步骤完成情况（50%）	其他表现（10%）	小计（100%）	综合评价
小组评分（30%）						
个人评分（30%）						
老师评分（40%）						
综合得分（100%）						

五、知识拓展

阅读材料

网络市场调研应该调研什么

对于网络营销来说，市场调查的方向和目标在于了解市场，了解对手，对网络目标人群有针对性地调查，最终得出明确的信息，制定出具有差异化的营销策略。

以下问题应该是调查的重点。

- 企业产品的市场需求有多大？
- 企业产品的长尾市场在哪里？
- 进入市场的阻力是什么？
- 产品的利润率有多大？
- 产品的可预期风险是多大？
- 能不能进入网络营销的市场？
- 目标用户对你的产品感不感兴趣？
- 目标群体最希望得到什么样的产品？
- 你的目标群体是些什么样的人？
- 目标群体需不需要这类产品？
- 目标人群正在使用什么产品？
- 这些产品从何而来？
- 企业的竞争对手是谁？
- 竞争对手在网友中的口碑如何？
- 竞争对手使用了什么样的网络营销方法？

通过网络市场调研，企业应该对这些具体的问题有一个整体的了解，即使没有精确的答案和报表，也必须对预期的市场有一个明确的概念。总之，了解市场，了解对手，了解目标用户，最终精确估算自己的实力。

了解你的用户

网络上的目标客户和传统市场营销中的目标客户有着截然不同的特征，他们更开放，更愿意尝试新鲜事物，更注重用户体验和产品的口碑。因此，要开展网络营销首先要了解网络上目标客户的需求，这些群体的需求特征，购买行为模式和动机。互联网上有着许多特征鲜明、划分明确的社区群体，分析网络消费者的关键就是了解这些群体的喜好和需求。

图6-1　如何了解对手

进行网络营销，市场调查的第一步就是了解你的目标用户和你的对手。研究对手企业在行业中的地位及在网络营销中的情况可以通过以下方式。

（1）搜索引擎排名

在搜索引擎上的排名可以明确说明企业的竞争对手是否在进行网络营销，进行到什么进度，在使用竞价排名的同类企业有多少，他们的市场占有率有多少，市场空间大致有多少。

（2）调查问卷和投票

在问卷和投票上设置有关竞争对手的产品、服务和想法的问题，看看是谁在谈论这些产品，使用竞争对手产品的用户有多少，给自己的企业还留着多少空间。通过这些调查，企业可以判断自己进入市场的阻力有多大，市场的份额目前是多少以及是否有把握把竞争对手的用户变成自己的用户。

（3）访问对手网站

访问对手网站可以直观地了解对手的网站内容、企业动态、营销思维和对手企业的实力。

（4）使用网络工具调查对手

网络市场调研同时有一些其他调研方式不能企及的优势和方法，即使用网络工具对对手网站的运营情况和排名情况进行调研，比如查看对手网站的 ALEX 排名、百度和谷歌搜索引擎的收录数、对手的关键词排名、对手网站的流量、谷歌的 PR 值、网站的 PV 流量和独立 IP 量等，这些都说明：竞争对手的水平，对手网站的水平，对手网站使用了哪些网络营销的方式，是否成功，营销到了哪种地步，甚至可以通过网络工具推测出竞争对手的网络市场占有率等。

六、同步拓展

雅虎的用户分析调研

雅虎曾授权英国营销调研公司——"大陆研究"对德国及法国网络使用者进行分析调研。同时，"大陆研究"公司将与纽约一家名为 Quantime 的公司合作完成此项目，该公司提供抽样调研软件及服务设备。两公司设计了一个两阶段调研计划。第一阶段，搜集德国、法国及美国雅虎商业用户及一般用户访问雅虎网站的数据，了解其上网动机及主要网上行为。这就要雅虎做到所有的调研及回答过程都必须使用被访者的本国语言。同时，还要求被访者提供其电子邮件地址以备第二阶段调研的再次联系，在这一阶段中将进行深度调研。该阶段的主要问题就是吸引、督促被访者参与、完成调研，以确保搜集到最佳信息。

第一阶段：搜集数据。

雅虎第一阶段的调研包括 10 个问题，涉及被访者的媒体偏好、教育程度、年龄、消费模式等。设计雅虎互联网使用软件的主要目的就是使其保持与 Quantime 公司已有 CATZ 设备的一致性。因为使用的是同种语言，因此互联网调研在逻辑上与 CAN 调研相似。复杂的循环及随机程序能保证所搜集数据的稳定性。约有 10% 的被访者没有完成全部问卷，但这些费用几乎为零，所以没有造成什么损失。

第二阶段：深度调研。

第二阶段则对那些在第一阶段中留下了电子邮件地址并同意继续接受访谈的人进行。这些被访者将收到电子邮件通知，告知他们调研的网址。第二阶段的询问调研较第一阶段长，它会涉及一系列有关生活方式的深度研究问题。由于"大陆研究"公司已经认识了这些被访者，因此公司要求受访者进行登记，这样做能够准确计算回答率。如果需要的话，公司还将寄出提醒卡以确保每位参访者只进行一次回答。实际上，在发出电子邮件通知后的一周内，调研者便收到了预期的样本数目，根本无需进行提醒。

在第二阶段中，对已留下电子邮件地址的人进行深度调研时，可以在其上次中断的地方进行重新访问。这样做虽然使第二阶段的问卷相对长了些，但中途断线率降到 5% ~ 6%。这在某种程度上得到了个人电子邮件收发信箱的激励，并赢得了 1/5 的电子组织者的支持。

思考：

（1）试析雅虎用户调研的成功与不足之处。

（2）网上市场调研应注意哪些方面？

任务三　网络营销方法选择

一、任务描述

伊秀格品牌服饰是淘宝上一家网店，它主要经营女装，它的店铺地址是：http://shop36361069.taobao.com/，请分析其运用了哪些网络营销的方法。

二、相关知识

1、网络营销策略

（1）网络营销产品组合

这里有两个概念：产品线和产品组合。产品线是指在技术和结构上密切相关，具有相同使用功能，规格不同而满足同类需求的一组产品。产品组合是指一个企业所经营的全部产品线的组合方式，包括 3 个因素，即产品组合的广度、深度和关联度。这 3 个因素的不同构成不同的产品组合。产品组合策略是指企业根据其经营目标、自身实力、市场状况和竞争态势，对产品组合的广度、深度和关联度进行不同的结合。

① 扩大产品组合策略。该策略也称全线全面型策略，即扩展产品组合的广度和深度，增加产品系列或项目，扩大经营范围，以满足市场需要。这将有利于综合利用企业资源，扩大经营规模，降低经营成本，提高企业竞争能力。但扩大产品组合策略要求企业具有多条分销渠道，采用多种促销方式，对企业资源条件要求较高。

② 缩减产品组合策略。缩减产品组合策略指降低产品组合的广度和深度，减少一些产品系列或项目，集中力量经营一个系列的产品或少数产品项目，提高专业化水平，以求集中力量从经营较少的产品中获得较多的利润，故也称市场专业型策略。

③ 产品延伸策略。每一个企业所经营的产品都有其特定的市场定位。产品延伸策略指全部或部分地改变企业原有产品的市场定位，具体做法有向上延伸、向下延伸和双向延伸 3 种。

（2）网络市场的定价策略

由于企业面对的是互联网这个全球市场，因此在制定产品和服务的价格策略时，必须考虑各种国际化因素，针对国际市场的需求情况和同类产品的价格情况确定本企业的价格策略。

① 新产品的定价策略。定价策略抉择的正确与否关系到新产品能否在市场上立足，能否顺利地开拓市场，以及尽快地从产品市场生命周期的导入期进入成长期。目前在网络营销中，新产品多采用如下 3 种定价策略：撇脂定价、渗透定价、满意定价。

② 折扣价格策略。折扣价格策略是指销售者为回报或鼓励购买者的某些行为，如批量购买、提前付款、淡季购买等，将其产品基本价格调低，给购买者一定比例的价格优惠。具体办法有：数量折扣、现金折扣、功能折扣和季节性折扣等。在网上市场中这也是经常采用的一种价格策略。

③ 免费策略。在网络营销中，一些企业通过实施免费策略来达到营销的目的。在网上，人们普遍使用"免费电子邮件"，获得各种"免费软件"、"免费电子报刊"……通过免费吸引顾客的注意力——网上最稀缺的资源，拥有客户资源就获取了利润的源泉。世界著名门户网站雅虎正是如此成长壮大的。

（3）网络营销的分销渠道策略

① 网络直接销售。网络直接销售是指生产厂家通过网络直接分销渠道销售产品。目前常见的做法有两种：一种做法是企业在互联网上建立自己独立的站点，申请域名，制作主页和销售网页，由网络管理员专门处理有关产品的销售事务；另一种做法是企业委托信息服务商在其网点上发布信息，企业利用有关信息与客户联系，直接销售产品。

② 网络间接销售。为了克服网络直接销售的缺点，网络商品交易中介机构应运而生。这类机构成为连接买卖双方的枢纽，使得网络间接销售成为可能。中国商品交易中心、商务商品交易中心、中国国际商务中心以及阿里巴巴网站等都属于这类中介机构。

③ 混合法。所谓混合法，是指企业同时使用网络直接分销渠道和网络间接分销渠道，以达到销售量最大化的目的。在买方市场的现实情况下，通过两条渠道推销产品比通过单一渠道更容易实现市场扩张。无论是网络直接销售还是网络间接销售都对传统的交易费用模式产生了非居间化的作用，即在网络信息社会里销售人员和传统的经纪公司无法向消费者提供更高的价值，为降低交易费用，从价值链中剔除了中介称为非居间化，此时网上在线经纪人就成了耀眼的明星。

（4）网络营销的促销策略

网络促销是利用现代化的网络技术向虚拟市场传递有关商品和劳务的信息以启发需求，引起消费者购买欲望和购买行为的各种活动。

网络促销活动主要分为网络广告促销和网络站点促销两大类。前者是指通过信息服务商（ISP）进行广告宣传，开展促销活动；后者主要是指利用企业自己的网站树立企业形象，宣传产品，开展促销活动。网络广告促销具有宣传面广、影响力大的特点，但其费用相对偏高。网站促销具有直接性的特点，快速、简便、费用较低，买卖双方网上直接对话、讨价还价，成交的几率较高。但由于网上站点日益增多，因而检索起来比较困难。合理地应用两种促销方法是保证网络促销成功的关键。

2. 网络营销常用工具

选择合适的工具对开展网络营销非常重要。网络营销的工具非常多，以下介绍几种常见的网络营销工具。

（1）企业网站

企业网站是企业在互联网上进行网络建设和形象宣传的平台，相当于企业的网络名片，不但对企业的形象是一个良好的宣传，同时可以辅助企业的销售，通过网络直接帮助企业实现产品的销售。另外，企业还可以利用网站进行宣传、发布产品资讯、招聘等。在所有的网络营销工具中，企业网站是最基本、最重要的一个，没有企业网站，许多网络营销方法将无用武之地。网站建设是网络营销策略的重要组成部分，网站建设完成不是网络营销的终结，而是为网络营销各种职能的实现打下基础，如网站推广、在线服务等，一些重要的网络营销方法如搜索引擎营销、邮件列表营销、网络会员制营销等才具备了基本条件。企业网站内容是网络营销信息源的基础。网站的功能决定着哪些营销方法可以被采用而哪些不能被采用。

（2）搜索引擎

搜索引擎是指根据一定的策略、运用特定的计算机程序从互联网上搜集信息，在对信息进行组织和处理后，为用户提供检索服务，将用户检索相关的信息展示给用户的系统。搜索引擎包括全文索引、目录索引、元搜索引擎、垂直搜索引擎、集合式搜索引擎、门户搜索引擎与免费链接列表等。百度和谷歌等是搜索引擎的代表。搜索引擎是常用的互联网服务之一，它的基本功能是为用户查询信息提供便捷，在开展网络营销过程中搜索引擎必不可少。

（3）电子邮件

电子邮件（Electronic mail，简称 E-mail，标志：@，也被大家昵称为"伊妹儿"），又称电子信箱、电子邮政，它是一种用电子手段提供信息交换的通信方式，是互联网应用最广的服务。通过网络的电子邮件系统，用户可以用非常低廉的价格（不管发送到哪里，都只需负担电话费和网费即可），以非常快速的方式（几秒钟之内可以发送到世界上任何你指定的目的地），与世界上任何一个角落的网络用户联系，这些电子邮件可以是文字、图像、声音等各种方式。电子邮件不仅作为一种个人交流工具，同时也日益与企业经营活动密不可分，因此，电子邮件也成为有效的网络营销信息传递的工具之一，在网络营销中具有极其重要的作用，具体体现在：树立企业品牌形象、会员通信与电子刊物、电子邮件广告、产品服务推广、收集市场信息等方面。

（4）博客与 RSS

博客有些地方也称为网志或者网络日志。当博客以名词形式出现时，通常指在网络上发表博客文章的人或者文章内容；当博客作为动词时，则指写博客文章。现在博客不仅被用于发布个人的网络日志，也成为企业发布信息的工具，因而成为一种新型的网络营销工具。

RSS 相对于博客来说，知名度会低很多，而且至今还没有一个非常贴切的中文词汇，也许以后无需中文名，大家都习惯于直接叫 RSS 了。RSS 之所以同博客一样会被认为是热门词汇的一个原因是，RSS 将要对互联网内容的浏览方式和信息传递方式产生巨大影响。RSS 是一种描述信息内容的格式，是目前使用最广泛的 XML 应用。RSS 搭建了信息迅速传播的一个技术平台，使得每个人都成为潜在的信息供应者，是网站用来和其他站点之间共享内容的一种建议方式。

3. 网站推广的方法

（1）搜索引擎推广方法

搜索引擎推广是指利用搜索引擎、分类目录等具有在线检索信息功能的网络工具进行网站推广的方法。由于搜索引擎的基本形式可以分为网络蜘蛛型搜索引擎（简称搜索引擎）和基于人工分类目录的搜索引擎（简称分类目录），因此搜索引擎推广的形式也相应地有基于搜索引擎的方法和基于分类目录的方法，前者包括搜索引擎优化、关键词广告、竞价排名、固定排名、基于内容定位的广告等多种形式，而后者则主要是在分类目录合适的类别中进行网站登录。随着搜索引擎形式的进一步发展变化，也出现了其他一些形式的搜索引擎，不过大都是以这两种形式为基础。

搜索引擎推广的方法又可以分为多种不同的形式，常见的有：登录免费分类目录、登录付费分类目录、搜索引擎优化、关键词广告、关键词竞价排名、网页内容定位广告等。

（2）电子邮件推广方法

以电子邮件为主要的网站推广手段，常用的方法包括电子刊物、会员通信、专业服务商的电子邮件广告等。基于用户许可的 E-mail 营销与滥发邮件（Spam）不同，许可营销比传统的推广方式或未经许可的 E-mail 营销具有明显的优势，比如可以减少广告对用户的滋扰、增加潜在客户定位的准确度、增强与客户的关系、提高品牌忠诚度等。根据许可 E-mail 营销所应用的用户电子邮件地址资源的所有形式可以分为内部列表 E-mail 营销和外部列表 E-mail 营销，或简称内部列表和外部列表。内部列表也就是通常所说的邮件列表，是利用网站的注册用户资料开展 E-mail 营销的方式，常见的形式如新闻邮件、会员通信、电子刊物等。外部列表 E-mail 营销则是利用专业服务商的用户电子邮件地址来开展 E-mail 营销，也就是以电子邮件广告的形式向服务商的用户发送信息。许可 E-mail 营销是网络营销方法体系中相对独立的一种，既可以与其他网络营销方法相结合，也可以独立应用。

（3）资源合作推广法

通过网站交换链接、交换广告、内容合作、用户资源合作等方式，在具有类似目标网站之间实现互相推广的目的，其中最常用的资源合作方式为网站链接策略，利用合作伙伴之间访问量资源合作互为推广。

每个企业网站均可以拥有自己的资源，这种资源可以表现为一定的访问量、注册用户信息、有价值的内容和功能、网络广告空间等，利用网站的资源与合作伙伴开展合作，实现资源共享，共同扩大收益的目的。在这些资源合作形式中，交换链接是最简单的一种合作方式，调查表明，交换链接也是新网站推广的有效方式之一。交换链接或称互惠链接，是具有一定互补优势的网站之间的简单合作形式，即分别在自己的网站上放置对方网站的 LOGO 或网站名称并设置对方网站的超级链接，使得用户可以从合作网站中发现自己的网站，达到互相推广的目的。交换链接的作用主要表现在：获得访问量、增加用户浏览时的印象、在搜索引擎排名中增加优势、通过合作网站的推荐增加访问者的可信度等。

（4）信息发布推广方法

将有关的网站推广信息发布在其他潜在用户可能访问的网站上，利用用户在这些网站获取信息的机会实现网站推广的目的。适用于这些信息发布的网站包括在线黄页、分类广告、论坛、博客网站、供求信息平台、行业网站等。信息发布是免费网站推广的常用方法之一，尤其在互联网发展早期，网上信息量相对较少时，往往通过信息发布的方式即可取得满意的效果。不过随着网上信息量爆炸式的增长，这种依靠免费信息发布的方式所能发挥的作用日益降低；同时，由于更多更加有效的网站推广方法的出现，信息发布在网站推广的常用方法中的重要程度也有明显的下降。因此，依靠大量发送免费信息的方式已经没有太大价值，不过一些针对性、专业性的信息仍然可以引起人们极大的关注，尤其当这些信息发布在相关性比较高的网站上时。

（5）病毒营销方法

病毒性营销方法并非传播病毒，而是利用用户之间的主动传播，让信息像病毒那样扩散，从而达到推广的目的。病毒性营销方法实质上是在为用户提供有价值的免费服务的同时，附加上一定的推广信息，常用的工具包括免费电子书、免费软件、免费FLASH作品、免费贺卡、免费邮箱、免费即时聊天工具等。如果应用得当，这种病毒性营销手段往往可以以极低的代价取得非常显著的效果。

（6）快捷网址推广方法

快捷网址推广方法，即合理利用网络实名、通用网址以及其他类似的关键词网站的快捷访问方式来实现网站推广的方法。快捷网址使用自然语言和网站URL建立其对应关系，这对于习惯于使用中文的用户来说，提供了极大的方便，用户只需输入比英文网址更加容易记忆的快捷网址就可以访问网站，用自己的母语或者其他简单的词汇为网站"更换"一个更好记忆、更容易体现品牌形象的网址。例如，选择企业名称或者商标、主要产品名称等作为中文网址，这样可以大大弥补英文网址不便于宣传的缺陷，因为在网址推广方面有一定的价值。随着企业注册快捷网址数量的增加，这些快捷网址用户数据也相当于一个搜索引擎，这样，当用户利用某个关键词检索时，即使与某网站注册的中文网址不一致，也同样存在被用户发现的可能性。

（7）网络广告推广方法

网络广告是常用的网络营销策略之一，在网络品牌、产品促销、网站推广等方面均有明显作用。网络广告的常见形式包括BANNER广告、关键词广告、分类广告、赞助式广告、E-mail广告等。其中，BANNER广告所依托的媒体是网页，关键词广告属于搜索引擎营销的一种形式，E-mail广告则是许可E-mail营销的一种。可见，网络广告本身并不能独立存在，需要与各种网络工具相结合才能实现信息传递的功能，因此也可以认为，网络广告存在于各种网络营销工具中，只是具体的表现形式不同。将网络广告用于网站推广，具有可选择网络媒体范围广、形式多样、适用性强、投放及时等优点，适合于网站发布初期及运营期的任何阶段。

三、任务实施

步骤一：登录淘宝店：伊秀格 http://shop36361069.taobao.com/，记录店的资料（店主名字、信用度、好评率等）。

步骤二：具体分析其采取哪些营销方法，如价格（折扣、低价、各种价位）、产品（品类、附加价值等）、促销（广告、图片、公告等）、渠道（送货方式、运费等）。

步骤三：对该网店进行评价，提出自己的意见或建议。

四、任务评价

任务评价表如表 6-10 所示。

表 6-10　　　　　　　　　　　评价表

项目	学习态度（20%）	团队合作情况（20%）	步骤完成情况（50%）	其他表现（10%）	小计（100%）	综合评价
小组评分（30%）						
个人评分（30%）						
老师评分（40%）						
综合得分（100%）						

五、知识拓展

阅读材料

网络营销之推与拉

网络营销的"推"主要是指网络销售，是网络销售人员主动地寻找客户，把企业的产品和服务"推"出去。

网络营销的"拉"主要是指企业制定一些网络营销手段、策略让顾客自动找上门来，这样的网络营销战略就是网络营销的"拉式"策略。

关于网络营销的"拉式"策略和"推式"策略，下面得分别举例进行说明。

关于网络营销的"推式"策略，比如，某公司是一家生产儿童玩具的厂商，公司要在网络上开展网络营销，于是制定了一些网络营销策略。公司准备派专门的网络销售人员销售自己的新产品。公司的销售人员可以主动地去寻找目标客户，主动地给他们介绍公司产品的优点以及产品对他们孩子的好处，等等。总之一个目的，就是把企业的产品主动地推销给目标客户。

上述例子只是网络营销"推式"策略的具体表现，网络营销的"推式"策略还有其他的表现手段，这里就不一一介绍了。

网络营销的"拉式"策略应是网络营销者主要应用的策略，举例如下。

比如，某公司是一家生产笔记本电脑的企业，公司新推出了一款产品"××电脑"，这款电脑是市面上最新的配置，电脑性能非常不错，现在主要的问题就是怎样把这款产品打入市场。网络营销的"拉式"策略主要表现在以下 6 个方面。

第一，搜索引擎优化（SEO）是我们网络营销常用的手段。搜索引擎给我们带来的客户是网络营销效果中最明显也是最好的。

第二，博客营销也是网络营销公司常用的手段。针对这次公司的新产品，我们可以和新浪的 IT 博客合作，专门做一个博客的页面，同时发布一些产品的相关信息，同时进行促销活动。

第三，互动营销是利用博客这个平台而做的互动营销。针对公司的这次产品我们可以举办一些活动，答题得"××电脑"。这些题目都是和公司电脑相关的问题，从答对的选手中抽出几个分别进行奖励。

第四，病毒式营销即我们通常说的口碑营销。口碑营销关键就是口碑，什么意思呢？就是这个产品好还是不好，不是由生产厂家说的，而是由客户说的。因此，针对公司研发出来的新产品，我们可以利用口碑营销。

第五，网络炒作是一种特殊的网络营销手段。如果运用得好，网络炒作绝对是上乘的网络营销手段；如果运营得不好，就会产生适得其反的效果。切记，网络炒作要灵活地选择和应用。

第六，网络视频营销，其是网络营销新型的手段，如何利用这种方式可以参考成功案例"搅的烂吗？这是一个问题"。

总结：对于网络营销"拉式"与"推式"策略，网络营销公司应根据实际情况灵活地选择并应用，这样就可以达到网络营销的真正目的了。

六、同步拓展

选择一个企业网站，分析其主要利用了哪种网站推广方法，本企业最适合用哪种方法，哪种推广方法对企业的宣传所起的作用相对最大。

【项目总结】

当今的市场竞争日趋激烈，企业为了取得竞争优势必须要适应互联网这个大环境，传统营销已经很难帮助企业在竞争中获胜，市场营销更加依赖于适应营销大环境的、深层次的方法和理念。本项目主要从网络营销和传统营销的区别入手，分析了网络市场调研和网络营销的方法。企业开展网络营销可以节约大量昂贵的店面租金，减少库存商品和库存管理费用，不受经营场地和规模的限制，能够更方便地采集顾客信息，对顾客信息进行现代化管理，从根本上提高企业的竞争力。掌握了网络营销的方法和手段就等于拥有了商场制胜的又一法宝。

网络客户服务与管理

 **项目情境引入**

1989 年 11 月的某天晚上，伊丽莎白·莫瑞斯正在《梅瑞特饭店》的客房服务组值班。傍晚时，伊丽莎白接到一通住在饭店内、一位到城里来出差的女房客电话，她因为不想到餐厅用膳，所以打电话来点餐。伊丽莎白依言登记下来，然后交待其他人处理。过了几分钟，这位女房客又打内线电话进来了，这次是要取消订餐。一般说来，客户取消订餐是很常见的事情，但是这一次，伊丽莎白总觉得有什么事情不太对劲。

《梅瑞特饭店》多年来一直致力于文化的改革，主要目的就是为了鼓励员工在面对问题时能够独当一面，以客为尊。由于受过这种专业的训练，所以在接到这通电话后，伊丽莎白考虑的不仅是商业上的观点，她甚至担心背后是不是还另有隐情，所以她立即联络服务生领班来代她的班，然后亲自去拜访这位女房客。敲开门后，她简短地介绍了自己，以及来这里的目的，然后聆听房客的回答。结果才发现，原来这位房客在点完餐后打电话回家，得知她母亲患了重病住在医院，恐怕熬不过今晚。在与机场联系后，她沮丧地得知已赶不及最后一班飞机回家了。

由于伊丽莎白的机警，及时从房客来电取消订餐听出那份苦恼的语气，她立刻掌控全局，除了马上拨电话到机场，以《梅瑞特饭店集团》的名义负担班机延滞费之外，同时还找来服务生帮这位女房客整理行李，请门房找来出租车直奔机场。由于伊丽莎白的机警，让客户顺利赶赴母亲身旁，临终前见了她最后一面。

请思考，这个案例对我们有什么启示？优质的服务是如何炼成的？

 项目任务书

项目七任务书如表 7-1 所示。

表 7-1 项目七任务书

任务编号	分项任务	职业能力目标	知识要求	参考课时
任务一	认识网络客户服务	具备识别客户、分析客户需求的能力	1.网络客服的内涵、意义； 2.网络客服的分类	4 课时
任务二	网络客户服务方法与技巧	掌握网络客户服务的技巧	网络客服的方式与技巧	4 课时
职业素养目标		1.利用互联网不断学习新知识、新技术，有强烈的服务意识； 2.立足本职岗位、明确工作目标、具备良好的客户沟通与管理能力； 3.从企业全局的高度处理客户投诉与异议，培养客户忠诚		

任务一　认识网络客户服务

一、任务描述

2012 年的双十一让阿里巴巴和众多电子商务公司赚得盆满钵满。又是一年"双十一"要来了，各大电子商务企业正为即将到来的大促销进行紧张有序的准备。学校各电子商务专业冠名班的学生也在积极的申请，希望能争取到企业亲自体验双十一大促销的实际工作机会，其中名额最多的岗位是网络客服。电子商务新生小刘很好奇，网络客服到底是干什么的呢？就是坐在电脑面前和买家聊天的旺旺和 QQ 吗？

二、相关知识

把普通的细节做到优秀和卓越，并持续保持在同一水平，这就是高品质的客户服务。

（一）网络客户服务的内涵与特点

1. 客户与客户价值

对企业而言，客户（Customer）是对本企业产品和服务有特定需要的群体，是企业生产经营活动得以维持的根本保证。它包括所有本着共同的决策目标参与决策制定并共同承担决策风险的个人和团体，有使用者、影响者、决策者、批准者、购买者和把关者。随着客户与企业的接触，一般的客户发展阶段是：潜在客户→新客户→满意的客户→留住的客户→老客户。顾客可以分为内部顾客和外部顾客。内部顾客是指企业内部从业人员：基层员工、主管、经理乃至股东；外部顾客分为显著型和隐蔽型两种。显著型：具有消费能力，对某商品有购买需求，了解商品信息和购买渠道，能立即为企业带来收入。隐蔽型（潜在）：预算不足或没有购买该商品的需求，缺乏信息和购买渠道，可能随环境、条件和需要而变化，成为显著顾客。从全面质量管理（Total Quality Management，TQM）的角度来看，客户其实是全面的，也就是说，除了企业外部的人员是客户之外，企业内部各部门之间也相互成为客户，即用全面客户的观点可以使我们的客户服务工作贯穿于企业管理的全时空，进一步提高客户服务与管理的质量。

强烈地关注顾客，因为顾客已成为企业的衣食父母。"以顾客为中心"的管理模式正逐渐受到企业的高度重视。全面质量管理注重顾客价值，其主导思想就是"顾客的满意和认同是长期赢得市场、创造价值的关键"。为此，全面质量管理要求必须把以顾客为中心的思想贯穿到企业业务流程的管理中，即从市场调查、产品设计、试制、生产、检验、仓储、销售、到售后服务的各个环节都应该牢固树立"顾客第一"的思想，不但要生产物美价廉的产品，而且要为顾客做好服务工作，最终让顾客放心满意。这种理念已经成为众多希望长远发展的企业所推崇的。

"客户价值"是客户持续和企业发生关系从而能为企业带来的价值，是企业从与其具有长期稳定关系的并愿意为企业提供的产品和服务承担合适价格的客户中获得的利润，也即客户为企业的利润贡献。提升客户价值，即通过企业的行为吸引客户，使客户持续消费、增加消费和发挥口碑效应所带来的企业价值的持续增长。这是一个双赢的过程。因此，企业的各种行为，包括网络和维护、业务和服务、营销和销售，涉及一线员工至最高领导层，都是以提升客户价值，即提升企业价值为目的的。

【知识链接】全面质量管理

全面质量管理是企业管理现代化、科学化的一项重要内容，于 20 世纪 60 年代产生于美国，后来在西欧和日本得到推广与发展。全面质量管理是指在全面社会的推动下，企业中所有部门、所有组织、所有人员都以产品质量为核心，把专业技术、管理技术、数理统计技术集合在一起，建立起一套科学、严密、高效的质量保证体系，控制生产过程中影响质量的因素，以优质的工作、最经济的办法提供满足用户需要的产品的全部活动。全面质量管理是一个组织以质量为中心，以全员参与为基础，目的在于通过顾客满意和本组织所有成员及社会受益而达到长期成功的管理途径。全面质量管理理念认为，首先，质量的含义是全面的，不仅包括产品和服务质量，而且包括工作质量，用工作质量保证产品或服务质量；其次，是全过程的质量管理，不仅要管理生产制造过程，而且要管理采购、设计直到储存、销售、售后服务的全过程。其基本观点的第一条就是以顾客为中心，视顾客为上帝，以顾客需求为核心，为用户服务的观点。

基本观点：顾客为中心

1. 为用户服务的观点

在企业内部，凡接收上道工序的产品进行再生产的下道工序就是上道工序的用户，"为用户服务"和"下道工序就是用户"是全面质量管理的一个基本观点。通过每道工序的质量控制，达到提高最终产品质量的目的。

2. 全面管理的观点

所谓全面管理，就是进行全过程的管理、全企业的管理和全员的管理。

（1）全过程的管理

全面质量管理要求对产品生产过程进行全面控制。

（2）全企业管理

全企业管理的一个重要特点，是强调质量管理工作不局限于质量管理部门，要求企业所属各单位、各部门都要参与质量管理工作，共同对产品质量负责。

（3）全员管理

全面质量管理要求把质量控制工作落实到每一名员工，让每一名员工都关心产品质量。

3. 以预防为主的观点

以预防为主，就是对产品质量进行事前控制，把事故消灭在发生之前，使每一道工序都处于控制状态。

4. 用数据说话的观点

科学的质量管理必须依据正确的数据资料进行加工、分析和处理找出规律，再结合专业技术和实际情况，对存在问题作出正确判断并采取正确措施。

2. 服务

服务是具有无形特征却可给人带来某种利益或满足感的可供有偿转让的一种或一系列活动，即"为别人做事，满足别人需要"。服务是个人或社会组织为消费者直接或凭借某种工具、设备、设施和媒体等所做的工作或进行的一种经济活动，是向消费者个人或企业提供的，旨在满足对方某种特定需求的一种活动和好处，其生产可能与物质产品有关，也可能无关，是对其他经济单位的个人、商品或服务增加价值，并主要以活动形式表现的使用价值或效用。服务就是达到或超越客户的期待，具体如下。

① 客户的期待。需要从主观因素和客观因素两方面入手，客户怎样看待这件事情，感觉满意还是不满意，这时就是一个心理上的感觉、主观因素；另外，满足客户的利益需求是客观因素。

② 达到是服务的基本要求，即满足客户的客观需求和心理期待。

③ 超越是服务追求的目标。服务不仅仅是达到，而是要做到最好，远远超出客户的期待，令人难忘。

[另眼看服务]

SERVICE 的扩展定义

❖ S——Smile for everyone: 向每个人微笑。

❖ E——Excellence in everything you do: 让自己成为本领域的专家。

❖ R——Reaching out to every customer with hospitality: 态度亲切友善。

❖ V——Viewing every customer as special: 每个顾客都是特殊的。

❖ I——Inviting your customer to return: 争取回头客。

❖ C——Creating a warm atmosphere: 创造温馨的环境。

❖ E——Eye contact that shows we care: 用眼神传达关心。

---

3. 客户服务

客户服务（Customer Service），是指一种以客户为导向的价值观，它整合及管理在预先设定的最优成本——服务组合中的客户界面的所有要素。广义而言，任何能提高客户满意度的内容都属于客户服务的范围。

做客户服务工作不是只接几个电话、在网上回答客户的几个问题那么简单。客户服务工作其实是在管理客户价值，就是企业围绕着能让客户持续、增加消费和口碑，带动更多人消费的目的，做好宣传、产品设计、维护、营销、销售到售后各环节服务，而且使之系统化、有效化、高效率。各项工作统一在提升客户价值即提升企业价值的目的下，而非各环节割裂，各自为政。客户服务工作本身就是以提升客户价值而提升企业价值为目的的，是企业价值链上很重要的内容，客户服务部门是创造企业价值的重要主体。

客户服务可以分为以下 4 个层次。

① 基本的服务：即依托普通的程序、操作系统、工具等为顾客提供最简单的辅助。例如顾客在网上书店里买一本书，在线支付书款后，买方离线等待卖方配送部门将书送到，一次交易完成，这时候顾客基本的物质价值利益得到满足，这就是基本的服务。

② 满意的服务：提供服务的商家就是提供服务的商家（网站）界面设计友好，使得客户在在浏览网站的同时获得精神方面的满足。比如顾客通过网站或电话了解企业的产品，网站的服务人员对顾客殷勤问候、热情招待、语气很友善、态度很礼貌，网站能根据以往客户的购买习惯推荐新产品、促销信息等，这就是满意的服务。

③ 超值的服务：是指具有附加值的服务，指那些可提供可不提供，但是提供之后能够使客户更加满意，觉得有更大的收获。比如，客户生日时会收到一份电子贺卡等。

④ 难忘的服务：是客户根本就没有想得到的而远远超出他预料的服务。

如顾客购买某一位作家的书，网站及时提供所有在版图书及最近作品信息，或与顾客研究的某个专题有关的最新著作等信息。

客户服务的水准线应该是满意的服务，因为优质的服务不但要满足客户物质上的需求，还要满足客户精神上的需求。

4. 网络客服

电子商务和网络经济的发展使企业间的竞争进一步加大，商家在产品的质量、品种款式、技术含量等方面的差距逐步缩小，产品本身的竞争优势已经不再对顾客产生决定性的影响，这就需要企业加强外延产品的竞争。顾客服务是外延产品竞争的重要方面。在电子商务时代，良好的网络客户服务能力将大大提升企业的竞争力。无论是网络公关和礼仪，还是顾客服务和管理，最终都要围绕顾客需求，千方百计为顾客提供满意的服务。网络客户服务就是借助网络企业为用户提供的售前、售中、售后等一系列服务。网络客户服务有很多表现形式，如淘宝旺旺、百度 Hi 等网上商城商店的在线客服软件，如图 7-1 所示，腾讯 QQ、MSN、FAQ 界面等即时通讯工具，E-mail、微博、博客、论坛、社区等社交渠道，还有一些专门的网上语音服务系统等。

图 7-1　在线客服软件界面

5. 网络服务的特点

网络服务的特点，如下所示。

① 增强了顾客对服务的感性认识。

② 突破时空局限。

③ 顾客寻求服务的主动性增强。

④ 服务效益提高。

（二）客户服务的目标

客户服务的目标如下所示。

① 服务创造利润、赢得市场。

② 卓越的、超值的、超满意的服务，才是最好的服务。

③ 通过服务来实施差异化策略，比你的对手做得更好、更多、更棒。

④ 要比客户更了解客户，提前发现客户的潜在需求，培养满意忠诚客户群。

（三）客户服务的分类

1. 按客户服务所处的商业流程分类

按客户服务所处的商业流程分为售前服务、售中服务和售后服务。

① 售前服务。售前服务一般是指企业在销售产品之前为顾客提供的一系列活动，如市场调查、产品设计、提供使用说明书、提供咨询服务等。售前服务一般分为 5 个阶段：寻找、沟通、跟进、了解、建立关系。

② 售中服务。售中服务是指在产品交易过程中销售者向购买者提供的服务，如接待服务、商品包装服务等。给客户制定合理的方案，帮助客户解决实际问题。

③ 售后服务。售后服务发生在与客户成交之后，内容是与产品有关的后续服务。售后服务不仅仅包括维修、配件、保养等基本服务，还包括超出附加值的服务，即超值服务，如送货、安装、产品退换、使用技术培训等方面的服务。凡与所销售产品有连带关系，并且有益于购买者特征的服务都是售后服务。

2. 按客户服务的时间分

按客户服务的时间分为定期服务和非定期服务。

① 定期服务：每隔一段时间或者在某个固定的时间，比如节日、客户的生日、纪念日等，为客户提供特殊的服务。定期服务送给客户的不仅仅是一份礼物，更是一份用心的关怀，是朋友的情谊，所以能够打动客户。

② 非定期服务：包括资讯的提供、不定期的拜访、电话问候、联谊活动、意外的小礼物、手机短信息等。非定期服务具有不确定性，只要有需要，我们都应该主动为客户提供服务。

3. 按客户服务的内容分

按客户服务的内容分为咨询服务、引导销售型、投诉处理服务等。

① 咨询服务是指服务人员针对客户对产品价格、特点、功能、技术、使用方法等内容提出的各种问题进行解答，提供咨询参考意见。

② 引导销售型服务主要是通过各种手段引导顾客进店下单，完成购买行为，提升成交率。

③ 投诉处理型服务往往是要求较高、较难做的服务，一般发生在顾客和企业接触后对服务或产品不满意而且提出投诉时。因为有不满情绪影响，客户会比平时难以沟通，这就需要服务人员有更专业的服务精神与处理问题的经验。

4. 按客服的表现形式分

按客服的表现形式可以分为人工客服和电子客服，其中电子客服又可细分为文字客服、视频客服和语音客服三类。文字客服是指主要以打字聊天的形式进行的客户服务，视频客服是指主要以语音视频的形式进行客户服务，语音客服是指主要以移动电话的形式进行的客服服务。

基于腾讯微信的迅猛发展，微信客服作为一种全新的客户服务方式出现在客服市场上。微信客服依托于微信精湛的技术条件，综合了文字客服、视频客服和语音客服的全部功能，具有无可比拟的优势，因此备受市场好评。

（四）客户服务职责

一般重视客户服务的企业常会设有专门的客户服务部门与客服岗位，客户服务部门与岗位人员往往承担以下职责。

① 接听各品牌技能话务，能够按照知识库及时准确回答客户，为客户提供标准服务。

② 快速掌握公司的新政策、新业务，在电话服务过程中积极主动推介公司的新产品，促使客户产生使用公司产品的意愿。

③ 受理客户申请的业务、客户投诉电话并准确记录投诉内容，及时将需其他岗位协助受理的业务生成电子工单并转送到后台组。

④ 协助整理组内培训等资料和辅导初级客户代表。参加各种培训，提高综合素质。参加各种团队活动，支持班组建设。

⑤ 对于资料库内没有的问题或资料，记录问题内容，上交值班经理助理转送业务组。及时准确收集移动业务信息，努力学习移动业务知识，协助收集客户需求信息，对服务工作提出改进意见。

⑥ 使用多渠道方式（如电话、短信、邮件等）与客户进行沟通，达到服务或销售目的。

⑦ 做好用户的咨询与投诉处理，做好用户的障碍申告与派单，总结反馈用户的建议与意见。

⑧ 认真填写交班日记，向下一班交清未完成和待解决的问题；与各部门保持良好的联系沟通；经常检查电脑运行情况，及时报修排除故障。

（五）素质要求

要很好地履行以上职责，成为一名合格的客服人员，应具备严谨的工作作风、热情的服务态度、熟练的业务知识、积极的学习态度，应耐心地向客户解释，虚心地听取客户的意见等。

1. 具有饱满的工作热情和认真的工作态度

要做一名合格的客服人员，只有热爱这一门事业，才能全身心地投入进去，所以这是一个合格的客服人员的一个先决条件。

2. 熟练的业务知识

一名合格的客服人员应该有熟练的业务知识，要不断努力学习，只有熟练掌握了各方面的业务知识，准确无误地为用户提供话费查询、业务查询、业务办理及投诉建议等各项服务，才能让客户在满意中得到更好的服务。

3. 耐心的解答问题

一名合格的客服人员，核心就是对客户的态度。在工作过程中，应保持热情诚恳的工作态度，在做好解释工作的同时，要语气缓和，不骄不躁，如遇到客户不懂或很难解释的问题时，要保持耐心，一遍不行再来一遍，直到客户满意为止，始终信守"把微笑融入声音"，把真诚带给客户的诺言。这样，才能更好地让自己不断进取。

4. 良好的沟通协调能力

沟通能力特别是有效沟通能力是客服工作人员的一个基本素质。客户服务是跟客户打交道的工作，倾听客户、了解客户、启发客户、引导客户都是我们和客户交流时的基本功，只有了解客户需要什么服务和帮助，客户的抱怨和不满在什么地方，才能找出公司存在的问题，对症下药，解决客户问题。

三、任务实施

步骤一：通过 QQ 进入腾讯拍拍网上商城，以访客身份询问其产品情况或近期活动，看看对方是怎么回应你的，是否有后续跟踪，完成表 7-2。

表 7-2　　　　　　　　　　　　　QQ 商城对比

序号	QQ 商城店名	经营产品类别	进店问候	问题回答	后续跟踪	服务特色
1						
2						
3						
4						
结论						

步骤二：利用搜索引擎搜索 2012 年双十一活动中的品类冠军，通过个人淘宝账号进入其中 4 家淘宝网店或天猫商城店，点击你所感兴趣的某个单品，询问对方相关问题，感受并分析其是否为优质的服务，完成表 7-3。

表 7-3　　　　　　　　　　　　　双十一冠军品类

序号	双十一冠军品类	店名与服务特色	你的问题	对方的回答	对方反应速度	评价
1						
2						
3						
4						
结论						

步骤三：利用门户网站与企业网站，深入了解 1~2 家本土企业，对所提供的产品或服务，企业对客户服务的重视程度，其客户组成、客户需求与客户对企业服务的满意情况等进行分析，进一步了解客户服务，完成表 7-4。

表 7-4　　　　　　　　　　　　　企业产品网站对比

企业名称	经营产品	提供的服务	有无专门的客服部门	客户规模与组成	客户需求	客户满意情况
结论与建议						

四、任务评价

任务评价表如表 7-5 所示。

表 7-5 评价表

项目	学习态度（20%）	团队合作情况（20%）	步骤完成情况（50%）	其他表现（10%）	小计（100%）	综合评价
小组评分（30%）						
个人评分（30%）						
老师评分（40%）						
综合得分（100%）						

五、知识拓展

阅读材料 1

高明客服如风水先生　不见面也能猜出买家样子

金牌客服沙沙可以通过网上聊天来判断买家的性格和心理。有一次，一个女生咨询一双男装鞋的款式布料，沙沙立刻想到这位小姐是给男朋友买鞋子。"要什么码数的呢？""39 码的。"这时沙沙其实已通过码数知道了她男朋友的大致身高，从而也知道了她男朋友应该是比较瘦的。通过这名女生网上聊天的语气，沙沙还知道她是开朗和喜欢做主的女生，根据"互补原则"，她男朋友应该是比较听女朋友管教的。

"我猜你男朋友是戴眼镜的。""你怎么知道呢？"这名女生还给沙沙发了一张照片，里面有 5 个同样穿着伴娘装的同龄女生，让她猜是谁。沙沙想，一个开朗、喜欢做主的女生应该是站在显眼位置而且穿着时尚、惹人注意的，于是立即猜出了谁是这个女孩。这么一来，这个女孩便觉得她和沙沙"太有缘分"了，距离一下子拉近了很多。后来，沙沙不仅让这位女生买了件男装给她男朋友，还帮衬她买了一件女装。

阅读材料 2

××客户服务管理制度

一、"××客户服务"介绍

客服是企业与客户直接沟通的桥梁，客服的一言一行代表的是公司的形象，而"客户第一"是××永久的服务宗旨，满足客户需求，提供真正有价值的服务，帮助客户更好地使用产品。体现出"优质的客服形象、深厚的技术力量、良好的客户关系、个性化的品牌形象"的核心服务理念，及时全面认真地解决客户所咨询的问题。

通过提供广泛、全面和快捷的服务，使客户体验到无处不在的满意和可信赖的贴心感受。

通过建立一个完善的服务体系和服务质量监督体系，为用户提供最"亲切、快捷、专业"的服务。

通过建立一个良好的内部激励机制，培养一支充满活力的、能就就业业为客户服务的"友好、高效、专业"的客户服务队伍。

二、"××客户服务"服务体系介绍

1. 服务标准

"××客户服务"坚持以服务质量和服务满意度为标准；以"微笑"和"诚挚"的服务态度，以"专业"和"快速"的服务水准，建构我们规范和专业的服务体系，第一时间解决客户应用中的问题，为客户提供量身定做的专业性服务；通过长期不懈、坚持永续的服务，持续提升客户服务价值，达到客户满意的服务效果。

2. 所涉及部门及相关职责

客户服务部：是"××客户服务"服务体系的最高管理机构，负责制定"××客户服务"整体发展规划、客户服务规范及服务流程等，为市场销售部门提供全面的后援支持工作；同时负责处理用户投诉及热线咨询服务、互联网网上相关技术支持和咨询服务，并将相关的有效信息统计整理成文档反馈给相关部门（如：产品问题反馈给产品部，销售问题反馈给市场销售部等）。定期客户电话回访、定期整理有效求购信息，通过 E-mail 或传真等形式反馈给商务通会员；定期统计查看会员的活跃情况，对于活跃度差的有效用户进行电话回访通知；定期统计新注册用户，并将有效注册用户统一整理编排反馈给市场部负责人。

市场产品部：作为××产品规划部门，对于所规划且由公司高层确认并实施的产品计划应及时反馈给客户服务部门负责人，以便于客服人员及时正确地反馈给客户。

技术部：作为产品研发的幕后支持者，对于客户服务部在为客户提供相关服务、解决相关技术支持等问题时，所需要的技术问题应给予相关的技术支持，以便第一时间响应客户地需求。

3. 客户反馈问题的处理原则

第一，服务意识是全员概念，无论作为专职的客服人员还是作为相关配合部门，均应树立强烈的客户服务意识，应积极配合，以维护客户的合法利益和公司的形象。

第二，凡客户反馈问题无论大小均 100%给予回复处理，在处理过程中应严格履行本公司的服务承诺，处理结果应全力达到客户满意要求。

（1）服务意识与规范

① 全面掌握××产品的特性、相应的技术资料、服务政策及服务承诺，以便更好地为客户服务。

② 服务意识：客户的满意是我们工作的第一目标。

③ 服务用语：具体见电话流程说明。

（2）服务要求

原则：认真、积极、周到、细致、耐心。

在接电话过程中，用开放的心情真诚地了解客户，设身处地从客户角度看问题，并能够处理情绪、语言的干扰，有效地从对方的谈话中接收信息并适当给予对方反馈，从而在服务政策允许的范围内为客户提供最大的方便。

服务时要切实解决客户遇到的问题，使客户能够继续无忧地使用。

在接听电话时要求语调柔和，不能太高，也不能太低；语句清晰，不能太快，也不能太慢；语气亲和。

回答用户问题时要专业，自信。

任何时候不能直接拒绝客户。

严禁表示或暗示客户不重要。

严禁使用不文明的用语。

严禁互相推托责任。

（3）电话处理操作说明

① 资料准备。

在开始接电话之前必须准备好以下资料：通讯录、一般性问题的处理方案、表单（《客户问题处理表》、《客户咨询记录表》、《客户回访记录表》）。

② 接客户电话，倾听对方咨询。

开头语

在电话响完第二次铃声，拿起话机说"您好！××为您服务。"

第一，"请问有什么可以帮助到您？"（无法登录、申请会员等）

第二，"请您稍等，我马上为您转接。"

要求语调柔和，语句清晰，语气亲和。

要求不能超过 3 次响铃。

倾听对方反馈

第一，认真积极倾听用户咨询，耐心与客户沟通，完全了解客户反馈的问题。

第二，判断客户问题类型及用户咨询的目的（即为什么要咨询，用户想通过咨询解决什么问题）。

（4）已有解决方案的客户问题处理

① 通过调用已有资料（通讯录、产品报价及一般性问题的处理方案），判断是否能通过电话解决。

② 如果能通过电话解决，就提出建议，一步一步引导客户，最终解决客户问题，让客户满意。处理过程中，因查找资料需要暂时中断交谈时，必须说"请稍等，我帮您查找资料"。

（5）没有解决方案的客户问题处理

① 须咨询客户联系信息包括客户的联系电话、联系人；记录客户详细完整的反馈信息，包括问题的类型等。在结束电话前要确认客户信息，以保证信息的正确性。

②《客户问题处理表》应在 2 小时（工作日）内转给相关问题处理者（部门），相关处理人员须在 2 个工作日内将处理结果返回客服部，如在规定时间内未将处理结果返回客服部，提交相关《客户问题处理表》的客服人员应与处理人员联系询问进展并同时与客户联系，告知客户此问题目前正在处理之中，并表示歉意。

《客户问题处理表》、《客户回访记录表》和《客户咨询记录表》如表7-6、表7-7和表7-8所示。

表7-6　　　　　　　　　　　　　　　　客户问题处理表

用户问题类别：□技术　　　□服务　　　□销售　　　□其他　　　表单号：

客户姓名：		联系电话：	（Mb）：		（Tel）：	
客户所在地：			通讯地址：			
用户事件描述						记录人：　　　年　月　日

续表

客户姓名:		联系电话:	（Mb）:	（Tel）:	
客户所在地:		通讯地址:			

受理记录	处理方案	拟案人：　　　　　年　月　日
	处理结果	处理人：　　　　　年　月　日
审核栏		审核人：　　　　　年　月　日

表 7-7　　　　　　　　　　　　客户回访记录表

回访时间	公司名称	受理人电话及姓名	回访结果及对我司的评价	回访人

表 7-8　　　　　　　　　　　　客户咨询记录表

咨询时间	咨询人姓名	咨询人电话	咨询问题	记录人

六、同步拓展

请针对各种类型的电子商务网站进行调研，找出 5 家以上不同类型企业的客户服务页面，进行截图对比，分析其客户类型与主要需求、客户服务的方式、工具、项目有何不同，并分析其原因。

任务二　网络客户服务方法与技巧

一、任务描述

任务 1：电子商务专业大三学生小王实习的湖南思洋公司快要周年庆了，按照公司惯例，在此之前公司要对老客户进行回访并表示感谢。为此公司客服总监周总想借此机会锻炼一下小王，要求小王设计一份本年度客户感恩回馈与关怀计划，以进一步拉近与客户的距离，培育顾客忠诚。小王心里嘀咕，这有必要吗？重要的是，这怎么弄啊？

任务 2：九寨沟旅游电子商务网是由九寨沟旅游管理局投资成立的中国第一家面向游客和旅行社；全面开展景区门票、餐饮、酒店、旅游线路等在线预定的电子商务网站。97%的旅行社都在网上预定九寨沟的门票和观光车票，网上业务量占总业务量的 80%。自 2008 年 5 月使用 Live800 以来，九寨沟旅游网的网上交易量提升了 30%以上，并使其交易额突破了 10 亿元人民币。对九寨沟旅游电子商务网进行在线客户服务的案例进行分析，然后完成以下任务。

（1）讨论分析九寨沟旅游电子商务网怎样与客户进行沟通？

（2）在线客服系统具有哪些特点与优势？

（3）在线客服与传统客服工作有什么区别？

二、相关知识

"经营企业最便宜的方式是为客户提供最优质的服务，而客户的推荐会给企业带来更多的客户，在这一点上企业根本不用花一分钱。"

——斯坦博格

（一）网上顾客服务的主要形式

1. 在线客服系统

在线客户服务是以网页为载体，运用最新网络技术为网站访客提供与网站客服即时通讯的高科技手段。在线客服具备即时交流、主动出击、对话转接、报表统计、常用预存、实施简便、实时查看、队列选择、访客来源追踪、轨迹功能、留言功能、客服管理、自动分配、客户关系管理、网页免费回呼电话等功能。但原来在线顾客服务中存在一些问题，如：回应顾客询问时间加长甚至不予回复；不愿意为用户开设新的使用或者访问权限；缺乏面对面的接触，尽管有些问题很容易当面解决；承诺的顾客服务难以实现；顾客通常需要将投诉意见用文字形式表达出来；网站"临时性关闭"或者下载速度极为缓慢；顾客服务联系信息不完善，可能只有一个通用的 E-mail 地址；顾客服务人员不称职或者缺乏责任感。

目前的在线服务系统是一种即时通信软件平台的统称。相比较其他即时通信软件（如 QQ、MSN 等），它实现和网站的无缝结合，为网站提供和访客对话的平台；网站访客无须安装任何软件，即可通过网页进行对话（例如，蒙娜丽莎婚纱摄影 http://www.mona-lisa.com.cn/）。在线客服系统除了具备实时的网页聊天功能，还发展出弹出网页的方式主动邀请访客聊天的功能以及文件对传功能，方便网站客服人员主动联系网站的在线访客，"变流量为销量，抓住每一个潜在的客户"。

常见的在线客服有两类模式：一类是以网站商务通、5107、Live800 为主的，一般以坐席收费，价格偏高，需要安装客服系统，客服端运用 C/S 模式。另一类是以 51 客服、53 客服、赢客服为主的免安装绿色客服系统，一般为无限坐席收费，客服端为 B/S 模式，访客端所有客服均为 B/S 模式。

比起普通的 QQ 客服，专门的在线客服软件拥有无限坐席功能，可以登录多个客服；有主动发起功能，主动邀请客户，由原来的被动变主动；有咨询量分析功能，能时时查看当前网站访问的客户是通过搜索什么关键词过来的，看了哪个页面，已经停留的多长时间等；可以自定义 LOGO、旗帜广告；具备预置常用促销功能，在客户流量多时可以快速反应，减少客户等待时间。

在网络营销中，FAQ 被认为是一种常用的在线顾客服务手段。一个好的 FAQ 系统应该至少可以回答用户 81%的一般问题，这样不仅方便了用户，也大大减轻了网站工作人员的压力，节省了大量的顾客服务成本，并且增加了顾客的满意度。

如图 7-2 所示，华为客服系统因为设置了较为丰富合理的 FAQ 且易于检索，所以顾客能方便地寻找到所提问题的答案。

图 7-2　华为首页

2. 网络社区

网络社区是指包括 BBS（Bulletin Board System）论坛、贴吧、公告栏、群组讨论、在线聊天、交友、个人空间、无线增值服务等形式在内的网上交流空间，同一主题的网络社区集中了具有共同兴趣的访问者。网络社区就是社区网络化、信息化，简而言之就是一个以成熟社区为内容的大型规模性局域网，涉及金融经贸、大型会展、高档办公、企业管理、文体娱乐等综合信息服务功能需求，同时与所在地的信息平台在电子商务领域进行全面合作。

在现代社会学中，社区是指地区性的生活共同体。构成一个社区，应包括以下 5 个基本要素：一定范围的地域空间、一定规模的社区设施、一定数量的社区人口、一定类型的社区活动、一定特征的社区文化。传统社会学认为社区与社区之间存在着种种差异，不同社区因结构、功能、人口状况、组织程度等因素体现出不同的分类和层次。

构建网络社区同样必须具备这 5 个因素，一定范围的地域空间指的是网站的域名、网站的空间，同时还包括到达这个空间的带宽。带宽正如你去往不同地方的公路，假如到达这个社区的公路宽敞和方便，那么这个社区会更容易凝聚人气。

一定规模的社区设施在现实社区中指的是人们居住的条件和环境，社区需要为居民提供独立的住所、公共的活动场所、娱乐场所、生活服务设施等；网络社区指的是网站的功能和服务，人们在网络社区上仍然需要独立的个人空间（如 blog、sns），需要公共的活动和娱乐场所（如论坛、游戏等），需要各种服务（如商城、生活资讯、分类信息、在线咨询等）。完善的功能和服务正如优良的小区，可以吸引人们来到这里，并作长期居住的打算。

一定数量的社区人口指网站的注册用户数，当然注册的用户数并不等于有效的用户数。网络社区与现实社区有一个很明显的区别：就是现实社区中，社区中的人口容量是有限的；而网络社区中，人口的数量几乎是无限的。网络社区的运营者应该通过一切有效的手段让更多的网民到达这个社区，并想办法留住这些人。关于人口的容量，网络社区具有无可比拟的优势。开发商耗资上亿元建设一个现实的社区，耗资百亿元打造一条繁华的商业街，而且这样的社区和商业街空间、商铺和房屋的数量也有限。然而网站运营者只需要建设现实社区的 1/10 甚至 1/100 的成本，就可以打造出一条同样繁华的社区和商业街。淘宝网每天的人流就不亚于西单商业街的人流，虽然交易额的数量还有差距，但这只是时间问题。

一定类型的社区活动指的是人们在生产过程中参与的各种生活、工作和娱乐活动，以及在这个过程中结成的人与人之间的关系。在网络社区上具体体现为记录自己的感情和生活，发起和参与各种问题的讨论，表达对一些问题的看法和观点，参与各种兴趣、各种主题的活动，通过各种方法表达和满足个性的诉求，进行倾诉、认同、交友、交易等，以及人们在这些活动中形成的社会网络。

一定特征的社区文化指的是在不同的网络社区，由于社区的功能、结构、人群的组成、组织者的理念和倡导等方面的差异，形成具有一定特征的社区文化和社区认同。在具备了前面 4 个方面的因素以后，才有可能形成一定特征的社区文化。社区文化不是某个人赋予的，而是人们在社区活动中积累和沉淀下来的一种价值认同。比如：提起 mop，你会想起变态（bt）；提起 donews，你会想起 IT 评论；提起 chinaren，你会想起温馨的校园生活。天涯社区的网站首页如图 7-3 所示。

以上 5 个因素构成网络社区，网络社区将成为人们生活的一部分，成为人们现实生活的延伸，使人们的生活内涵更丰富，生活方式更加多元化，更加精彩。人类历史上，从来没有一项技术如此深刻地影响人们的工作和生活，在那么短的时间内给人类的生活方式带来如此大的革命。互联网还将彻底改变人们的生活，网络社区的出现使互联网进入人们生活，预示着互联网改变生活的开始。利用社区为已经聚集和将聚集的客户服务往往能起到快速精准的效果。

图 7-3 天涯社区首页

3. 电子邮件

电子邮件服务（E-mail 服务）是目前最常见、应用最广泛的一种互联网服务，通过电子邮件可以与互联网上的任何人交换信息。电子邮件的快速、高效、方便以及价廉，越来越得到广泛的应用。目前，只要是上过网的网民就肯定用过电子邮件这种服务。目前，全球平均每天有几千万份电子邮件在网上传输。

与传统邮件相比，电子邮件服务具有传输速度快、内容和形式多样、收发方便、成本低廉、广泛的交流对象、安全性好等特点。具体表现在以下几个方面。

① 传输速度快

电子邮件通常在数秒钟内即可送达至全球任意位置的收件人信箱中，其速度比 电话通信更为高效快捷。如果接收者在收到电子邮件后的短时间内作出回复，往往发送者仍在计算机旁工作的时候就可以收到回复的电子邮件，接收双方交换一系列简短的电子邮件就像一次次简短的会话。

② 内容和形式多样化

电子邮件发送的信件内容除普通文字内容外，还可以是软件、数据，甚至是录音、动画、电视或各类多媒体信息。

③ 收发方便

与电话通信或邮政信件发送不同，E-mail 采取的是异步工作方式，它在高速传输的同时允许收信人自由决定在什么时候、什么地点接收和回复，发送电子邮件时不会因"占线"或接收方不在而耽误时间，收件人无需固定守候在线路另一端，可以在用户方便的任意时间、任意地点，甚至是在旅途中收取 E-mail，从而跨越了时间和空间的限制。

④ 成本低廉

E-mail 最大的优点还在于其低廉的通信价格，用户花费极少的市内电话费用即可将重要的信息发送到远在地球另一端的用户手中。

⑤ 广泛的交流对象

同一个信件可以通过网络极快地发送给网上指定的一个或多个成员，甚至召开网上会议进行互相讨论，这些成员可以分布在世界各地，但发送速度与地域无关。与任何一种其他的互联网服务相比，使用电子邮件可以与更多的人进行通信。

⑥ 安全

E-mail 软件是高效可靠的，如果目的地的计算机正好关机或暂时从互联网断开，E-mail 软件会每隔一段时间自动重发；如果 电子邮件在一段时间之内无法递交，电子邮件会自动通知发信人。作为一种高质量的服务，电子邮件是安全可靠的高速信件递送机制，互联网用户一般只通过 E-mail 方式发送信件。

4. 在线表单

在线表单（Form）是用户可以通过浏览器向服务器端提交信息的功能，如常用的用户注册、在线联系、在线调查表等都是在线表单的具体应用形式。在网页的 HTML 代码中，表单的内容位于标签之间。

在网络营销中，在线表单与电子邮件一样可以作为一种在线顾客服务手段。在线表单的作用与 E-mail 类似，顾客无需利用自己的电子邮件发送信息，而是通过浏览器界面上的表单填写咨询内容，然后提交到网站，由相应的顾客服务人员处理，由于可以事先设定一些格式化的内容，如顾客姓名、单位、地址、问题类别等，通过在线表单提交的信息比一般的电子邮件更容易处理，因此有为数不少的网站采用这种方式。从功能上说，在线表单和电子邮这两种常用的在线联系方式都可以实现用户信息传递的目的，但从效果上来说却有着很大的区别，如果处理不当，在线表单可能会存在很大的潜在问题，因此应该对此给予必要的重视。

5. 即时信息

即时信息又称为网上传呼，是在互联网上开展的发送服务业务，它可以使计算机用户能够在网上跟踪同时在网上浏览的亲朋好友。无论这些亲朋好友在哪一个网站的哪一网页上浏览，只要输入口令，就可以找到他们，看到他们正在浏览的网页，并可输入文本同他们进行即时对话。

即时信息服务是免费的，虽然这种服务本身没有什么经济效益，但随着网络用户的日益增多，使得即时信息已经形成良好的服务市场的品牌效应，其潜在的经济效益空间非常大，现已成为国内外一些著名门户网站激烈争夺的网络服务项目。

6. 博客与微博

博客，又译为网络日志、部落格或部落阁等，是一种通常由个人管理、不定期张贴新的文章的网站。博客上的文章通常根据张贴时间以倒序方式由新到旧排列。许多博客专注在特定的课题上提供评论或新闻，其他则被作为比较个人的日记。一个典型的博客结合文字、图像、其他博客或网站的链接及其他与主题相关的媒体，能够让读者以互动的方式留下意见，这是许多博客的重要要素。大部分的博客内容以文字为主，仍有一些博客专注在艺术、摄影、视频、音乐、播客等各种主题。博客是社会媒体网络的一部分。

微博又叫微博客（Micro Blog），是微型博客的简称，基于 Web2.0 技术的即时信息发布系统。与传统博客相比，其以"短、灵、快"为特点，140 字左右的文字更新信息，并实现即时分享。blogger.com 创始人埃文·威廉姆斯 (Evan Williams)首创了微博服务。微博可分为两大市场，一类是定位于个人用户的微型博客，另外一类是定位于企业客户的微型博客。微博是信息日益碎片化的必然结果。

博客与微博都是以自由、开放、共享为文化特征，通过图、文、音像等表现形式，围绕个人网络提供存取读写、组织沟通、评价交换等服务的一种社会化个人服务模式，如图 7-4 所示。

企业利用互联网或手机等工具，在自己的官方博客或官方微博上发布产品和服务信息，了解客户需求与期望，向客户征集意见与建议，即时为客户答疑解难，加深与客户的沟通交流，增进客户感情，可以牢牢地将客户聚集在自己企业的周围。

图 7-4　微博

另外，随着移动电子商务的热潮和微信等新媒体的出现，企业服务将会不断有新的方式可供选择。

（二）网络客户服务的程序

1. 进行市场细分与定位

网络客户服务的市场细分与定位要解决"我是谁"、"他是谁"这两个基本问题。做网络客户服务不一定是坐等客户上门，或等销售人员将客户带过来你只管服务，而应该学会在售前主动出击，在分析市场宏微观环境、自身优劣势情况之后，对市场进行细分，对企业产品与服务进行定位。

2. 锁定并分析目标客户群

经过细分与定位之后，知道企业应面向什么类型的客户，利用各种网络渠道与工具有针对性地开发客户，评价企业的客户价值，从而为提升企业客户群体的数量与质量出力。

几个知名企业"以客户为中心"的理念的体现。

- 美国所罗门兄弟公司作为世界上最大的投资银行之一，其宗旨是"为客户创造价值"。
- 美国联合航空公司的理念是"客户就是主人"。
- 美国快餐业汉堡王公司的理念是"任客户称心享用"。
- 世界最大的手机制造商诺基亚公司的理念是"用户至上"。
- 联邦快递公司："想称霸市场，首先要让客户的心跟着你走，然后让客户的腰包跟着你走"。
- 零售业巨头沃尔玛公司的理念是"不仅为客户提供最好的服务，而且具有传奇色彩"。

3. 了解客户需求

为更好地提升客户服务质量，必须先从各方面了解客户需求。客户需求有很多种：按照物质形态分有物质层面和精神层面的；按是否明显表现分为表现出来的与隐藏在表相背后的；根据马斯洛的需求层次论，还可以从低到高分为生理需要、安全需要、社会交往的需要、尊重的需要和自我实现的需要等。客户服务人员必须通过有效的沟通方式了解清楚客户具体的需求是什么，以便对症下药，使服务更有针对性。

一个优秀的客服人员首先要确立一个观念，就是要充分了解客户的购买心理，只有这样，才能在服务过程中有的放矢，在最短时间内实现"AIDA"，即引发注意（Attention）、产生兴趣(Interest)、激发欲望(Desire)、促进行动(Action)。

4. 处理客户异议与投诉

不是所有的产品和服务都完美无缺，也并不是所有的客户都是上帝。由于市场竞争日益激烈，客户可以选择的机会越来越多，客户欲望越来越高，他们的需求也会越来越难以满足，一旦形成落差，不管由于产品或服务的客观原因，还是顾客自身的原因，异议或投诉就在所难免。既然我们的服务难以一帆风顺，就应该做好应对一切暴风雨的准备。有异议或投诉实际上是解决问题的机会。有人说，"有抱怨的客户才是最优秀的顾客"，客户报怨实际上是在帮助我们提升服务品质。

5. 培育忠诚客户

客户忠诚是从客户满意概念中引出的概念，是指客户满意后从而产生的对某种产品品牌或公司的信赖、维护和但愿重复购买的一种心理倾向。客户满意是客户的一种心理感受，具体说就是客户的需求被满足后形成的一种愉悦感或状态。此处的"满意"不仅仅是客户对服务质量、服务态度、产品质量和产品价格等方面直观的满意，更深层的含义是企业所提供的产品或服务与客户期望的吻合程度如何。

客户满意度指客户满意程度的高低，为客户体验与客户期望之差。用公式表示为：

客户满意度=客户体验－客户期望

客户满意的决定模型如图 7-5 所示。

美国客户事务办公室提供的调查数据表明：平均每个满意的客户会把他满意的购买经历告诉 12 个人以上，在这 12 个人里面，在没有其他因素干扰的情况下，有超过 10 个人表示一定会光顾；平均每个不满意的客户会把他不满意的购买经历告诉 20 个人以上，而且这些人都表示不愿接受这种恶劣的服务。另据美国汽车业的调查显示，一个满意的客户会向 25 个人进行宣传，并能引发 8 笔潜在生意，其中至少有 1 笔成交（著名的 1：25：8：1 定理）；而一个不满意的客户也会影响 25 个人的购买意愿。

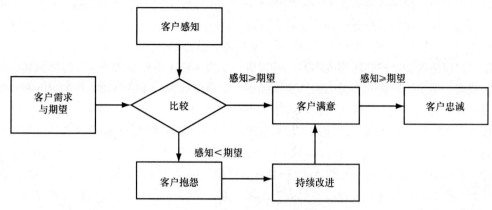

图 7-5　客户满意的决定模型

有学者从研究角度出发，把客户忠诚细分为行为忠诚、意识忠诚和情感忠诚，但是，对企业来说，他们最关心的是行为忠诚，如果只有意识忠诚或者情感忠诚，却没有实际的**行动**，对于企业来说就没有直接意义。

客户忠诚实际上是一种客户行为的持续性。不同的客户所具有的客户忠诚差别较大，不同行业的客户忠诚也各不相同。那些能为客户提供高水平服务的公司往往拥有较高的客户忠诚。建立客户忠诚应该成为企业客户关系管理战略所追求的根本目标。

国外的一项调查研究表明，一个企业总销售额的 80％来自于占企业顾客总数 20％的忠诚顾客。因此，企业拥有的忠诚顾客对企业的发展是十分关键的。

培养客户忠诚可以节省企业开发、交易、服务等综合成本，增加企业综合收益，确保企业的长久效益，降低经营风险，获得良好的口碑效应，促进企业良性发展，所以我们应该采取措施提高客户忠诚度。

提高客户忠诚度的措施如下。

① 想方设法，努力实现客户的完全满意。

第一，努力提供优质的产品和服务、合理的价格，并不断提高客户的利益。

第二，重视来自客户的反馈意见，不断满足他们的需求。

第三，忠诚是企业与客户之间双向、互动的。

② 通过财务奖励措施，为忠诚客户提供特殊利益。

第一，要让老客户从忠诚中受益，得到更多的实惠。

第二，企业要奖励重复购买者，制订有利于形成持久合作的价格策略。

第三，企业可采用多购优惠的办法促进客户长期重购，更多购买。

有家餐厅将客户每次用餐后结账的账目记录在案，显然账目金额大的客户都是该餐厅的常客。到了年终，餐厅将纯利润的 10%按客户总账目金额的比例向客户发奖金。这项"利润共享"的策略使得该餐厅天天客满。

③ 采取多种有效措施，切实提高客户的转移成本。

第一，加强与客户的结构性联系。经验表明，客户购买一家企业的产品越多，对这家企业的依赖性就越大，客户流失的可能性就越小。企业要不断地让客户有这样的感觉：只有购买我们的产品，他们才会获得额外的价值，而其他企业是办不到的。

第二，提高客户服务的独特性与不可替代性。企业必须不断创新，不断地利用高新科技成果，开发出独特的产品或者服务，不断提供竞争对手难以模仿的个性化的产品或服务，如提供个性化信息、个性化售后服务和技术支持，甚至个性化的解决方案。企业只有想方设法比竞争者做得更多、更快、更好，才能给客户留下深刻印象，从而增进客户忠诚。

第三，设法增加客户的转移成本。一般来讲，如果客户在更换品牌或企业时感到转移成本太高，或客户原来所获得的利益会因为更换品牌或企业而损失，或者将面临新的风险和负担，就可以加强客户的忠诚。个性化的产品或服务在可能增加客户满意度的同时，也增加了客户的特定投入，如时间、精力等，即增加了转移成本，因而能够通过提高退出壁垒有效地阻止客户的叛离。例如：微软公司就是凭借其功能强大的 Windows 系列产品几乎垄断了 PC 操作系统软件市场，而功能实用、性能良好的 AutoCAD 在计算机辅助设计软件领域、SPSS 和 SAS 软件在科学统计与数据处理软件领域也占有很高的市场份额，它们都是凭借不可替代的产品或服务赢得了客户的忠诚。

④ 增加客户对企业的信任感与感情交流。一系列的客户满意必然会产生客户信任，长期的客户信任会形成客户忠诚。企业要建立高水平的客户忠诚还必须把焦点放在赢得客户信任上，而不能仅仅只是在客户满意上，并且要持续不断地增强客户对企业的信任，这样才能获得客户对企业的永久忠诚。

第一，企业要与客户积极沟通，密切交往。汽车销售大王吉拉德在他经销汽车十多年里，每个月都给客户寄一张不同款式的、像工艺品那样的精美卡片，为此他每月寄出 1~3 万张卡片，而客户会将这些卡片长期保存，并视吉拉德为亲密朋友。

第二，企业要学会雪中送炭，并能够超越客户的期待。

⑤ 加强企业内部管理，为客户忠诚提供基础保障。

第一，提高员工的满意度。研究发现：员工的满意度提高 5%，客户的满意度将提高 10%。

第二，通过制定严格的制度以避免员工流失造成客户的流失。

⑥ 建立不同类型的客户组织，有效稳定客户队伍。企业运用某种形式将分散的客户组织起来，建立客户组织，如会员制或客户俱乐部制，并向客户提供价格或非价格的刺激，从而可以将一系列相对独立的与客户的交易变为具有密切联系的交易。另外，客户组织还使企业与客户之间由短期联系变成长期联系，由松散联系变成紧密联系，由偶然联系变成必然联系，从而保持现有客户和培养客户忠诚，确保企业有一个基本忠诚客户群。

三、任务实施

步骤一：以你自己的网店或小王实习的思洋公司为背景，以卖家的身份在合适的网络渠道发布相关产品或促销信息，进行顾客市场细分与定位，完成表 7-9。

表 7-9 顾客市场细分

项目	产品或服务内容	目标顾客群体	发布时间	发布渠道选择	选择原因
1					
2					
3					
结论					

步骤二：收集顾客的反应，了解顾客的需求，进行效果分析，完成表 7-10。

表 7-10 效果分析

项目	产品或服务内容	预期效果	顾客反应	顾客需求	你的对策	实际效果
1						
2						
3						
结论						

步骤三：为你的网店或小王实习的思洋公司设计一份节日（可选法定节假日，或对企业有特殊意义，或对客户有特殊意义的时间）客户关怀计划（方案）。

要求：必须明确此次方案的主题、活动背景、目的、基本思路、时间、地点、面向对象、受益规模、活动形式、具体内容与流程、负责人员等内容，可用文字或表格形式呈现，完成表 7-11。

表 7-11 活动方案

项目	方案 A	方案 B（备用）
1. 方案主题		
2. 活动背景		
3. 目的		
4. 基本思路		
5. 时间		
6. 地点		
7. 面向对象		
8. 受益规模		
9. 活动形式		
10. 具体内容与流程		
11. 宣传渠道		
12. 负责人员		
13. 物料准备		
14. 所需其他支持		
15. 预算		
16. 效果评价		

四、任务评价

任务评价表如表 7-12 所示。

表 7-12 评价表

项目	学习态度（20%）	团队合作情况（20%）	步骤完成情况（50%）	其他表现（10%）	小计（100%）	综合评价
小组评分（30%）						
个人评分（30%）						
老师评分（40%）						
综合得分（100%）						

五、知识拓展

阅读材料

淘宝商城客服技巧

客服技巧 1——帮客户做选择

销售过程中经常碰到客户对 2 件或多件产品进行对比，难以取舍。如何帮助顾客挑选从而尽快让客户做决定呢？

分析：作为一名销售员，其实不是在卖产品，更多的时候是在帮顾客做选择，当顾客对 2 个或 2 个以上的产品都很感兴趣，但是又不想全买时，势必会让我们来帮他做选择。首先，要了解顾客真正的需求；其次，通过自己的专业知识，站在顾客的角度帮顾客选择最适合的产品。最后给出原因来告诉顾客为什么选这款合适，这时候顾客一定会觉得我们很棒，一定会按照我们的选择去购买，而且能很快确定购买。

总结：在销售过程中，一名优秀的销售员最主要是抓住主动权，让客户的思路跟随我们的思路去走，这样就成功了一大半。善于给客户出选择题，告诉客户最佳答案，让客户去选择就可以了。

客服技巧 2——如何应对顾客讨价还价

分析：这是目前网络销售中最为普遍存在的一个现象，也是客服最大的痛点，不还价客户可能就流失了，还价，又亏了，本身大部分网络销售的价格就比市场价格要低。根据我们多年的经验总结，客户讨价还价一般有 2 种情况：①找心理平衡。对于找心理平衡的，一般是怕我们给别人优惠却没有给他优惠而产生的一种心理反抗。②爱占小便宜。爱占小便宜的顾客并非自己购买不起，而是已经成为习惯。

针对这第一种情况我们的解决方式有一个统一的标准和原则，就是我们坚决不还价的，而且我们要和客户说，这个是原则，如果我给您私下还价了，那对其他客户不是很不公平嘛，以此来取得客户的理解。例如，您好，非常抱歉，我们的产品是承诺于所有消费者，一口价原则，不议价的。

针对第二种情况，我们一般从其他活动或者赠品的角度上来引导客户，价格是还不了了，但是您下订单后我们可以给你免邮费，或者送赠品，客户一定会接受的。

总结：善于引导客户，取得客户的认同，同时也让顾客在购买中获得一些意外的小惊喜，大家就可以皆大欢喜，各取所需了。

客服技巧 3——帮客户辨别产品的真伪

分析：这个问题一直是网购客户问得最多的，毕竟网络购物是看不到的，这方面的担心也是可以理解的，那如何去让顾客购买呢？方式如下。

① 硬件证明。一般经营的产品如果是通过正规渠道进货，就可以出具这方面的证明，客户就没有疑问了。

② 如果产品确实是正品，但是因为很多原因没有相关硬件证明，那么可以采用一些软性的说明，比如：拿自己的产品和市场上假的产品进行对比分析；再拿出产品的历史销售记录给客户看，告诉客户我们有这么多的客户群体，如果有问题我们早就在淘宝上消失了；然后再给客户一个承诺：您好，我们是保证正品的，接受专柜验货，假 1 罚 10，有质量问题包退换。

总结：找最有说服力的证据证明自己的产品，客户一定会相信的。当然，如果你经营的产品确实是假冒伪劣产品，也就别拿到市场上来坑人了。

客服技巧 4——产品效果好不好

分析：这个问题也是顾客最为关心的一个问题。化妆品真的有网上说的那么好吗？这件衣服真的很适合我吗？客户比较困惑，客服回答也比较纠结。再好的产品不可能都适合每个人，再好的产品也不会说我用了马上就有效果，或者用一次就有效。面对这样无法承诺的问题，我们最好的解决方式就是让顾客认清事实：首先告诉顾客这个产品很多人反馈效果很棒，但是不能保证对所有的人都很棒；其次是使用人自身的一些问题需要注意，比如化妆品你是否长期使用了。是否还注意了日常的保养了？比如衣服你是否很恰当的和你其他的衣服进行搭配了，如果这些基本的客户自己都没做好，那再好的化妆品、再好的衣服也满足不了客户的需求。

例如：美丽的容颜、好的肌肤都是靠长期保养的哦！但是皮肤的吸收和适应能力是因人而异的，需要坚持使用一段时间才会看到明显的效果哦！

总结：这样的问题让顾客认清事实最重要，让顾客理性的消费，不要盲目夸大产品的功效，但是如果没有达到这个目的，等待你的就是失去这个顾客，失去这个顾客所认识的潜在顾客。客观的告诉顾客产品的功效反而更能取得客户的信赖。

客服技巧 5——如何产生连带销售

做客服久了经常会看到这样的情况，有的客服很努力但是她接的订单永远都是单价最低的，而有的客服却总是可以接到上万的订单。我认为，根本原因并不是两个客服的能力问题，而是在销售的过程中你是否是个有心人。

一般情况下很多客服接待一个顾客，顾客咨询完后购买了，这次交易就结束了。但是，还有一些有心的客服，她们在了解清楚顾客的需求后，会根据顾客确定购买的东西去分析这个顾客购买的这些东西里面有没有缺什么，而且是顾客自己没有想到的。这个时候她会去问客户，然后说我觉得您还需要配一个什么，你一起购买了还能省邮费等……一般 90%的顾客都会再去选择一些周边的产品。尿布和啤酒的故事其实就是个非常棒的例子。

拿护肤产品来说吧，当顾客购买一套护肤品以后，有心的客服会看客户下的订单里的商品是否齐全，搭配方式如何，当这些都了解了以后，会去问客户一些问题。比如，现在家里在使用什么护肤类的产品；再如，她这次买的化妆品里面都是护肤的，没有卸妆的，平常是否也没有卸妆意识，此时推荐她使用一些卸妆的化妆品，告诉她卸妆的好处，而且是必须的，最近什么卸妆的产品最火等。当顾客觉得客服懂的比她多的时候，她就很愿意听客服的话，叫她买什么就会买什么。

总结：多问、多推荐一定能接大单。

客服技巧 6——发货问题

每个顾客都关心这个问题，下订单后就想尽快拿到。所以，当顾客确定付款后，会不停地询问是否发货了？为什么还不发货？如果这样的问题没有处理好，前面所有的努力都会付之东流，最终顾客还是非常不满意。一般这样的问题有以下两种处理方式。

① 在顾客付款后要清楚地告诉他物流发货的具体时间。如：邮局一般是上午发货，快递是下午发货，所以发邮局的一般是当天付款隔天发货，快递上午付款的尽量当天发，下午付款的一般来不及打包也是隔天发货的，请谅解。

② 如果顾客来查物流，先确定顾客订单的物流情况，如果已经发货，直接和顾客说并附上具体物流信息就可以了；如果没发找出具体原因，正面回答顾客，真诚道歉，让客户感受到我们的真诚，提高客户的体验度。

总结：找出原因，正面回答，真诚道歉，提高客户体验度。

六、同步拓展

（一）案例分析：代顿-哈德森公司培养顾客忠诚

代顿-哈德森(Dayton-Hudson)公司是世界最大的零售商之一，它由三家在美国拥有独立品牌的连锁百货零售公司构成，它们分别是明尼苏达州明尼阿波利斯市的代顿零售公司、底特律的哈德森零售公司和芝加哥马绍尔费尔德百货连锁公司。这三家公司都因为能够提供给顾客具有个性化的、款式新颖的、领先潮流的产品而受到顾客的青睐。但是从 20 世纪 80 年代末开始，一些以折扣闻名的低价零售店和一些产品的专卖店由于能够提供给购买者更加多样化的选择，使得代顿-哈德森公司在顾客心目中的地位受到很大影响和挑战，这家公司开始采取措施加强与顾客之间的联系，以此来加大顾客的忠诚度。

1．实施"金卡计划"

代顿-哈德森公司采取的加强与顾客联系的第一步措施是跟踪研究流动的顾客。1989 年，代顿-哈德森公司决定投资建立一个消费者信息系统，在外界专家的帮助下，该信息系统不到一年的时间就建成了。这个系统容纳了 400 万消费者人员的基本信息和他们的消费习惯。计算机分析的结果显示了一个令人惊奇的事实：有 2.5% 的顾客消费额居然占到公司总销售额的 33%，而这 2.5% 的顾客正是公司应特别研究和关注的。这些发现吸引了高层董事的关注，他们急切想留住这些高消费者。公司聘请了管理咨询顾问，他们提供了发展消费者的一些策略，而第一条建议就是开展忠诚性计划，他们将其命名为"金卡计划"。

执行金卡计划遇到的第一个问题就是要提供什么样的优惠。其他部门的商店在他们的忠诚性计划里为消费者提供免费购物的优惠，那么代顿-哈德森公司也要采取同样的方法吗？忠诚性计划的一个最有名的例子就是航空公司的飞行里程累积制，代顿-哈德森公司是不是也应该采取类似的方式呢？

代顿-哈德森连锁店公司的高级管理层和分店经理们没有把自己的关于消费习惯和偏好的想法强加给他们的顾客，相反，他们完全依靠对顾客消费习惯和偏好的细心观察。他们在顾客购物的过程中积极地留心每个顾客的消费习惯。经过他们细致的观察，研究小组发现，顾客们最关心的是与店员的充分交流，顾客希望店员能够与他们一起分享商品信息，甚至一些小的、不被注意的细节也能够赢得顾客的好感。所以公司最终决定提供一些费用不是很高的软性优惠条件，比如：赠送一张上面有有关流行时尚信息的新闻信笺；给消费者提供一些即将要销售的产品信息；一张金卡，购物时附带的一些优惠，比如免费包装，免费咖啡，以及专为关系金卡用户提供的特殊服务号码；每个季度还为他们邮寄一些赠券。

2．评估效果

接下来的重心主要放在建立客户联系及评估上。为了评估金卡计划的效果，代顿-哈德森公司设置了一个对照组，即不享受任何优惠和个性化服务的一组顾客。公司内部为这个设想有过激烈的争论，但是最终大家都理解了对照组到底有什么样的好处。评估在营销中是非常重要的，一些公司认为仅仅通过询问消费者他们的满意程度就可以评估出消费者对忠诚计划的积极性，但实际上这是不可能的。

代顿-哈德森公司还开通了消费者服务热线电话，热线一开通马上就爆满。热线工作组原预计一年可能会接到 3 000 个电话，可是第一个月就已经大大超过了原先的估计。消费者对热线有很高的期望，他们有时宁愿回到家中坐下来打一个电话，也不愿直接与管理人员或商店经理交谈。

"金卡行动"带来的良好结果使得代顿-哈德森公司决定在接下来的时间里用不同寻常的方式继续这项行动，他们把那些高度忠诚的顾客集合起来，让他们参加一些重大的特殊仪式和会议，比如，关于流行趋势的论坛，甚至是公司举行的盛大的招待晚宴。这些活动的作用类似于一个巨大的实验室，在这个实验室里，公司的员工可以有更多的机会认真、细致地观察顾客的消费态度和行为习惯，同时，也使得这些顾客感到自己身份的特殊性，从而进一步增加他们对公司的认同感和归属感。

在这项活动运作了一年以后，金卡计划取得了成功，成员增加到了40万人。在这一年的时间里，公司举办了许多的艺术演出活动，时尚研讨会，还尝试了一些降价活动，而且越来越多的活动也正在筹备和策划当中。与对照组相比，金卡用户明显消费比较高。金卡计划取得了极大的成功。这项计划使消费者感到很满意，并且他们很乐意继续购买代顿-哈德森公司的商品。同样，从公司的长远及股东的长远利益来看，这项计划也会大大增加销售量。

随着销售额以百万美元的数量递增，"金卡计划"被公司认为是一本万利的举措，这项举措在赢得顾客的高度忠诚方面实在功不可没，在今后的公司运作中，代顿-哈德森公司决定将这项运动的核心理念运用到公司的更多顾客身上。

案例讨论题

1. 代顿-哈德森公司是在什么样的情况下决定要实施"金卡计划"的？
2. 代顿-哈德森公司实施"金卡计划"时，具体包括哪些做法？取得了什么效果？
3. 从本案例的内容描述中，你受到了什么启发？
4. 你能为我国零售企业客户忠诚度的培养提供一些什么样的意见和建议？

（二）小测验：你对客户服务工作的热情程度如何

大多数客户服务的失败是因为工作态度问题。为客户服务，没有什么比采取积极和热情态度更好的了。对工作的高度热情是任何职业成功必备的法宝。为了测定一下你对别人的态度，请做以下这个练习（按同意与否的程度打分，1分代表很不同意，5分代表完全同意）：

	同意			不同意	
1. 帮助别人或为别人服务是无可指责的	5	4	3	2	1
2. 我乐意和主动地为每个人服务，不管是谁	5	4	3	2	1
3. 即使事事不顺的时候，我仍能对工作持积极态度	5	4	3	2	1
4. 在工作中，提供的服务质量越高，感觉越好	5	4	3	2	1
5. 我对自己的工作充满自豪感	5	4	3	2	1
6. 经常遇见难以打交道的人也不会令我消极起来	5	4	3	2	1
7. 成为一个与客户交往的专业人员的想法具有激励性	5	4	3	2	1
8. 从事一种与人交往的工作既有挑战性，又充满乐趣	5	4	3	2	1
9. 当别人称赞我或我公司的服务时，我感到非常快乐	5	4	3	2	1
10. 我感到做好工作中的每件事都是很重要的	5	4	3	2	1

评分标准

如果你得分超过40分，说明你对你的工作具有极佳的态度，你热爱客户服务的工作。

如果你得分在25～40分之间，看来你在从事涉及与客户交往的职业前必须检讨一下自己某些不足的地方。

得分低于 25 分表明你最好不要从事客户交往的工作,但对于准备进入职场或自主创业的你,应该更重视对客服意识的培养。

【项目总结】

本项目主要介绍客户服务与管理的相关内容,以及客户服务的方式与提升服务水平的技巧,重点提醒学习与从事电子商务的同学与朋友,一定要培养客户服务意识,并且将其提升到企业管理和企业长远发展的高度来重视。

电子商务法律

项目情境引入

　　随着互联网的迅速发展，小到一个发夹、一本书，大到电脑、汽车，都可以舒舒服服在家用指尖轻敲键盘，从选货、下单、付款轻松完成。但是，人们在享受网上交易的自由与便捷的同时，也屡屡受到图片欺诈、隐私泄露、被随意违约等问题的困扰。

　　作为电子商务活动的参与者，在电子商务活动中你发现了哪些法律问题呢？你能有效地分析和解决这些问题吗？

项目任务书

　　项目任务书如表 8-1 所示。

表 8-1　　　　　　　　　　　　　　　项目八任务书

任务编号	分项任务	职业能力目标	知识要求	参考课时
任务一	认识电子商务法及其意义	能认识电子商务活动过程中存在的法律问题并树立电子商务法律意识	1.电子商务活动带来的法律问题； 2.电子商务法的概念、特点； 3.电子商务法的意义	2 课时
任务二	电子商务中的法律问题解析	能对现实的电子商务法律问题进行分析并提出解决方法	1.掌握电子商务对合同法、知识产权保护、隐私权、消费者权益等的影响； 2.了解与电子商务有关的合同法、电子签名与认证、知识产权保护、隐私权、消费者权益保护相关的规定	4 课时
职业素养目标		1.利用互联网不断学习新知识、新技术，有一定创新意识； 2.具有电子商务行业敏感度，善于捕捉相关电商行业企业的最新信息； 3.初步树立电子商务依法职业意识，有一定的法律维权精神，注重活动合法性、规范性		

任务一　认识电子商务法及其意义

一、任务描述

　　小李是某大学电子商务专业毕业生，和朋友开设了一家电子商务公司，开始自己的创业之路。因为是小成本企业，为了避免在公司设立和经营的过程中产生不必要的法律纠纷成本，因此小李对现在电子商务中常出现的法律问题做了一些了解和调查。由于功课做足,小李的公司被评为当地诚信守法企业。

请分析,小李通过对电子商务活动的了解和调查发现了哪些新的法律问题?了解这些问题对他会产生哪些好处?

二、相关知识

(一)电子商务活动中常见的法律问题

自 20 世纪 90 年代以来,以互联网为基础的电子商务迅猛发展,利用计算机技术、网络技术和远程通信技术实现整个商务(买卖)过程的电子化、数字化和网络化已逐渐盛行。

与传统商务方式相比,电子商务具有 3 个特点即:无国界性、虚拟性和无纸化。① 无国界性。互联网是开放性的,易于访问,没有出、入境限制,缩短了供需双方的距离。② 虚拟性。电子商务活动中,企业经营使用的场所、机构、人员都可"虚拟化"。企业申请一个网址后,就可以利用它来宣传自己的产品,接收订货等。③无纸化。传统商务方式所用的信息及其载体被数字化了。人们被授予识别号、识别名或识别文件作为其在网上活动的标识,手写签名、图章等被电子签名代替,纸制凭证、记录被电子表单、记录、文件等所代替。电子商务的这些特点在给经营者带来巨大商机和给消费者带来空前便利的同时,也引出了许多法律问题。

1. 电子合同问题

合同是交易的核心内容,传统的合同多通过书面订立,可以通过签名和印章来识别,电子商务中的合同采取了新的形式,具有了新的特点。我国合同法虽然承认电子合同的法律效力,但对于电子合同、企业电子账本及其他各类电子文档的格式、操作规范等没有明确规定。电子合同目前应着重解决的 4 个问题是:书面形式问题、电子签名、电子合同收到与合同成立地点、证据问题。

2. 网络安全问题

在网络运营过程中经常会遇到一些障碍,这些障碍或来自于技术操作方面,或来自于互联网上的病毒,或其他不可预测又一时无法排除的原因,会导致电子商务中的交易中止,从而给买卖双方带来损失。由于网络通信的暂时中断或由于黑客的侵入使网络陷于瘫痪,也会使买卖双方的履行出现问题。由于上述原因导致的损失该由谁来负责?是网络服务商还是买卖中的一方,至今没有明确的法律规定。虽然有一些互联网技术服务商提供保障网络安全的服务,但是绝不可能完全杜绝电子商务中的网络故障及人为的黑客破坏。如果没有相关的法律规定,一旦在电子商务交易中出现上述原因引发的法律诉讼,便会由于没有相关的具体法规,给法院对这些诉讼的审理带来极大的困难。

3. 商业信用问题

在传统的商业交易中,商业信用问题始终是个大问题。从历史上看,我国的商主体普遍信誉低下,企业三角债问题严重。而严重的电话三角债问题使原来信用等级不高的商业信用更加低下,甚至影响到了银行的信用。电子商务是将传统的交易方式改为在网络平台上进行交易,通过电子计算机、网络来进行经济活动。电子商务虽然在多方面对传统商业交易有所改进,但是在商业信用问题上仍然没有彻底改变,甚至更加严重。所以说,商业信用问题是制约电子商务发展的瓶颈，也是电子商务中始终应该被注意到的核心问题。

4. 关税和税收问题

对于有形货物的离线电子商务，由于有形通关过程的存在，现行增值税税收政策依然适用。对于数字化信息产品如软盘、CD、VCD、书刊等，消费者通过下载，在线取得货物，由于不存在一个有形的通关过程，由海关征收关税以及代征进口环节增值税和消费税的征收基础不复存在，对这部分电子商务的关税及进口环节增值税和消费税征收将变得非常困难。

电子商务的无国界性、虚拟性、无纸化特点在给企业带来巨大商机和消费者空前便利的同时，也引发了一些国家税收方面的新问题：常设机构的概念和范围界定遇到了困难。电子商务突破了原有以固定地点为依托的物理形态，而是采取虚拟、无形的方式进行经营，销售商并没有拥有固定的销售场所，其代理人也无法确定，这样，就不能依照传统的常设机构标准进行征税。有形产品交易和服务交易难以区分，例如，以数据形式传输的无形产品，是应该归为提供有形产品还是服务交易，税法没有做出相关规定，税务机关就不能按照现行的法律确定起征收对象的性质、适用税种、税率等，这就造成了税收工作上的技术困难，造成资金流失。随着电子商务的日益完善，使得网上国际投资业务的蓬勃发展，设在某些避税地的网上银行可以对客户提供完全的"税收保护"。假定某国际投资集团获得一笔来自全球的证券投资所得，为躲避所得税，就可以将其以电子货币的形式汇入此类银行，这就造成了一定程度上国内税务的流失。另外，网上贸易是通过大量无纸化操作达成交易，账簿、发票均可在计算机中以电子形式填制，而电子凭证容易修改，且不留痕迹，税收审计稽查失去了最直接的纸质凭据，无法追踪。

5. 电子商务的著作权问题

网上发表的声乐作品、文章和其他产品的著作权和商标权如何保护？是否需要和怎样支付使用费？他人恶意地将受保护的知识产权作品在网上散布如何补救？新技术的发展必然影响到法律，特别是与技术联系密切的知识产权法，而在知识产权法中，著作权法又是受影响最显著的一部分。在网络环境下，现有的著作权制度力不从心，作者无法对自己的作品进行有效的控制。任何人都可以轻而易举地把作者的作品上载到互联网上并很快传遍全球，而作者却可能对此毫不知情。互联网的跨时空性使得跨国性的侵权行为变成了普遍现象。法律在这个领域的相对空白致使网上侵权行为十分严重，这种现象使电子商务的发展受到一定的影响。

6. 网络广告

国内的网络广告大多是无证经营，网络广告经营中的问题也是层出不穷，而广告主、广告经营者、广告发布者三者的利益关系却没有相应的法律来规范，在现有条件下只有《中华人民共和国广告法》可以提供法律依据，而《中华人民共和国广告法》完全不适应网络环境。为此应尽快制定旨在制止网络虚假广告和不正当广告竞争行为的互联网广告管理办法，对申请开展广告业务的互联网企业进行规范，符合条件的核发广告经营许可证，不符合的则不准进行广告经营，违者将以超范围经营查处。

7. 消费者权益的保护

传统的商品交易双方的主体，一方为商品经销商，另一方为消费者，商品经销商的市场准入主要由工商部门调整，消费者不需要市场准入。而电子商务的交易过程不但把商家和金融机构联系在一起，而且把数字认证机构、支付网关以及以技术为支撑的互联网络接入服务运行机构等完全地融合在一起。交易过程中，需要通过法律规范予以市场准入的对象就有商家、金融机构、数字认证机构、支付网关以及互联网络接入服务运行机构等，而消费者则以自愿的形式，通过数字认证来保障其消费行为，这就需要变更现有单一主体制度，制定出相应法律法规对以上各方当事人的权利义务进行统一调整。

在网上购物中，商家往往采用格式合同以节省消费者的时间，商家规定的格式条款中往往还有许多"霸王条款"，在发生纠纷时，仅靠《消费者权益保护法》等原有的法律保护已显乏力。另外，由于企业可以轻易获取消费者的个人资料，消费者的隐私权也难以保障。因此，今后制定的法律规范在进一步确保落实消费者的合法权益、明确各方义务的同时，还应明确商家在收集资料时应当向消费者履行告知义务，取得消费者的认可，这样消费者就享有了选择权，避免了不必要的纠纷。

为保证电子商务活动得以正常进行，政府需要提供一个透明的、和谐的商业法律环境。目前，我国急需制定的有关电子商务的法律法规主要有：买卖双方身份认证办法、电子合同的合法性程序、电子支付系统安全措施、信息保密规定、知识产权侵权处理规定、税收征收办法、广告的管制及网络信息过滤等内容。我国 2005 年 4 月 1 日开始实施的《电子认证服务管理办法》是我国第一部真正意义上的电子商务法，它的颁布和实施极大地改善了我国电子商务的法制环境，推动了我国电子商务的发展。但是，该法篇幅有限，不可能解决所有的电子商务问题，只能说是我国电子商务法制建设的一个开始。待时机成熟，应该出台一部完整的电子商务法，对上述问题做出统一的规定。

总之，电子商务是未来商务活动的主流方式，随着它的推广，将会不断引发一系列的立法需求。政府面对新情况、新问题，应正确运用法律手段来保证电子商务的有序发展。

（二）电子商务对传统法律的挑战以及电子商务法产生的必然性

1. 传统民商事法律对电子商务的发展构成的障碍

（1）法律规则的缺位

其体现在基于纸介质的传统法律规则对合同和其他文件的"书面形式"、"签名"以及"原件"、"保存"等的要求，数据电文的合法性及其效力没有法律上的依据。

（2）法律规则的模糊

其体现在现行程序法及证据规则对待数据电文的证据力及其可执行力的不确定性，电子合同是作为书面证据还是其他类型的证据，如果作为书面证据，是否承认其作为"原件"的性质，等等，都还没有明确的界定。

（3）法律规则不协调

其体现在合同成立的时间、地点上的不同规定。在传统商务环境中，这种不协调可以通过冲突规则等予以缓解或在某种程度上予以解决；而在电子数据的发送、传输情况下，规则不协调的冲突与矛盾又一次显现出来。

正是由于这样一些法律障碍，使人们难以建立起对电子商务的信心，而信心的缺乏，则严重制约了电子商务的普及和运用。

2. 电子商务法产生的必然性

电子交易具有不同于传统交易的法律上的表象。为了保证其规范和有序进行，法律必须作出相应的调整，从而消除传统民商事法律对电子商务运作构成的障碍。

但是，就电子商务交易形式法律制度而言，由于数据电文在商事交易中的运用，特别是互联网这一开放性商事交易平台的建立，对商事法律关系带来了一系列新问题。为解决这些特殊问题而形成的电子商务法律制度，都是区别于传统商事交易制度的特有的制度：一是数据电文法律制度，二是电子签名的法律效力问题，三是电子认证法律制度。这些法律制度所解决的问题，实际上就是如何在互联网上建立起商事交易的法律平台。

总之，电子商务立法已成为我国立法机关和法学理论界共同面临的亟待解决的问题。

（三）电子商务法的概念和特性

1. 电子商务法的概念

广义的电子商务法，是与广义的电子商务概念相对应的，它包括了所有调整以数据电文方式进行的商事活动的法律规范。其内容极其丰富，至少可分为调整以电子商务为交易形式的和调整以电子信息为交易内容的两大类规范。

狭义的电子商务法，是调整以数据电文为交易手段而形成的因交易形式所引起的商事关系的规范体系。

2. 电子商务法的特征

（1）商法性

商法是规范商事主体和商事行为的法律规范。电子商务法规范主要属于行为法，如数据电文制度、电子签名及其认证制度、电子合同制度、电子信息交易制度、电子支付制度等。但是，电子商务法也含有组织法的内容，如认证机构的设立条件、管理、责任等，就具有组织法的特点。

（2）技术性

在电子商务法中，许多法律规范都是直接或间接地由技术规范演变而成的。比如一些国家将运用公开密钥体系生成的数字签名规定为安全的电子签名，这样就将有关公开密钥的技术规范转化成了法律要求，对当事人之间的交易形式和权利义务的行使都有极其重要的影响。另外，关于网络协议的技术标准，当事人若不遵守，就不可能在开放环境下进行电子商务交易。

（3）开放和兼容性

所谓开放性，是指电子商务法要对世界各地区、各种技术网络开放；所谓兼容性，是指电子商务法应适应多种技术手段，多种传输媒介的对接与融合。只有坚持了这个原则，才能实现世界网络信息资源的共享，保证各种先进技术在电子商务中及时应用。

（4）国际性

电子商务固有的开放性、跨国性要求全球范围内的电子商务规则应该是协调和基本一致的。电子商务法应当而且可以通过多国的共同努力予以发展。通过研究有关国家的电子商务法规，我们发现其原则和规则包括建立的相关制度，在很大程度上是协调一致的。联合国国际贸易法委员会的《电子商务示范法》为这种协调性奠定了基础。

（四）电子商务法的作用

1. 为电子商务的发展创造良好法律环境

随着互联网技术的迅速普及，电子邮件和电子数据交换等现代化通信手段在商务交易中的使用正在急剧增加。然而，以非书面电文形式来传递具有法律意义的信息可能会因使用这种电文遇到法律障碍，也可能使这种电文的法律效力或有效性受到影响。起草电子商务法的目的是要向电子商务的各类参与者提供一套虚拟环境下进行交易的规则，说明怎样去消除此类法律障碍，如何为所谓的"电子商务"创造一种比较可靠的法律环境。

2. 保障电子商务的交易安全

电子商务的法律保障涉及两个基本方面：第一，电子商务首先是一种商品交易，其安全问题应当通过民商法加以保护；第二，电子商务交易是通过计算机及其网络实现的，其安全与否依赖于计算机及其网络自身的安全程度。我国目前还没有出台专门针对电子商务交易的法律法规，究其原因，还是上述两个方面的法律制度尚不完善，因而我国还难以出台较为完善的安全保障规范。

在我国电子商务法尚未出台的情况下，目前仍然应当抓紧已经公布的有关交易安全和计算机安全的法律法规的落实，保护电子商务交易的正常进行，并在此基础上不断探索，逐步建立适合中国国情的电子商务的法律制度。

3. 弥补现有法律的缺陷和不足

之所以提及电子商务单独立法，是因为国家有关传递和存储信息的现行法规不够完备或已经过时，因为那些文件起草时，还没有预见到电子商务的使用。在某些情况下，现行法规通过规定要使用"书面"、"经签字的"或"原始"文件等，对现代通信手段的使用施加了某些限制或包含有限制的含义。尽管国家就信息的某些方面颁布了具体规定，但仍然没有全面涉及电子商务的立法，这种情况可能使人们无法准确地把握并非以传统的书面文件形式提供的信息的法律性质和有效性，也无法完全相信电子支付的安全性。此外，在日益广泛地使用电子邮件和手机短信的同时，也有必要对新型通信技术制定相应的法律和规范。

电子商务法还有助于补救现有法律的缺陷。因为国家一级立法的不完备会对商务活动造成障碍，特别是在国际贸易中，相当大的一部分是与使用现代信息技术有关的。如果我国对使用现代信息技术的法规与国际规范有较大差异和不明确性，将会限制企业进入国际市场的机会。

4. 促进现代信息技术的应用和发展

电子商务法的目标包括促进电子商务的使用成为可能或为此创造方便条件，平等对待基于书面文件的用户和基于数据电文的用户，充分发挥高科技手段在商务活动中的作用。这些目标都是促进经济增长和提高国际、国内贸易效率的关键所在。从这一点讲，电子商务立法的目的不是要从技术角度来处理电子商务关系，而是创立尽可能安全的法律环境，以便有助于交易各方之间高效率的使用电子商务。

电子商务法是商法的组成部分，按组织法与行为法划分，电子商务法在性质上应属于行为法或者是交易行为法的范畴，它同原有的商事法律相配合，以调整具体的电子商务法律关系。

三、任务实施

步骤一：通过网络、书籍或调研搜索电子商务纠纷的典型案例。

步骤二：通过对收集的这些典型案例进行分类归纳，总结出当前电子商务活动中常见的法律问题。

步骤三：分析这些常见法律问题可能出现在电子商务活动的哪个环节？具体的表现形式有哪些？其具有哪些特点？完成表 8-2。

表 8-2　　　　　　　　　　　　　**电子商务法律问题类型**

常见的电子商务法律问题类型	典型案例（每类 3 个以上）	可能出现的哪些环节	特点
1.			
2.			
3.			
……			

步骤四：分析这些法律问题对电子商务未来的活动将带来哪些影响？对这些问题进行法律规范具有什么意义？

四、任务评价

任务评价表如表 8-3 所示。

表 8-3　　　　　　　　　　　　　**评价表**

评价内容	分值/分	评分/分
案例收集是否充分	20	
法律问题归纳是否合理	20	
问题特点总结是否科学	30	
对电子商务法重要性的认识是否正确	30	

五、知识拓展

1. 欧盟

德国在 1997 年制定了《信息服务与通讯服务法》即《多媒体法》，其是世界上第一部对网络应用与行为规范提出法律架构的成文法规，目的在于在联邦立法权限内创设一个可信赖的秩序空间，同时也将新的信息与通信技术融入日常交易与商业往来中。

同时，1997 年 4 月 15 日，欧盟委员会也提出了"欧盟电子商务协议"，建立起消费者和企业对电子商务的信任和信心，保证电子商务充分进入单一市场。

1997 年制定《欧洲电子商务行动方案》的四项原则是：根据实际需要立法；确保单一市场的自由原则；立法必须考虑经营现实；有效地满足公共利益目标。1997 年颁布《远程销售指令》；1998 年颁布《关于信息社会服务的透明度机制的指令》；1999 年颁布《关于建立有关电子签名共同法律框架的指令》；2000 年颁布《关于内部市场中与信息社会的服务，特别是与电子商务有关的若干法律问题的指令》（《电子商务指令》）

2. 北美

1995 年，美国犹他州制定了上第一个《数字签名法》；1996 年 12 月 11 日，美国政府发表《全球电子商务政策框架》；1998 年 8 月，美国伊利诺伊州通过了世界上第一部关于电子商务安全的专门立法——《电子商务安全法》；1999 年 12 月，美国有关部门公布《世界第一个互联网

商务标准》；2000 年颁布《国际与国内电子签章法》

3. 亚洲部分国家

（1）马来西亚：《电子签名法》（1997 年）——亚洲最早的电子商务立法。

（2）新加坡：《电子交易法》（1998 年）数字签名问题上的两个特点：技术中立与技术特定化结合；政府监管与市场自由结合。另外还有《电子交易（认证机构）规则》、《认证机构安全方针》（1999 年）。

（3）日本：首先出台了《数字化日本之启动——行动纲领》，而后出台了《与电子签名和认证有关的法律条款》——促进电子商务并为基于网络的社会和经济活动奠定基础；2001 年 4 月最终颁布了《电子签名与认证服务法》。

（4）东盟：1999 年，东盟电子信息区；1999 年 11 月，东盟首脑第三次非正式会议，东盟信息科技自由贸易区；2000，《电子东盟》签署。

4. 联合国

联合国贸法会在电子数据交换原则研究与发展的基础上，于 1996 年 6 月通过了《联合国国际贸易法委员会电子商务示范法》。《联合国国际贸易法委员会电子商务示范法》的颁布为逐步解决电子商务的立法问题奠定了基础，为各国制定本国电子商务法规提供了框架和示范文本。联合国贸法会主持制定的一系列调整国际电子商务活动的法律文件还包括：《电子资金传输示范法》、《电子商务示范法》、《电子商务示范法实施指南》、《电子签名统一规则》等。

还有如国际商会于 1997 年 11 月 6 日通过的《国际数字保证商务通则》，该通则试图平衡不同法律体系的原则，为电子商务提供了指导性政策，并统一了有关术语。

5. 中国

为了适应电子商务的发展，我国制定了一系列关系电子商务方面的法律规章制度。电子商务的立法模式有以下两种。

第一种，先分别立法，再综合立法。即首先解决电子商务发展过程中遇到的现实问题，制定单行法规，待时机成熟后再进行综合立法。优点是能及时解决电子商务发展中的具体问题，逐步提出比较完善的综合立法思路；缺点是缺乏宏观思考，全局性不足。

第二种，先综合立法，再分别立法。即先综合立法，形成我国电子商务立法的综合思路，再对各个具体问题指定单行规则。优点是有利于从宏观上把握电子商务的发展趋势。

我国电子商务立法伴随着电子商务的开展而逐渐推进并完善，往往体现了"地方先行、行业先行"的特点，即立法首先以地方法规的形式出现，或者在行业中通过对相对成熟的规则进行总结，最后上升为国家层次的立法。可见，我国目前立法模式总体上是遵循"先分别立法，后综合立法"的思路，这对于及时解决电子商务发展中出现的问题有好处，但实践中容易出现各个部门和地方之间的立法不一致所导致的法律适用上的困难。

我国的主要立法有以下几种。

① 在 1999 年的《合同法》中就增加了有关数据电文的内容，承认电子文件的效力。《合同法》规定，"书面形式是指合同书、信件和数据电文(包括电报、电传、传真、电子数据交换和电子邮件)等可以有形地表现所载内容的形式。"其明显的进步性是不能否认的，客观上推动了电子商务的发展。这是我国第一部涉及电子商务的法律。

② 2000 年 4 月 29 日，中国证券监督管理委员会颁布的《网上证券委托暂行管理办法》。

③ 2000 年 7 月 5 日，教育部发布的《教育网站和网校暂行管理办法》。凡在中国境内申报开办教育网站和网校，必须向主管教育行政部门申请，经审查批准后方可开办。已开办的教育网站和网校，如未经主管教育行政部门批准，应及时补办申请、批准手续。未经主管教育行政部门批准，不得擅自开办教育网站和网校。

④ 2000 年 10 月，《中华人民共和国电信管理条例》正式颁布，其中明确了互联网行业各类主要业务在整个电信产业中的定位和分类。

⑤ 2000 年 11 月 7 日，国务院新闻办公室、信息产业部发布的《互联网站从事登载新闻业务管理暂行规定》。经批准可以从事登载中央新闻单位、中央国家机关各部门新闻单位以及省、自治区、直辖市直属新闻单位发布的新闻的业务，但不得登载自行采写的新闻和其他来源的新闻。非新闻单位依法建立的其他互联网站，不得从事登载新闻业务。

⑥ 2001 年 1 月，卫生部发布的《互联网医疗卫生信息服务管理办法》。

⑦ 2001 年 7 月 9 日，中国人民银行颁布的《网上银行业务管理暂行办法》。

⑧ 2002 年 9 月 29 日，国务院发布的《互联网上网服务营业场所管理条例》。

⑨ 2002 年 6 月 27 日，新闻出版总署、信息产业部颁布的《互联网出版管理暂行规定》。

⑩ 2003 年 3 月，文化部根据《互联网信息服务管理办法》以及国家有关规定制定了《互联网文化管理暂行规定》。

⑪ 2004 年 7 月 8 日，国家食品药品监督管理局发布了《互联网药品信息服务管理办法》。

⑫ 2004 年 8 月 28 日通过了《电子签名法》。这是我国电子商务和信息化领域第一部专门的法律，从法律制度上保障了电子交易安全，为我国电子商务安全认证体系和网络信任体系的建立奠定了重要基础。

⑬ 2005 年 2 月 8 日，国家信息产业部发布了《电子认证服务管理办法》。

⑭ 2005 年，中国电子商务协会组织网络交易平台服务商共同制定了《网络交易平台服务规范》，其被称为电子商务领域的首个行业规范。

⑮ 2005 年 8 月 18 日，中国人民银行公布《中国人民银行个人信用信息基础数据库管理暂行办法》，并且于 2006 年年初启动了我国个人征信系统的建设。

⑯ 2005 年 10 月 26 日，中国人民银行发布了《电子支付指引(第一号)》，对防范电子支付风险和保障客户资金安全发挥了积极作用。

⑰ 2005 年 12 月，国务院出台了《关于加快电子商务发展若干意见》，规定了加快电子商务的指导思想和基本原则。

⑱ 2006 年 3 月 30 日，信息产业部出台了《互联网电子邮件服务管理办法》，对垃圾邮件的定义、邮件的发送规则及发送垃圾邮件的法律责任都做了明确规定。

⑲ 2006 年 12 月 27 日，中国互联网协会组织对恶意软件的讨论并加以定义，并组织会员单位签署了《抵制恶意软件自律公约》。

以上立法具有以下特点。

第一，以上许多法律、规章只是对电子商务的部分边缘问题作了规定。如基础设施、信息服务、行政管理以及信息安全等，还存在许多空白。比如对网上交易中个人数据和隐私权的保护、网上著作权的保护、网上纠纷的法院管辖以及准据法的确定等问题，都还需要进一步的规定。

第二，《电子签名法》对电子签名、电子认证、数据电文等一系列的电子商务法律制度作了规定，但是仍然存在一些空白之处。比如认证机构的交叉认证问题，当事方的个人数据、商业秘密保护问题等。

第三，这些法律、规章的效力普遍较低，以部门规章为主，缺乏整休性的立法规划指引，所以没有系统性，没有形成统一、稳定的法律原则。

因此，这些法律规则还远远不足以满足电子商务发展的需要，这相应决定了我国电子商务发展的艰难性。所以，我国应该针对电子商务法律中的空白之处加快立法进程。由于各种原因，目前制定一部综合性的电子商务法还不是很成熟，以单行立法的方式较为妥当。同时，积极对现有的电子商务法律制度在实践当中的实际作用加以研究，针对出现的问题，及时对相关法律规定加以修订、补充，以更好地完善我国的电子商务法律制度。

六、同步拓展

① 近日，在福田中心区某写字楼上班的高小姐和同事发现了一个惊人的秘密，他们公司所有员工的 MSN 聊天记录都被公司的老板监控了。对此，高小姐不知如何是好，只能提醒自己以后在 MSN 不能聊私人问题，甚至工作上的事情也要注意言辞，否则都可能被老板发现。

② 百度刚宣布东渡日本，其日本的域名就被人抢注了。这个案子中，百度被人注册的域名是"baidu.co.jp"。JP 代表日本，CO 代表公司，加上 CO 的 JP 域名，在日本比较流行。百度曾经找过域名拥有者想要要回该域名，但双方未谈拢。在无计可施之下，百度与域名拥有者打起官司。

③ 2007 年，戎女士在淘宝网看到一套精致的碗碟组，照片上的碗碟装饰有漂亮的图案，十分美观。戎女士很快就订购了两套。但当快递公司送货上门时，她却发现买来的碗碟表面仅有几条简单的花纹，色彩单调，和照片大相径庭。于是戎女士用网上商务沟通软件与卖家理论，却被告知"照片上碗碟的图案是摆放的装饰品"，上级认为自己并没有义务告知卖家。多次交涉未果后，戎女士只能给卖家一个"差评"了事。

④ 2005 年 9 月，"逛重庆"网站的工作人员偶然发现，馋猫网的美食频道首页的"折扣商家"栏目的网页结构布局、栏目设置分类、形状、颜色、地图等，与"逛重庆"网站上的网页非常相似。特别是与自己原创的重庆美食地图几乎别无二致的出现在馋猫美食频道上。2005 年10 月底，"逛重庆"网站以馋猫网大量抄袭网页设计、侵犯其网页著作权为由提起诉讼。

⑤ 李先生反映他在一交易平台上买游戏币，充上钱并发了订单，然后该平台又让其充 900元开通钻石 VIP，这使得李先生觉得不对劲，然后上百度查了查，发现用这样手法骗人的很多，充上 900 元后又让充 2000 元，而且不断充钱，不充钱就不给交易的货物，而且把交易冻结了，钱也给转走。现在李先生非常无奈，但不知道通过什么途径能够解决，还自己一个公道。

请将以上案例按照任务中的思路步骤二、三、四完成实施，并将实施结果填入任务考核表 8-4 中。

表 8-4 任务考核表

常见的电子商务法律问题类型	典型案例	可能出现的哪些环节	特点
1.			
2.			
3.			
……			

任务二　电子商务中的法律问题解析

一、任务描述

2009年4月21日7点左右，中国政法大学的大一学生小杨在淘票网上以非会员身份从北京天益游航空服务有限公司（以下简称"天益游"）名下的淘票网给家人订购了3张从成都飞往北京的南航6折机票，每张单价855元。上午8点，小杨通过中国农业银行网上银行支付了票款。付款后，淘票网给小杨发来短信，"您的票款已支付，2小时左右把票号发到您的手机上"。但是到12点多，小杨却收到淘票网短信称：出票不成功。

小杨以为航班取消，便打电话到南航确定航班，却被告知航班并未取消。第二天下午，小杨接到淘票网电话，称南航取消了座位所以无法出票，要求小杨要么补足差价重订别的价位的机票，要么接受全额退款。小杨明确拒绝对方的两种处理结果，认为货款已交，淘票网理应出票。但是由于交涉不成，又赶时间，只能从另外一家网站重新订购7折机票，额外支付了681元。事情过后，小杨越想越气，她决定通过法律维权。但淘票网对会员有一些免责条款，这些条款对小杨的诉讼很不利。

请分析，小杨要如何才能打赢这个官司呢？

二、相关知识

（一）电子合同

1. 电子合同的概念和特点

（1）电子合同的概念

① 电子合同，是当事人之间通过信息网络以电子形式达成的设立、变更、终止财产性民事权利义务关系的协议。

② 电子合同与传统合同的区别。电子合同与传统合同的实质是相同的，都是对签订合同的各方当事人权利和义务作出明确约定的文件，但因电子合同的缔约方式和载体不同于传统的书面和口头合同，故具有其特有特征。

③ 传统的商务合同成立有4个基本的要素，如下所示。

第一，合同内容。没有合同的内容不能反映交易各方的意思表达。

第二，合同的载体。通常使用纸张作为合同的载体。

第三，合同签名或盖章。签名或盖章表示合同签署者对合同条款达成合意。

第四，合同文本的交换方法。经常使用当面传递或邮寄的方法交换合同文本。

在网络环境下，传统合同的4个要素的形式都发生了变化，如下所示。

第一，合同内容。在合同内容上，电子合同与传统合同没有区别，但电子合同应注意合同内容的完整性和不可更改性。

第二，合同的载体。电子合同使用数据电文作为合同的载体。

第三，合同签名或盖章。电子合同的签名或盖章可以使用电子签名或电子盖章。

第四，合同文本的交换方法。电子合同使用电子通信交换合同文本。

（2）电子合同的特点

① 合同内容等信息记录在计算机或磁盘中介载体中，其修改、流转、存储等过程均在计算内进行。

② 电子合同的生效具有不同的特点。

③ 订合同的双方或多方在网络上运作，可不见面。

④ 电子合同所依赖的电子数据具有易消失性和易改动性。

2、电子合同的主要类型

① 以 EDI 方式订立的合同。

② 以电子邮件方式订立的合同。

③ 电子格式合同。我国《合同法》对格式合同的定义和基本原则做了全面规定，具体如下。

第一，提供格式条款的一方应坚持公平原则。

第二，以合理方式提出免责和限制责任条款。

第三，格式合同不得加重对方责任与排除双方主要权利。

第四，合同争议的解释权。

3. 电子合同的订立程序

（1）电子合同的要约与要约邀请

① 要约，是希望和他人订立合同的意思表示，该意思表示应当符合两个条件：内容具体明确；要表明经受要约人承诺，要约人即受该意思表示约束。

构成要件：以订立合同为目的，由特定主体做出；内容必须具体、明确；原则上应向特定的人发出；必须到达受要约人。

② 要约邀请，希望他人向自己发出要约的意思表示。其目的虽然也是为了订阅合同，但它本身并不是一项要约，而是为了邀请对方向自己发出要约。

（2）电子合同的承诺

① 承诺，是受要约人同意接受要约的全部条件的缔结合同的意思表示。在商业交易中，承诺又称接受或还盘。

② 构成要件：承诺必须由受约人做出；承诺必须向要约人发出；承诺的内容应当与要约的内容一致；承诺须在要约的存续期间内做出。

4. 电子合同的成立时间与成立地点

我国《合同法》对电子合同的成立问题做了较为明确的规定。该法第 26 条规定，"承诺通知到达要约人时生效"。"采用数据电文形式订立合同，收件人指定特定系统接收数据电文的，该数据电文进入该特定系统的时间，视为到达时间；未指定特定系统的，该数据电文进入收件人的任何系统的首次时间，视为到达时间"。

另外，该法第 34 条同时规定，"采用数据电文形式订立合同的，收件人的主营业地为合同成立的地点；没有主营业地的，其经常居住地为合同成立的地点。"

（二）电子签名与电子认证服务法律制度

1. 电子签名的概念

2002 年 1 月 24 日，联合国第 56 届大会正式通过《联合国国际贸易法委员会电子签字示范

法》(以下简称《电子签字示范法》),从而使电子签字的概念确定下来。该法给出了电子签字及其相关概念:

"电子签字(Electronic Signature)"系指在数据电文中,以电子形式所含、所附或在逻辑上与数据电文有联系的数据,它可用于鉴别与数据电文相关的签字人和表明签字人认可数据电文所含信息。

《中华人民共和国电子签名法》第2条:

本法所称电子签名,是指数据电文中以电子形式所含、所附用于识别签名人身份并表明签名人认可其中内容的数据。

本法所称数据电文,是指以电子、光学、磁或者类似手段生成、发送、接收或者储存的信息。

2. 电子签名的功能

为了确保须经过核证的电文不会仅仅由于未按照纸张文件特有的方式加以核证而否认其法律价值,联合国《电子商业示范法》确定了在何种情况下数据电文可视为经过了具有足够可信度的核证,而且可以生效执行,视之达到了签名要求。《电子商务示范法》第7条规定:

① 如果法律要求要有一个人签名,则对于一项数据电文而言,倘若情况如下,即满足了该项要求:

第一,使用了一种方法,鉴定了该人的身份,并且表明该人认可了数据电文内含的信息;

第二,从所有各种情况看来,包括根据任何相关协议,所用方法是可靠的,对生成或传递数据电文的目的来说也是适当的。

② 无论本条第①款所述要求是否采取一项义务的形式,也无论法律是不是仅仅规定了无签名时的后果,该款均将适用。

3. 电子签名立法

第一阶段是从1995年到1998年,为数字签名法的立法探索时期。

第二阶段是从1998年到1999年,为电子签名法的逐渐成熟时期。

第三阶段是从2000年开始,为电子签名法的全面传播时期。这一时期各国普遍感到电子签名法意义重大,在经过数年的立法准备后纷纷正式出台了法律,通过电子签字立法的国家的数量急剧增多,立法的深度与质量也有了更缜密的保证。签名认证技术的国际性使得各国法律的基本框架具有较大的相似性。

2002年1月24日,联合国第56届大会正式通过《电子签字示范法》。大会注意到国际贸易中越来越多的以通常称为电子商务的通信方式进行,这种方式涉及使用不是基于纸张的通信、存储和核证信息办法。在电子商务方面用于个人身份、通常称为电子签字的新技术大有用途。

我国电子签名法的起草经历了征求意见稿、草案和最终稿3个阶段。整个起草过程也是对电子签名这一新型认证技术的认识逐步深化的过程。

1998年,联合国启动了《电子签字示范法》的起草工作。我国于1999年开始跟踪联合国电子签字的立法工作。2002年1月24日,《电子签字示范法》正式通过。我国学者在更大范围内对电子签名问题展开了深入研究。经过多年跟踪和深入的研究与争论,电子签名在现代社会政务和商务活动中的重要作用逐步被各界人士所认识。经过多方论证,2004年8月28日,十届全国人大常委会第十一次会议表决通过《中华人民共和国电子签名法》。2005年4月1日,我国《电子签名法》正式实施。

电子签名法的实施确定了电子签名的法律地位，有力地推动了我国电子商务和电子政务的发展，促进现代信息技术在社会各领域中的应用。

4. 电子认证服务的概念

电子认证服务，是指电子认证服务机构利用电子认证技术为电子签名相关各方提供真实性、可靠性验证的公众服务活动。电子认证技术是保证电子商务交易安全的一项重要技术，主要包括用户身份认证和信息认证。前者用于鉴别用户身份，保证通信双方身份的真实性；后者用于保证通信双方的不可抵赖性和信息的完整性。

电子认证服务体系包括两大部分，即符合 SET 标准的 SET C*认证体系（又叫"金融 C*"体系）和基于 X.509 的 PKI C*体系（又叫"非金融 C*"体系）。

5. 电子认证服务业务许可

对电子认证服务提供者资质进行管理是政府监控认证活动的重要手段，只有具有较高经营条件的组织才可承担电子认证服务业务。为此，《电子签名法》及工业和信息化部《电子认证服务管理办法》作出了相应规定。

我国政府对电子认证业务经营实行许可制度，电子认证服务提供者从事电子认证服务活动必须取得工业和信息化部颁发的《电子认证服务许可证》，未取得电子认证服务许可证的任何组织或者个人不得从事相应的经营活动。

电子认证服务机构应当具备下列条件。

① 具有独立的企业法人资格。

② 具有与提供电子认证服务相适应的人员。从事电子认证服务的专业技术人员、运营管理人员、安全管理人员和客户服务人员不少于 30 名，并且应当符合相应岗位技能要求。

③ 注册资本不低于人民币 3000 万元。

④ 具有固定的经营场所和满足电子认证服务要求的物理环境。

⑤ 具有符合国家有关安全标准的技术和设备。

⑥ 具有国家密码管理机构同意使用密码的证明文件。

⑦ 法律、行政法规规定的其他条件。

工业和信息化部应当自接到申请之日起 45 日内作出准予许可或者不予许可的书面决定。不予许可的，应当书面通知申请人并说明理由；准予许可的，颁发《电子认证服务许可证》，并公布下列信息：①《电子认证服务许可证》编号；②电子认证服务机构名称；③发证机关和发证日期。电子认证服务许可相关信息发生变更的，工业和信息化部应当及时公布。《电子认证服务许可证》的有效期为 5 年。

取得电子认证服务许可的，应当持《电子认证服务许可证》到工商行政管理机关办理相关手续。

（三）网络广告的法律规制

1. 网络广告的含义

从法律上看，广告是指"商品经营者或者服务提供者承担费用，通过一定媒介和形式直接或者间接地介绍自己所推销的商品或者所提供的服务的商业广告。"网络广告是指利用互联网、移动网等通信平台发布的信息广告。

2. 网络广告内容的法律规制

（1）传统法仍适用于网络广告行为

网络广告与传统媒体上的广告相比，只是载体的改变，因此，网络广告仍然要遵守传统法律框架下对广告内容的管理。

网上发布广告应当遵守《中华人民共和国广告法》、《中华人民共和国产品质量法》、《中华人民共和国反不正当竞争法》等法律。另外，我国对于药品、医疗器械、烟酒、食品、化妆品等产品广告实行特殊管制，国家工商管理局和其他相关部门为此发布了相应的规章。

（2）利用电子邮件发布广告的行为规范

根据 2006 年《互联网电子邮件服务管理办法》，通过电子邮件发布网络广告的任何组织或者个人不得有下列行为。

① 未经授权利用他人的计算机系统发送电子邮件。

② 采用在线自动收集、字母或者数字任意组合等手段获得的他人的电子邮件地址用于出售、共享、交换或者向通过上述方式获得的电子邮件地址发送邮件。

③ 故意隐匿或者伪造因特网电子邮件信封信息。

④ 未经因特网电子邮件接收者明确同意，向其发送包含商业广告内容的因特网电子邮件。

⑤ 发送包含商业广告内容的互联网电子邮件时，未在电子邮件标题信息前部注明"广告"或者"*D"字样。

3. 网络虚假广告的法律规制

（1）虚假广告的认定

《广告法》第 3 条和第 4 条规定：广告应当真实、合法，符合社会主义精神文明建设的要求；广告不得含有虚假的内容，不得欺骗和误导消费者。

虚假事实包含与事实不符和夸大事实两个方面。虚假事实可能是所宣传的商品或服务本身的性能、质量、技术标准等，也可能是政府批文、权威机构检验证明、荣誉证书等，还可能是不能兑现的允诺。

如果网络广告宣传构成了虚假宣传自己的产品或服务行为，或含有贬低他人商品或服务的内容，那么，这种行为即可能构成网络广告引起的不正当竞争行为。

（2）广告发布者的责任

发布虚假广告，欺骗和误导消费者，使购买商品或者接受服务的消费者的合法权益受到损害的，由广告主（即委托人或厂商）依法承担民事责任；广告经营者、广告发布者明知或者应知广告虚假仍设计、制作、发布的，应当承担连带责任。广告经营者、发布者不能提供广告主的真实名称、地址的，应当承担全部民事责任。

根据《广告法》第 47 条，广告主、广告经营者、广告发布者违反广告法，有下列侵权行为之一的，也应当承担民事责任。

① 在广告中损害未成年人或者残疾人的身心健康的。

② 假冒他人专利的。

③ 贬低其他生产经营者的商品或者服务的。

④ 广告中未经同意使用他人名义、形象的。

⑤ 其他侵犯他人合法民事权益的。

（3）网站经营者在广告发布中的责任

现行广告法将广告法律关系的当事人分为 3 种：广告主、广告经营者和广告发布者。在网站经营者为自己的产品或服务在自己的网上进行广告宣传情形下，网站经营者集广告主、广告经营者、广告发布者为一身；而在为他人发布广告的情形下，网站经营者既可能为广告发布者，也可能同时兼为广告经营者。应当说，在前一种情形下，虚假广告和广告引起的侵权责任的承担变得简单了，均由网站经营者自己来承担。现在有争议的是，网络服务商在网络广告中扮演什么角色。

关于网络服务商在网络广告中的法律地位，主要看网络服务者是否参与了广告的设计、制作和发布。在这里，仍然可以援用 ICP 和 ISP 区分的原则，即主要看网络服务商是否直接介入到广告制作与发布。如果受托从事设计、制作和发布，那么，网络服务提供商或网站经营者则即成为网络广告的经营者和发布者；如果不包括设计、制作，那么仅为广告的发布者。在这两种情形下，经营者均承担类似于 ICP 在信息传播中的责任，即对所制作和发布的广告内容的真实性、合法性负责。但对于只提供基础接入服务的 ISP 来说，各国法律均未赋予其对广告内容事先审查的义务。

4. 网络广告与不正当竞争

在现代商品经济社会中，产品生产者和服务提供者非常多，尽管商品的质量、价格、服务等是决定购买者或消费者进行选择的根本因素，但商品宣传对于引起消费者的注意、选择、购买具有不可低估的意义。而且由于消费者与生产者之间的信息不对称，更不可能寄希望于消费者对于所有的商品或服务具有足够的知识和识别能力。于是商品上的标注、厂商或服务提供者的广告和宣传成为影响消费者选择商品或服务的重要依据。

我国《反不正当竞争法》第九条第一款规定："经营者不得利用广告或者其他方法，对商品的质量、制作成分、性能、用途、生产者、有效期限、产地等作引人误解的虚假宣传。"

对自身产品或服务的误导宣传可能涉及以下 7 个方面。

① 产品制造过程或技术服务流程或技术安全性。

② 产品或服务具有特殊的功能、目的、标准、等级或适用性。

③ 产品或服务的质量、数量或其他特性。

④ 商品或服务的来源或产地。

⑤ 对商品或服务所承诺的品质保证、提供的条件、售后服务等。

⑥ 产品或服务的价格或其价格的计算方式。

⑦ 产品的生产主体或经营主体。

通过贬低他人，抬高或宣传自己的产品或服务的行为，也为我国《广告法》所禁止。另外，网络广告还存在网页抄袭和广告抄袭问题。广告抄袭问题不是网络环境下特有的，在传统商业环境下亦存在，只是对这一问题，法律并没有任何成文规定。因此，究竟是否属于侵权行为需要法院根据具体情形认定。

（四）电子商务知识产权保护

1. 域名保护

（1）域名及其注册

域名（Domain Name），是由一串用点分隔的名字组成的互联网上某一台计算机或计算机组的名称，用于在数据传输时标识计算机的电子方位（有时也指地理位置）。目前，域名已经成为互联网的品牌、网上商标保护必备的产品之一。通俗地说，域名就相当于一个家庭的门牌号码，别人通过这个号码可以很容易地找到你。

域名地址的广泛使用是因为它便于记忆，因特网中真正寻找（被叫）时还是用 IP 地址，因此有一种叫域名服务器（DNS）的设备，专门从事域名和 IP 地址之间的转换翻译工作。域名地址本身是分级结构的，所以域名服务器也是分级的，在寻找时，实行逐级向上查寻，直到找到主机位置。

为了提高网站的访问率，通用网址技术开始推广。这是一种新兴的网络名称访问技术，是一种通过建立通用网址与网站地址 URL 的对应关系实现浏览器访问的一种便捷方式。注册一个通用网址，必须先要注册域名。

① 在中国注册英文域名。在中国国内英文域名注册的步骤如下。

第一，填写注册申请表并递交（由申请者完成）。

第二，系统语法检查（由 CNNIC 完成）。

第三，检查申请者申请的域名是否已经注册，递交申请材料（由 CNNIC 和申请者完成）。如果没有其他单位注册或预注册申请者申请的域名，CNNIC 将通知申请者"预注册成功"，并要求申请者将域名注册所需的全部文件邮寄或面交 CNNIC。

第四，注册材料的审核（由 CNNIC 完成）。CNNIC 工作人员审核申请者的注册材料，如果通过，申请者就会收到"域名已可以使用"的通知。

第五，缴纳域名注册费用（由申请者完成）。申请者收到使用通知后，应缴纳域名注册费用。CNNIC 将为申请者开通域名。如果申请者未及时缴域名注册费用，20 天后发出暂停通知；30 天后再次发出暂停通知；60 天后发出撤销通知。

第六，发出"域名注册证"（由 CNNIC 完成）。CNNIC 会给申请者发出"域名注册证"和发票。至此，申请者的域名注册全部完成。

② 在中国注册中文域名。CNNIC 中文域名的注册与一般域名注册类似，所有申请完全可以在网上实现。

第一，用户在注册系统提示下可以同时注册带有 CN 的中文域名和纯中文域名。例如，可以同时注册"中文域名.cn"和"中文域名.中国"。其中，注册".中国"的用户将自动获得".CN"的中文域名，如注册"清华大学.中国"，将自动获得"清华大学.CN"

第二，客户可以同时注册简体中文域名和繁体中文域名。这样注册后，用户既可以用中文简体访问网站，也可以用中文繁体访问网站，注册系统同时支持 GB（GBK）、BIGe、UTFh 等在华人地区常用的编码格式。

第三，在中文域名注册体制中，CNNIC 划分中文域名注册机构为域名系统管理者和域名注册服务商。CNNIC 作为中文域名注册管理者，负责维护中文域名注册数据库，以确保互联网络的稳定运作。域名注册服务商将直接面对广大用户，依靠自己的力量和自身的优势更好地为用户提供包括中文域名的注册服务以及其他与中文域名相关的各项服务。

（2）申请域名的注意事项

① 中国互联域名的申请者必须是法人单位。

② 域名的命名规则。选择域名时，不能违反下列规定。

第一，未经国家有关部门的正式批准，不得使用含有"CHINA"、"CHINESE"、"NATIONAL"等字样的域名。

第二，不得使用公众知晓的其他国家或者地区名称、外国地名、国际组织名称。

第三，未经各级地方政府批准，不得使用县级以上（含县级）行政区划名称的全称或者缩写。

第四，不得使用行业名称或者商品的通用名称。

第五，不得使用他人已在中国注册过的企业名称或者商标名称。

第六，不得使用对国家、社会或者公共利益有损害的名称。

第七，中文域名的汉字长度限制在 20 个，首尾不能有非法字符，如-、+、@、&等。

第八，中文域名不能是纯英文或数字域名。

（3）域名纠纷的处理

① 主要法律渊源。《最高人民法院关于审理涉及计算机网络域名民事纠纷案件适用法律若干问题的解释》于 2001 年 6 月 26 日由最高人民法院审判委员会第 1182 次会议通过，2001 年 7 月 17 日公布，自 2001 年 7 月 24 日起施行。

② 纠纷的管辖。涉及域名的侵权纠纷案件，由侵权行为地或者被告住所地的中级人民法院管辖。对难以确定侵权行为地和被告住所地的，原告发现该域名的计算机终端等设备所在地可以视为侵权行为地。

③ 域名侵权的归责条件。人民法院审理域名纠纷案件，对符合以下各项条件的，应当认定被告注册、使用域名等行为构成侵权或者不正当竞争。

第一，原告请求保护的民事权益合法有效。

第二，被告域名或其主要部分构成对原告驰名商标的复制、模仿、翻译或音译；或者与原告的注册商标、域名等相同或近似，足以造成相关公众的误认。

第三，被告对该域名或其主要部分不享有权益，也无注册、使用该域名的正当理由。

第四，被告对该域名的注册、使用具有恶意。

被告的行为被证明具有下列情形之一的，人民法院应当认定其具有恶意。

第一，为商业目的将他人驰名商标注册为域名的。

第二，为商业目的注册、使用与原告的注册商标、域名等相同或近似的域名，故意造成与原告提供的产品、服务或者原告网站的混淆，误导网络用户访问其网站或其他在线站点的。

第三，曾要约高价出售、出租或者以其他方式转让该域名获取不正当利益的。

第四，注册域名后自己并不使用也未准备使用，而有意阻止权利人注册该域名的。

第五，具有其他恶意情形的。

被告举证证明在纠纷发生前其所持有的域名已经获得一定的知名度，且能与原告的注册商标、域名等相区别，或者具有其他情形足以证明其不具有恶意的，人民法院可以不认定被告具有恶意。

④ 域名侵权的责任形式

人民法院认定域名注册、使用等行为构成侵权或者不正当竞争的，可以判令被告停止侵权、注销域名，或者依原告的请求判令由原告注册使用该域名；给权利人造成实际损害的，可以判令被告赔偿损失。

2. 网络作品的传播权保护

（1）网络作品的概念

网络作品，是指在计算机网络上出现的作品。计算机网络是集报纸邮件、电话传真、影视广播等传统媒介优点的新媒体，具有交互平等、覆盖面广泛、快捷方便、信息量大的特点。所谓作品，是指构成《著作权法》规定的作品条件的文学、艺术和科学作品。根据《著作权法》的规定，受《著作权法》保护的作品应当具备 4 个条件：①必须是作者自己创作，即具有独创性的作品；②必须是属于文学、艺术或科学领域的作品；③必须以一定的形式或载体表现出来或固定下来的作品；④作品的内容不得违反宪法和法律，不得损害社会公共利益。只要在计算机网络上出现的、传播的作品符合上述 4 项条件，就是我们所称的网络作品。当前网络上传输的主要为文字表现形式的作品，也有计算机程序，以及较为特殊的声、图、文等并茂的多媒体作品。根据《著作权法》第 3 条的规定，文字作品、计算机软件本身就属于法律保护的作品的范围，多媒体作品涉及的文字、美术、摄影、音乐等作品也应当属受保护的范围。网络作品以及其著作权的保护并不神秘，不能因其出现在计算机网络上，又具有高科技的一些特性，其著作权法律问题就找不到渊源和归宿，不能因为这些作品传输在网络中、呈现在计算机屏幕上就否定了这些作品的性质。

（2）网络传播权的概念

信息网络传播权，是指以有线或者无线方式向公众提供作品，使公众可以在其个人选定的时间和地点获得作品的权利。

无论是以任何形式发表的作品，无论作品是不是利用网络第一次发表，只要是受《著作权法》保护的，其著作权人均享有信息网络传播权。

（3）信息网络传播权

信息网络传播权，是指以有线或者无线方式向公众提供作品、表演或者录音录像制品，使公众可以在其个人选定的时间和地点获得作品、表演或者录音录像制品的权利。

我国有关信息网络传播权的法律规范《信息网络传播权保护条例》已经 2006 年 5 月 10 日国务院第 135 次常务会议通过，现予公布，自 2006 年 7 月 1 日起施行。

3. 网络技术措施和权利管理信息的保护

著作权（又称版权）保护的技术措施：就是著作权（版权）人为了防止未经授权不法访问和使用作品以技术手段主动采取措施，保护和管理自己的著作权，防止他人的侵权行为。

根据《世界知识产权组织版权条约》（WCT）和《世界知识产权组织表演和录音制品条约》（WPPT）的相关规定：

权利管理信息：指附加于作品的每件复制品上或作品向公众进行传播时出现的用以识别作品、作品的作者、对作品拥有任何权利的所有人的信息，或有关作品使用的条款和条件的信息和代表此种信息的任何数字或代码。

汇编作品：汇编若干作品、作品的片段或者不构成作品的数据或者其他材料，对其内容的选择或者编排体现独创性的作品，为汇编作品。

辛勤收集原则：英美法系所谓"辛勤收集原则"认为，只要是独立完成的作品即具有独创性；对汇编作品来说，只要编者在搜集、选择信息的过程中付出了辛勤劳动，作品就应该得到著作权保护。

4. 计算机软件的法律保护

（1）软件的著作权保护

软件著作权与传统作品著作权内容的区别如下。

① 软件著作权的内容与传统作品著作权的内容的区别首先表现在软件著作权人没有展览权、表演权、摄制权等权利，这是因为软件不是文学艺术作品，它的使用不以展览、表演等方

式进行。

② 《计算机软件保护条例》没有规定软件著作权人的保护作品完整权和改编权，这是因为软件首先是一种技术作品，为了推动技术的进步，不应限制他人在已有软件的基础上开发新的软件。

③ 复制权无论对传统作品还是对软件都是最重要的权利，但软件的复制形式与传统作品的复制形式不尽相同。

④ 2001 年新修订的《计算机软件保护条例》大幅度缩小了软件合理使用的范围。

世界各国之所以选择用著作权方式来保护软件，是因为软件以文字、符号编写，表现形式与文字作品相似，也具有一般作品可以复制、传播和演绎的特征。用著作权保护软件的优缺点如下。

优点：著作权的取得方便快捷，大多数国家均规定作品一旦完成即自动取得著作权；软件开发者最主要的利益在于软件的复制发行，而著作权保护的重点正是著作权人的复制发行权；软件的著作权保护方式已为世界上大多数国家所接受，也已成为《伯尔尼公约》等主要知识产权公约的正式规定，采用此方式与国际接轨；

缺点：传统的著作权所指向的客体主要是文学艺术作品，其主要功能是学习、欣赏，没有直接的实用功能；而计算机软件主要是一种技术产品，实用性是其重要特征，因而软件的内容——解决问题的思想、方法和步骤是其核心价值所在，而著作权保护的恰恰是作品的表现形式而不是内容。

（2）软件的专利权保护

专利权保护的重点正是成果的技术内容，从这一点说，专利权似乎是保护软件知识产权更恰当的方式。然而，用专利权方式保护计算机软件存在重要障碍，具体如下。

① 软件的核心是内容是算法，更接近于一种"智力活动的规则和方法"，而根据专利权的传统，智力活动的规则和方法是不受专利权保护的。

② 软件的新颖性、创造性和实用性标准很难确定。以创造性为例子，专利权的授予一般要求新的技术方案对同一技术领域一般水平的技术人员具有"非显而易见性"，而计算机程序一经编写，对多数人员来说就是显而易见的。

③ 专利权的授予程序复杂，耗时较长，而软件的发展日新月异且数量巨大，冗长的等待时间将使软件不能得到及时的保护，失去宝贵的商业时机。

（3）软件的商业秘密保护

目前，我国对软件的保护实际上是采取了一种以著作权法保护为主，并辅以反不正当竞争法、合同法等其他手段的交叉保护方式。

（五）电子商务中隐私权的保护

1．网络环境下的隐私权保护

（1）隐私权的概念

隐私权可以说是公民私生活上的权利，因此它首先是一个私法上权利，但隐私权又不纯是一个私法上的权利，这是因为隐私权的保护涉及公法，特别是宪法。1997 年 12 月 30 日，公安部发布的《计算机信息网络国际联网安全保护管理办法》也只是从通信自由和秘密的角度涉及个人资料的保护："用户的通信自由和通信秘密受法律保护。任何单位和个人不得违反法律规定，利用国际互联网侵犯用户的用户通信自由和通信秘密。"

（2）网络环境下隐私权的保护

个人信息隐私权主要涉及以下 3 个方面权利的侵犯问题。

① 不当收集和利用了个人资料，侵害了个人的隐私权、个人资料的享用权。

② 利用现代信息技术不当地搜集、窥视、公开他人私事（私生活）即构成对他人隐私的侵犯。

③ 个人自主、独立生活的权利或独处的权利，它主要保护个人可以独立自主地、不受干扰地生活的权利。

在网络环境下，我们更主要地研究第一类隐私和侵权行为，即不当收集、擅自开发利用或转让个人数据，侵害隐私权。

2. 个人资料的法律保护

个人资料属于个人所有，这是个人隐私权自然推导出来的一个结论，也就意味着个人对于个人资料拥有民法上的权利。这些权利大致包括以下几个方面。

① 网络个人信息收集的知情权。

② 网络个人信息收集的选择权。

③ 网络个人信息资料的控制权。

④ 网络个人信息资料的安全请求权。

⑤ 网络个人信息资料的利用限制权。

⑥ 请求司法救济权。

上述 6 种权利既是法律对个人资料保护而赋予的个人权利，也是个人资料隐私权的主要内容。

（1）个人资料的不当利用

现代社会越来越强调对人格权的保护，但同时，社会各项活动（公务活动或营利性活动）的开展却都离不开个人资料。于是，个人资料的公开和利用是一种非常普遍的事情。问题在于这种利用应当在一个合理范围之内。大致说来，对个人资料的不正当利用主要有以下一些情形。

① 未经当事人知晓或同意收集个人资料。

② 个人数据二次开发利用。

③ 个人数据交易。

④ 对个人资料的失控。

应当说，保护公民的隐私权一直是法律，特别是现代文明社会法律的一项重要任务和内容。但是，在网络环境下，这一问题变得更为突出。这主要是因为计算机、网络技术等现代通信技术的发展为商家合法或非法收集、复制个人资料以及将收集来的个人资料加以商业化利用提供了非常方便的条件。唯有民众的个人隐私与交易资料能够在网络环境中获得保护，才能促进电子商务的发展。

（2）在线企业个人资料收集、利用的规则

对于一般从事在线交易或网上经营活动的企业而言，收集和使用个人资料应当遵循下列规则。

① 目的特定化原则。

② 公告或告知原则。

③ 当事人事先同意原则。

④ 合理、合法使用个人数据。

（3）资料收集者和资料提供者的权利义务关系

资料收集者与资料提供者之间并不完全是一种合同或契约关系。个人资料作为隐私权的组织部分，个人享有排他支配权利，任何他人都不能侵犯或使用，否则承担侵权责任。但是，如果资料收集者基于法定的理由或当事人的事先同意而收集、使用，那么在资料收集利用者与资料提供者之间会产生一些因使用个人资料而产生的权利义务。由于个人资料关系人格尊严，关系隐私权，因此为保护资料提供者（消费者）的利益，往往是由法律直接规定资料收集者与资料提供者之间的权利义务。由于我国尚不存在这方面的有关规定，这里主要参照欧盟 1995 年 10 月颁布的《欧盟个人数据保护指令》（简称《欧盟指令》）中的一些规定作一些论述。

① 资料收集者对资料本身的权利义务。资料收集者对于所收集的资料只有管理权，即在法律上应当承认资料收集者对于资料的排他支配权。这种权利的设置主要目的在于保护信息资源的利用秩序。因此，个人资料的管制者对于资料的利用行为必须得到规范，主要包括：资料合法处理义务、安全保管或保存义务。

凡收集个人资料营业者，必须健全其个人资料安全维护计划。包括：资料安全方面；资料稽核方面；计算机设备管理；其他安全维护事项。

② 资料收集者在资料利用期间对资料提供者的告知义务。

③ 资料提供者被赋予权利：查询的权利；更正、删除或封存个人资料；拒绝的权利。

（4）个人数据的转让

在国际网络社会，在将已经收集的个人资料转让给他人用于商业目的时，一般需遵守以下要求或规则。

① 事先征得资料所有人的同意或作必要的提示，告知个人资料被租借、销售或交换的可能性。在出现被确定的人利用时，应当告诉利用人的名称、地址、用途等。

② 个人资料所有人应当有能力限制公开那些因某一目的而获得，却要因别的非相关目的而公开的信息。或者说，使个人资料被转用的情况下，使资料所有者有机会退出市场。

（六）消费者权益保护

1. 在线交易消费者权益保护

（1）消费者权益保护概述

电子商务市场是建立在消费者信赖和认可的基础上的，因而消费者权益保护在电子商务发展中具有重要地位。在网络环境下消费者保护涉及两个问题：一个是消费者在接受在线商业服务、在线购物过程中权益的保护；另一个是消费者个人数据或信息的保护问题。前一个问题与现实中的消费者权益保护的范围是一致的；后一个问题实质上是消费者隐私保护问题，它在传统商业交易中也存在，但在网络环境下这一问题更加突出，法律必须解决这一问题才能使消费者信赖电子商务。

在线交易消费者权益保护首先适用于已有的消费者保护法，也就是说，在线交易的消费者仍然是普通的消费者，他们应当与普通消费者得到同样的保护，因此，传统的消费者保护法仍然适用在线消费者。但是，在线交易的特殊性决定必须存在一些特殊规则，使在线交易消费者得到同样的保护。这些规则需要结合在线交易的特点来进行设计。

① 消费者知情权。

由于不是专门规范远距离交易，故我国《消保法》只规定了消费者知情权，而没有规定在缔约前经营者应当尽告知和提示义务。《消保法》第八条规定："消费者享有知悉其购买、使用的商品或者接受的服务的真实情况的权利。消费者有权根据商品或服务的不同情况，要求经营者提供商品的价格、产地、生产者、用途、性能、规格等级、主要成分、生产日期、有效期限、检验合格证明、使用方法说明书、售后服务，或者服务的内容、规格、费用等有关情况。"

而消费者的这些知情权的实施，是与传统购物方式中的看货、验货或一手交钱一手交货的即时买卖相配套的；应当说，消费者这种权利同样适用于在线交易消费者。但是，由于是通过网络远距离订货，没有真实地查验货物的机会更没有询问卖主的机会，因此，这种知情权，在在线经营者不提供信息或不提供完整真实信息的情况下，消费者的知情权就很难实现。因此，只有通过正面地规定经营者应该提供的信息，才能真实地满足消费者知情权。这有待于今后修改《消保法》或制定单行法时加以补正。

在类似的规定尚未出台情形下，法院可以将消费者的知情权的内容解释为在线经营者的一项义务，这项义务可以概括为：网上经营者应当提供充分、真实的信息以使消费者在充分信息下做出真实的意思表达。即经营者在网上介绍商品或宣传商品时应当包含知情权的内容。当然，法院可视商品或服务内容确定经营者应当提供的信息内容。

② 消费者退货权。

《消保法》第23条规定："经营者提供商品或者服务，按照国家规定或者与消费者的约定，承担包修、包换、包退或者其他责任的，应当按照国家规定或约定履行，不得故意拖延或者无理拒绝。"这一规定也与其他国家或地区的远距离或邮寄买卖情形下消费者保护中的退货权或解除合同权利相去甚远。其他国家的退货权或解除合同的权利是指在法定期限（七天）内消费者可以无条件地解除合同或退货，而我国法律所规定的退货只是合同有约定或法律有规定的情况下，在符合合同或法律规定的条件下要求经营者履行退货义务。也就是说，《消保法》只是规定在这些情形下，经营者必须履行退货义务。

总之，依据现有的《消保法》，很难使网上购物消费者的权益得到真正的保护，为此，我们建议制定相关法律，以解决在线消费者保护问题。这里无论是制定远距离销售法，还是在线交易消费者保护法或者通信交易消费者保护法，其核心的问题是要解决网上经营者告知义务、犹豫期及其消费者解除或退货权等制度。

（2）消费者行使权利应当合法

消费者维护自己的合法权益的手段必须正当、合法，不能侵害其他人的权益。尤其是消费者不能利用网络的开放性，随意地发表有损于经营者商誉的言论或失实言论。恒升诉王洪 一案的判决结果，可以充分地体现这一法律规则。

另外，网民在 BBS 上发的贴子里含有侮辱性言语，依法理也应当属于侵权，只是对于匿名发贴子如何确认其身份，操作上比较困难，目前也没有相应的法律规范。所以，恒升电脑诉王洪案带来社会反响是巨大的，带给人们的思考也是深刻的。

2. 网上格式条款的法律规制

就 B2C 交易而言，几乎所有的交易条款都是网上经营者事先拟定好的，消费者一般只能选择接受或拒绝，最多有时有一些可供消费者选择的条款。另外，几乎所有的格式合同都存在着一些不公平、不利于消费者的条款。因此，如果网上的格式条款得不到合理的控制，那么消费者权益受到侵害的可能性就会增加，而最终导致消费者拒绝这种交易方式。因此，网上格式合同的规制也是保护消费者权益、促进电子商务健康发展的重要问题。

（1）无效格式条款

并不是所有的格式条款都不合理，也并不是所有的不合理的条款都无效，甚至也并不是所有的免责条款都无效。根据我国《合同法》第 40 条，违反第 52 条（主要是侵害国家或社会公共利益或违反法律强制规定的 5 种情形）和 53 条（免除己方人身伤害责任的或免除故意或重大过失造成对方财产损失的条款）规定的情形，或者提供格式条款一方免除其责任、加重对方责任、排除对方主要权利的格式条款无效。对于这类明显违反法律而无效的格式条款，从理论上讲消费者可以通过诉讼方式获得救济，请求宣布合同无效或格式条款无效，以保护自己的利益。尽管诉讼存在举证和一定的成本，但是毕竟还是可以通过既有的法律途径解决自己的权益保护问题。

（2）不合理格式条款

对于所有的格式合同而言，最为麻烦的不是格式条款不违反法律的强制规定，而是不合理、不公平，这些不合理的情形举例如下。

① 限制或剥夺相对人的权利，如规定买受人在标的物有瑕疵时，只能要求更换标的物，不得解除合同或减少价金，也不得请求损害赔偿。

② 不合理地分配合同风险，如限定不可抗力的因素减免格式合同提供方的责任情形。

③ 转移法定的举证责任。

④ 缩短法定瑕疵担保期间。

⑤ 约定有利于己方的管辖法院或约定仲裁条款。

（3）网上不合理格式条款的规制

不合理的格式条款并不是违反法律的无效条款，因此，立法不可能完全禁止，只能进行必要的规制。规制的方式通常有 3 种：一是要求格式条款的提供方事先以合理的方式提示，以让消费者在订立合同之前知晓格式条款的全部条款和含义；二是限制不合理条款的效力或列入格式合同；三是在司法救济上更加倾向于保护消费者利益。

① 合理方式提示。

含有格式条款的合同订立与普通合同订立最重要的不同点在于，它不存在谈判或商议过程，消费者只是接受或拒绝；网上购物合同更是如此，一旦点击确认，合同即告成立。因此，让消费者在接受或确认之前充分地了解网上格式合同的内容就显得尤其重要，而这一点正是靠法律强加给网上格式合同提供方合理的提示义务实现的。这种提示义务也可以说是网上经营者缔约前的义务范畴的东西。

就网上格式合同的内容而言，经营者的提示义务指立法强制经营者（或格式条款的提供方）向消费者提供相关信息，以使消费者在知情的情况下作出真实意思表示（选择）；至于提示的内容，应当因合同的类型或内容而定，法律也可以作出 1 般的规定。就提示的合理方式而言，立法一方面应当规定提示的方式，另一方面应当规定提示的程序。比如：在提示的方式方面，可以要求网上经营者应当以醒目的标识或字框提示网站交易的标准条款；在提示程序上，可以要求设置"关口"，只有消费者阅读了全部或关键性的格式条款，才能继续下一步或完成合同的缔结。

② 免责条款限制。

除了合同法已有规定的无效条款外，一般可以认定以下违反诚信原则和公平原则的情形无效。

第一，违反平等互利原则的格式合同条款无效。主要表现在给付与对待给付间违反平等原则、欠缺等值性和不合理分配合同风险等显失公平的情形。

第二，违背合同目的的格式合同条款无效。如果格式条款使合同目的落空，那么此类条款应当被认定为无效。目的落空可以表现为合同法已经规定的对合同当事人所享有的主要权利或应承担的主要义务作出了实质性的限制，也可能表现为格式条款导致合同目的难以达成。

③ 网上格式合同的行政控制。就一般格式条款的行政规制而言，大致有以下几种方式。

第一，条款使用人在使用格式合同条款之前，先提交相关行政机关进行审核，经核准之后才能允许作为与相对人之间缔约的基础，否则不得根据该条款出售商品或者提供服务。

第二，由行政机关主动草拟合同范本，或指导公正中立之第三人拟订合同范本，供企业在制订格式合同条款时参考。

第三，由行政机关公告各种格式合同中的应记载事项或者不得记载的事项，作为企业制订格式合同条款时应当遵守的准则。

第四，行政机关行使监督检查权，在发现有不符合诚信原则的事情时，要求改正或要求消费者保护机构提起诉讼要求禁止该条款的使用。

第五、要求企业将其格式条款在行政机关进行登记备案。

三、任务实施

步骤一：分析本案中各主体的法律地位。

步骤二：明确各主体之间的法律关系以及相互之间的权利、义务。

步骤三：结合案情分析本案中存在的法律问题，找出相关的法律依据。

步骤四：根据法律规定，分析案件中存在的问题，并按照有关程序的要求提出相关的解决方案。

步骤五：反思如何在电子商务实际工作中避免这种法律风险的出现，完成表 8-5。

表 8-5　　　　　　　　　　　　　　　　问题分析

所属电子商务法律问题类型	
分析过程与思路	
运用的法律依据	
工作中的风险防范建议	

四、任务评价

任务评价表如表 8-6 所示。

表 8-6　　　　　　　　　　　　　　　　评价表

评价内容	分值/分	评分/分
分析思路是否清晰	30	
运用法律是否准确	30	
语言表述是否到位	10	
防范建议是否科学	30	

五、知识拓展

（一）关于"点击合同"的概念

所谓的点击合同就是一方当事人预设格式合同，另一方当事人只需点击"接受"或"拒绝"按钮就可以缔结或拒绝的合同。

（二）关于"点击合同"的效力

点击合同本身有效，但后续条款不必然有效，因为点击方在点击时不知道有后续条款的存在，根据意思自治和诚实信用原则，当事人不对其所不知的事情负责，因此后续条款就不能自动构成合同内容，后续条款的效力处于不确定的状态，点击方享有撤销权，这样以便更有力地保护格式合同相对人（一般表现为消费者）的权利。

根据《合同法》的上述规定，在电子商务的交易环境下，一个以电子邮件方式收到的要约应当以电子邮件的方式承诺，当事人可约定数据电文作为承诺方式。以行为做出承诺，应以要约人在要约中同意或当事人之间存在这样的交易习惯为前提。例如，当一个网络使用者阅读了某一网页上所展现的合同条款，并依照该网页的要求点击某个超级文本链接或某个标有"同意"字样的按钮时，该使用者的行为完全可以构成一个有效的承诺。这样依要约要求点击某个特殊按钮的行为，与现实交易中依要约要求以发货行为作出承诺的行为，在性质上是完全相同的。

在上述情况下，作出一个承诺十分简单，网站运营人很可能会故意利用这一点诱使不经意的网络浏览者落入一个精心布置的合同陷阱，所以这类合同又叫做点击合同。因此，每个网上要约都应当给予受要约人充分、明确的机会来考虑接受或拒绝要约，而要约中任何不常见的、可能造成承诺人不利的条款均应特别提醒承诺人注意。网站运营人应当在其网站上加入一个法律性的告知页面，在该页面中特别提醒浏览者，对该网址的任何使用行为将构成其对该网页所列条款的承诺，否则，误入"合同陷阱"的网络浏览者可以以欺诈或重大误解为由，要求撤销合同或认定合同无效。

（三）知识拓展的链接地址

中国电子商务法律救助服务平台 http://www.100ec.cn/zt/flpt/，本网站提供与电子商务法律相关的各类法律法规、案例、论文、维权连接等。

六、同步拓展

2006 年 3 月，春风文艺出版社社长韩忠良发现，当当网上出售着标明"春风文艺出版社出版"的 12 本图书，版权页上都标明责任编辑为韩忠良，而其中两本为盗版书，其余 10 本都是盗用春风文艺出版社的名称、书号的非法出版物。2006 年 3 月 15 日，当当网在北京市东城区人民法院一审开庭时即承认了此事，但称作为销售者，自己已审查了供货商的进货渠道和资质，尽到了审查义务，所以认为"销售者的责任有限"，此次实属公司的"工作失误"。

分析当当网存在怎样的"工作失误"？应承担怎样的法律后果？

请按照任务案例中思路帮助分析完成此项任务的实施，并将实施结果填入任务考核表 8-7 中。

表 8-7　　　　　　　　　　　　　　　　任务考核表

所属电子商务法律问题类型	
分析过程与思路	
运用的法律依据	
工作中的风险防范建议	

【项目总结】

本项目通过学生的积极行为，帮助学生了解网络时代经济全球化背景下电子商务发展的特点以及电子商务立法的重要性，熟悉了电子商务法的内涵、基本特点，特别是我国电子商务立法的相关情况，同时也补充了世界各国电子商务法立法的情况，提高学生在电子商务活动中依法职业的能力。

参考文献

[1] 方玲玉，李念.电子商务基础与应用—学用做一体化教程[M]. 北京：电子工业出版社，2012.

[2] 石道元，李亮. 电子商务实务[M]. 北京：电子工业出版社，2012.

[3] 沈萍. 电子商务实务[M]. 北京：电子工业出版社，2011.

[4] 张传玲，甄小虎. 电子商务基础与实务[M]. 北京：人民邮电出版社，2012.

[5] 林勇. 电子商务理论与实务[M]. 重庆：重庆大学出版社，2009.

[6] 蒋汉生. 电子商务概论[M]. 北京：中国财政经济出版社，2009.

[7] 邵兵家. 电子商务概论[M]. 北京：高等教育出版社，2007.

[8] 成栋. 电子商务概论[M]. 北京：高等教育出版社，2007.

[9] 李琪. 中国电子商务[M]. 成都：西南财经大学出版社，2006.

[10] 方美琪. 电子商务概论[M]. 北京：清华大学出版社，2004.

[11] 黄京华. 电子商务教程[M]. 北京：清华大学出版社，2008.

[12] 陈月波. 电子商务实务[M]. 北京：电子工业出版社，2007.

[13] 刘红军. 电子商务技术[M]. 北京：机械工业出版社，2007.

[14] 张宝明. 电子商务技术基础[M]. 第二版.北京：清华大学出版社，2008.

[15] 王谢宁. 电子商务技术与应用[M]. 北京：机械工业出版社，2010.

[16] 卢湘鸿. 电子商务技术基础[M].北京：清华大学出版社，2007.

[17] 赵乃真. 电子商务技术与应用[M]. 第三版.北京：中国铁道出版社，2010.

[18] 陈益梅，关井春. 电子商务物流[M]. 北京：中国水利水电出版社，2011.

[19] 宋君远，顾东晓. 电子商务法原理与案例教程[M]. 北京：对外经济贸易大学出版社，2009.

[20] 秦成德. 电子商务法律与实务[M]. 北京：人民邮电出版社，2008.

[21] 韩晓平. 电子商务法律法规[M]. 北京：机械工业出版社，2008.

[22] 苏丽琴. 电子商务法[M]. 北京：电子工业出版社，2010.

[23] 张理. 现代物流案例分析[M]. 北京：中国水利水电出版社，2008.

[24] 邵贵平. 电子商务物流管理[M]. 北京：人民邮电出版社,2010.

[25] 孟泽云，李爱红. 新编电子商务概论[M]. 北京：电子工业出版社，2010.

[26] 樊世清. 电子商务[M]. 北京：清华大学出版社，2012.

[27] 贾志林. 电子商务案例教程[M]. 北京：电子工业出版社，2010.